El Reinado del Terror

Leo Silva

Edge Weaver LLC

El Reinado del Terror
Reign of Terror (Spanish Translation)

Odyssey es un sello de Edge Weaver LLC

traducido al español por: Juliana Martinez

Diseño de libros: Marie Pitrat

Kindle ISBN: 978-1-968100-09-4

Paperback ISBN: 978-1-968100-10-0

Publicado en los Estados Unidos de América

Edge Weaver LLC
19360 Rinaldi #681
Porter Ranch, CA 91326-1607

Descargo de responsabilidad

Los acontecimientos y personajes de este libro son verdaderos según el mejor saber y entender del autor. Sin embargo, los nombres, lugares y acontecimientos pueden haber sido cambiados o ficcionalizados por motivos de privacidad y coherencia narrativa. La intención de este libro es ofrecer un retrato exacto de los casos y los individuos implicados, pero los lectores deben ser conscientes de que se basa en la información disponible, que puede ser incompleta o estar sujeta a interpretación.

El autor y el editor han hecho todo lo posible para garantizar la exactitud e integridad del contenido. Sin embargo, no asumen ninguna responsabilidad por errores u omisiones. Este libro no pretende servir de asesoramiento jurídico ni de exposición exhaustiva de los casos tratados.

Las opiniones expresadas en este libro son las del autor y no reflejan necesariamente los puntos de vista de la editorial. La editorial no respalda ni asume responsabilidad alguna por las opiniones expresadas por el autor.

Dedicatoria y Elogio para El Reinado del Terror

Dedicado a la memoria de mi mentor y confidente, Mario L. Álvarez. Gracias por tu orientación y todas tus enseñanzas tanto dentro, como fuera del trabajo.

A mi segundo mentor, Robert L. Brightwell alias: "Bobby" alias: "Bad Dope" gracias por inspirarme a esforzarme por ser siempre lo mejor que puedo ser, sin importar las circunstancias.

Gracias a Tony Tamayo por creer en mí e introducirme en el mundo de las DEA. Nada de lo que hay en este libro sería posible si no fuera por ti.

A mi mejor amigo Christopher "el Polaco" Polanco. Gracias por estar ahí en las buenas y en las malas, en los buenos y en los malos momentos, en la felicidad y en la tristeza. Descansa en paz amigo mío.

A mi querido tío, Francisco "Frank" Loya, uno de mis primeros modelos ejemplares y héroes. Un guerrero silencioso que predicaba con el ejemplo. Nunca serás olvidado mi querido Tío.

Sobre todo, a mi hermano menor, Angel Luis Collazo, tu espíritu siempre servirá como el viento bajo mis alas. Te quiero hermanito. Hasta que nos volvamos a ver.

Para misqueridas Tias, Connie Silva-Salazar y Patricia Silva-Flores, gracias por todo el amor y apoyo que siempre mi brindaron. Siempre estaran en mi corazon.

"En *El Reinado del Terror*, Leo Silva relata magistralmente el ascenso y la caída del notorio y ultraviolento cártel de Los Zetas. Pero más allá de relatar la historia, la obra de Leo está repleta de información privilegiada y percepciones que introducen al lector en el mundo de los encargados de desmantelar a Los Zetas. Conmovedor, Leo aporta una profunda humanidad a la lucha contra Los Zetas, una lucha que trajo tanto victorias como tragedias, todas ellas profundamente sentidas por el lector."

Jack Luellen, Autor de *Someone Had to Die*
Presentador de Podcast: "Cartels, Conspiracies and Camarena"

"El Reinado del Terror te lleva a una educativa y única visión interna de la DEA combatiendo a los Cárteles del Noreste de México, especialmente a los Zetas. El agente especial Leo Silva comparte conocimientos de primera mano sobre esta guerra en curso en este libro que hace pasar las páginas. Una lectura obligada".

Víctor Ávila, ex agente especial supervisor del ICE y autor de *Agent Under Fire*

"El *Reinado del Terror*", de Leo Silva, da vida a la guerra del narcotráfico en México. Sus descripciones de personajes y acontecimientos, junto con su experiencia como agente especial de la DEA que trabaja en México, te hacen sentir como si la guerra del narcotráfico estuviera ocurriendo a tu alrededor. El libro detalla el ascenso de Los Zeta en el norte de México y cómo se expandieron por todo México y a nivel internacional. Recomiendo encarecidamente este libro a cualquiera a quien le guste el crimen real, pero es una LECTURA OBLIGATORIA para quienes tengan interés en la D.E.A., los Cárteles Internacionales de la Droga o lo complejo que puede ser el crimen internacional."

Doug Lamplugh, supervisor retirado de la DEA y autor de *Murder at Mardi Gras*

"Aunque ande en valle de sombra de muerte, No temeré
mal alguno, porque tú estarás conmigo; Tu vara y tu
cayado me infundirán aliento."
(Salmo 23:4)

Contents

Prólogo

Tengo una historia que contar, y quiero invitarte a que me acompañes en un viaje al oscuro, infernal y escalofriante mundo de la guerra entre cárteles en México. Un mundo donde el mal prospera, y donde hombres y mujeres sin alma ni conciencia operan con impunidad.

Quiero que camines conmigo por este sendero lleno de pena, furia, emoción y dolor que mis colegas de la Administración para el Control de Drogas (DEA) y yo experimentamos durante nuestra lucha contra el Cártel del Golfo y Los Zetas en Monterrey, Nuevo León. Fueron años extremadamente difíciles, pero también profundamente reveladores para muchos de nosotros.

Mi propósito es mostrarte los retos que enfrentan los agentes antidrogas estadounidenses asignados a México y a otros rincones del mundo. Y, al mismo tiempo, darte un vistazo crudo y sin filtros al brutal, oscuro y despiadado universo del narcotráfico.

Tal vez esta no sea la historia más grandiosa jamás contada sobre la DEA o sus agentes. Pero es **mi** historia. Y quiero compartirla contigo, si estás dispuesto a escuchar. Todo lo que leerás aquí es real, salvo por algunos nombres que han sido modificados por razones de seguridad.

Revivir estos momentos significa enfrentar recuerdos dolorosos. Pero siento la necesidad de contarlos antes de que el tiempo y los

mecanismos de defensa del cuerpo los borren de mi cerebro para
siempre.

Así que ponte cómodo. Te doy la bienvenida a este submundo
siniestro, donde la atmósfera asfixia, donde las imágenes perturban,
y donde la línea entre la vida y la muerte es tan fina como el filo de
una navaja. Siente el dolor conmigo. Llora conmigo. Ríe cuando sea
posible. Maldice al diablo si hace falta. Pero, por encima de todo,
escúchame . . . y créeme.

Capítulo 1: Mi Ciudad natal

Crecí en una pequeña, histórica y hermosa ciudad cerca del mar, conocido como Brownsville, Texas, que está separada de Matamoros, México, por el río Grande. El río fluye desde el centro-sur de Colorado hasta el Golfo de México y sirve de frontera natural entre Estados Unidos y México, donde coexisten Brownsville y Matamoros. La costa del Golfo de Texas fluye desde South Padre Island hasta Port Arthur, en el este de Texas. En el lado mexicano, se extiende hacia el sur desde Matamoros hasta el estado mexicano de Quintana Roo. El Valle del Río Grande abarca toda la zona desde Brownsville hasta Roma, TX, situada a ochenta millas al oeste de Brownsville. En mi humilde y sesgada opinión, Brownsville tiene posiblemente la historia más rica de todas las ciudades del Valle, ya que fue un importante bastión confederado durante la Guerra Civil. Fort Brown, con sede en Brownsville (Texas), fue un fuerte crucial y estratégico durante la Guerra Civil por su proximidad a México, ya que facilitaba el contrabando de mercancías confederadas hacia México a los barcos europeos atracados en la costa mexicana del Golfo.

Aparte de su importancia histórica, Brownsville es una hermosa ciudad rodeada de lagos de agua dulce, una mezcla de brillante y colorido follaje tropical, aves poco comunes, las cercanas aguas costeras del Golfo y, por supuesto, México. Mi familia tenía unos orígenes humildes, como muchas familias de Estados Unidos. Mis hermanos y yo disfrutamos de una infancia feliz. En nuestra infancia, por el año 1974, no sabíamos que mi madre, madre soltera, luchaba por llevar comida a la mesa; tampoco nos dimos cuenta que el divorcio de nuestro padre le causó infinidad de penas, dolor, ansiedad y abrumadoras cargas económicas. Pero era una mujer fuerte y llena de recursos, y encontró un respiro en la belleza de la ciudad de la costa del Golfo conocida como South Padre Island. La isla estaba muy cerca de Brownsville, y la visitábamos a menudo. No era raro que mi madre empaquetara espontáneamente un montón de ropa, toallas y bocadillos, nos metiera a mi hermana, a mi hermano y a mí en el auto y nos dirigiéramos a la playa, que nos servía de patio de recreo. Totalmente ajenos al sufrimiento silencioso de nuestra madre, jugábamos en las olas, construíamos castillos de arena, buscábamos los siempre escurridizos dólares de arena, pescábamos, buscábamos conchas de aspecto único, pequeños cangrejos ermitaños, almejas, salmonetes, o simplemente retozábamos felices en las refrescantes olas de agua salada del Golfo de México.

En retrospectiva, por mucho que quisiera vernos felices a mí y a mis hermanos, los viajes a la isla eran terapéuticos para ella y le aportaban paz, tranquilidad y la tan necesaria evasión de las crueles realidades de la vida de una madre soltera en 1974. Por lo que costaba un depósito de gasolina y lo que costaban los refrescos, las patatas fritas, una barra de pan y la mortadela en 1974, nos lo pasábamos como nunca. Con la barriga llena de bocadillos de jamón y papas fritas, no pudimos resistirnos a provocar a las gaviotas lanzándoles patatas lo más alto que pudimos, y nos encantó verlas de cerca cuando se lanzaban por las migajas que les arrojábamos, y sus estridentes risas se mezclaban con las nuestras antes de que finalmente tuviéramos que volver a casa. La cruda realidad nos desperto cuando cruzamos la calle de South Padre Island mientras sonaba suavemente "Don't Let the Sun Go Down on Me" de Elton John en la radio AM. Mientras cruzábamos, Dios nos regaló un lienzo con la mezcla más inolvidable de atardeceres rosas, azules, naranjas y rojos, cuyo reflejo en la Laguna Madre parecía un paraíso dorado y resplandeciente que nos invitaba a volver pronto. La canción hizo que mi joven corazón anhelara permanecer en aquellos momentos felices y no regresar nunca a Brownsville. Esperaba desesperadamente que el sol no se pusiera nunca y nos mantuviera en las playas en una felicidad eterna.

Quemados por el sol y agotados, con el olor del agua del mar impregnando cada poro de nuestro pelo y nuestra piel, volvimos a nuestra casa de Brownsville para enfrentarnos a las crueles realidades de la vida a las que se enfrentan la mayoría de los niños, como el colegio, las tareas domésticas y los matones del barrio, muy lejos de la maravillosa vida playera que habíamos descubierto y amado. En mi mente joven e inocente, Brownsville era un pueblecito pacíficamente idílico donde mis amigos y yo jugábamos al béisbol, al fútbol y al golf, corríamos en nuestras bicicletas y monopatines, cazábamos palomas de alas blancas, conejos, ardillas y lagartijas mucho después del atardecer y hasta bien entrada la noche. Después de llegar a casa empapados en sudor y cubiertos de tierra, mis abuelos nos tenían preparada la cena, que consistía en arroz con pollo, una guarnición de frijoles y una pila de tortillas de harina recién hechas, humeantes y calientes. No era una comida lujosa, aun así, nos sentimos como miembros de la realeza, y daría cualquier cosa por tener y disfrutar de ese plato hoy. Por supuesto, ahora puedo comprar este plato en cualquier restaurante mexicano, pero nunca tendrá el toque mágico que le daban mis abuelos cuando lo preparaban para mí y mis hermanos. Ni de casualidad.

Después de cenar y de ducharme para quitarme la suciedad de las aventuras vividas en el día, llegaba la hora de acostarme. Normalmente me quedaba a dormir con mis abuelos porque la escuela nos quedaba muy cerca. La casa de mis abuelos estaba justo enfrente de las vías del tren, y la mayoría de las veces, a altas horas de la madrugada, el tren pasaba retumbando, sacudiendo toda la casa como si hubiera ocurrido un terremoto, y parecía que el maquinista hacía sonar el silbato del tren justo cuando la locomotora pasaba por delante de nuestra casa. Pero ni el tren ni el silbato me molestaban. En realidad, me tranquilizó, me reconfortó y me dio una sensación de seguridad, de que todo iba bien en nuestro pequeño mundo de Brownsville, Texas. Hasta el día de hoy, cada vez que escucho el silbato del tren a altas horas de la madrugada, en la comodidad de mi hogar, me hace retroceder en el tiempo aquellos momentos entrañables en el santuario de la casa de mis abuelos, cuando la vida era sencilla, inocente y sana. No tenía ni idea de lo que era la Administración para el Control de Drogas (DEA) ni de lo que eran los estupefacientes. No sabía que justo al otro lado del río Grande de Brownsville, en la ciudad mexicana de Matamoros, Tamaulipas, existía un submundo siniestro y oscuro; el predecesor de lo que ahora es el Cártel del Golfo, prosperaba con el tráfico de drogas y otras actividades ilícitas que el crimen organizado suele perpetuar, como la prostitución, el juego, la extorsión, el asesinato por encargo, los secuestros y el soborno de altos cargos públicos tanto en Estados Unidos como en México. Era un total ignorante.

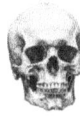

La delincuencia, especialmente el contrabando, es un tema recurrente en la música (narcocorridos), los programas de televisión mexicanos (novelas), la literatura y las noticias diarias en el Valle del Río Grande. Los narcocorridos son baladas populares mexicanas que cuentan una historia y glorifican al protagonista, aunque la mayoría de las veces el protagonista tiene un defecto de carácter relacionado con el contrabando de narcóticos, el juego o la infidelidad, o una combinación de los tres. Este tema recurrente está arraigado en la cultura mexicana y forma parte de la vida cotidiana en el Valle del Río Grande. Muchos jóvenes del Valle aspiran a ser como los personajes glorificados en los narcocorridos, que viven vidas peligrosas pero aparentemente glamurosas, rodeados de armas, drogas, mujeres hermosas, un suministro ilimitado de dinero, autos rápidos, casas opulentas y los mejores licores del mundo; a la inversa, muchas jóvenes tienden a entusiasmarse con este tipo de chicos, pensando que su chico malo la protegería y viviría una vida eterna de lujo, como las Kardashian. Sin embargo, la mayoría de las veces, el camello la engañará con cualquier cosa que respire, la golpeará física o psicológicamente, o ambas cosas, y la hará sentir como la escoria de la tierra para satisfacer su ego. Puede que tenga dinero y las comodidades que ello conlleva, pero nunca tendrá paz. La televisión y las películas suelen retratar la vida de un traficante de drogas de forma glamurosa, pero en realidad no es todo lo que parece. Los traficantes de drogas no confían en nadie, ni en sus novias o novios, esposas o maridos, hermanos, hermanas, primos o amigos. De hecho, la mayoría no tiene amigos de verdad.

A un traficante de drogas siempre le preocupa que le estafe el vendedor, el comprador, el distribuidor o un vaquero independiente que quiera estafar a la gente, y esto sin contar a la policía federal, estatal o local, todos los cuales intentan clavarles contra la pared y arrebatarles la cosa más valiosa que posee cualquier ser humano, y que es la libertad. Son un grupo de paranoicos, siempre mirando por encima de sus respectivos hombros en busca de la policía o tal vez de un rival, intentando aprovechar un despiste para asesinarlo. A la inversa, siempre intentan aprovecharse de los individuos menos hábiles en la calle para hacer un golpe fácil. Son manipuladores y astutos, siempre planeando su próximo golpe. Sin embargo, por mucho éxito que tengan, por muchos millones o miles de millones que posean, o por muy desconfiados que sean, nunca son intocables.

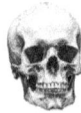

En 1978, a la edad de catorce años, conseguí mi primer trabajo como ayudante de camarero en el renombrado restaurante Fort Brown, una joya culinaria en Brownsville, TX por aquel entonces. El restaurante cerraba por las noches, y el Resaca Club, un restaurante y club nocturno contiguo, abría sus puertas.

El club Resaca ofrecía la mejor comida y algunos de los mejores espectáculos nocturnos al sur de San Antonio, Texas. En el menú se ofrecían elegantes platos de costillas de primera, deliciosos filetes, suculenta langosta, gambas de tamaño jumbo, cangrejo, pescado y ostras recién pescados en el Golfo de México, junto con exquisitos postres, recién preparados por el chef ejecutivo. El restaurante disponía de una exclusiva bodega con una gran variedad de vinos finos y licores. Las mesas del comedor estaban elegantemente puestas y decoradas, con manteles de tela y servilletas con formas exóticas como cisnes, pavos reales o rosas, todo ello fundido con una pintoresca ventana que ofrecía una vista impresionante del histórico lago Horseshoe de Brownsville. Los clientes venían de todo el estado para disfrutar de las bandas del espectáculo, cenar y experimentar el muy entretenido filete a la pimienta flameado junto a la mesa y el Bananas Foster flameado junto a la mesa como postre. El restaurante estaba a unos cinco minutos del puente internacional Gateway que unía Brownsville, Texas, con Matamoros, México, y era un lugar popular para mucha gente en el valle, y también para los jefes del crimen de Matamoros. Durante mi empleo allí, pude vislumbrar el inmenso poder que ejercía el crimen organizado.

Fui testigo de cómo se pedía a la gente que abandonara la mesa para dejar sitio a los jefes del crimen de Matamoros. Ocasionalmente, tuve que informar incómodamente a un grupo de personas de que había un error en la reserva y debían cambiar de mesa. Si el grupo se resistía, cosa que ocurría a menudo, llamaba al jefe de camareros para que explicara el motivo del inconveniente, normalmente susurrado al oído del líder del grupo. Siempre accedían y, por las molestias, se les enviaba a la mesa una botella de vino o una ronda de bebidas de cortesía. De niño, sentía curiosidad por saber por qué ocurrían estas cosas y, cuando preguntaba, me decían simplemente que me callara, hiciera lo que me decían y me dedicara a mis asuntos, cosa que hacía. Pero la curiosidad nunca abandonó mi mente. La forma en que estas personas podían mover a toda una familia de su mesa me fascinaba. Mi padre me consiguió el trabajo, porque era el encargado de Alimentos y Bebidas del restaurante, y quería mantenerme alejado de las calles.

Un fin de semana, reuní el valor suficiente para pedirle a mi padre que me explicara quiénes eran esas personas. Hasta el día de hoy recuerdo que mi padre respiró hondo y me dijo:

—Hijo, esta gente es como la mafia; haz lo que te digan; no hagas preguntas; no les molestes, asegúrate de que están contentos y recoge el dinero de las propinas al final de la noche y vete a casa —así que hice lo que me decían, sirviendo sin querer a algunos de los mayores jefes del crimen de la zona. Encendía sus cigarrillos o puros a la orden, rellenaba sus copas de vino o whisky, me reía con ellos mientras hacían bromas a mi costa, como en la película de Scorsese "Buenos Muchachos", en la que los protagonistas se burlan de Spider, el camarero. Probablemente, en retrospectiva, yo era el Spider original, salvo que no me burlaba de ellos ni me mataban. Hacía lo que me decían, pero nunca olvidé el poder que ejercían, y creo que esta curiosidad me llevó a la carrera que acabé eligiendo.

Las bromas y las burlas eran humillantes, pero yo era un buen soldado y hacía mi trabajo con una sonrisa. Como la mayoría de los jóvenes de catorce años de sangre roja, crédulos y de medios modestos, yo era muy impresionable. Aquellos tipos gastaban una cantidad increíble de dinero, la mayor parte en bebida, y la comida pasaba a un segundo plano en toda la cuenta. A menudo dejaban al camarero jefe una propina de hasta $500, de los cuales yo y mi otro compañero ganábamos $20 cada uno. Para un joven de catorce años, en 1978, ganar veinte billetes en una noche era estimulante. Por supuesto, la mayor parte iba a mi madre para nuestros gastos familiares, pero aún me quedaba algo para comprar películas, discos, revistas y otras estupideces que les gustaban a los chicos de catorce años.

Recuerdo que hablaba con mi abuelo de esa gente y de cómo me intrigaba el poder que proyectaban. Su estado de ánimo cambió de pacífico a sombrío y severo cuando me dijo que aquella gente tenía lo que tenía por hacer cosas malas, y que un día estarían en la cárcel o muertos. Me dijo que si hacía lo correcto, nunca tendría que temer nada; no importa lo pobre o rico que seas, haz siempre lo correcto. La predicción de mi abuelo sobre el destino de esta gente pronto se demostró acertada. Uno de los jefes de la mafia que frecuentaba el club Resaca fue tiroteado en un intento de asesinato en Matamoros; el hombre sobrevivió y fue trasladado a un hospital de Matamoros, donde a las 24 horas entró un equipo de sicarios para acabar con él. Sin embargo, fracasaron y sobrevivió. Lo sacaron del hospital de Matamoros y lo trasladaron a Monterrey, Nuevo León, México, donde finalmente sucumbió a sus heridas. En ese mismo momento me di cuenta de que esto no era el cine, ni una novela, ni un corrido, y que no te vas a escapar a una isla exótica con una novia sexy si te dedicas a eso.

Seguí cautivado, a pesar del intento de asesinato... o quizá a causa de él. Su estilo de vida me desconcertaba. ¿Cómo habían llegado a esa situación? En aquel momento no sabía que mi fascinación por acabaría llevándome -30 años después- a ser el líder de un equipo que les amargaría la vida y entraría en una guerra total con ellos. Con el tiempo, me convertiría en Agente Especial de la DEA, y la DEA me eligió para dirigir la oficina de la DEA en Monterrey como Agente Residente al Cargo.

Mis hermanos disfrutando de la puesta de sol en South Padre Island.

Capítulo 2: Historia de la DEA y su ROL en México

Durante el tiempo que trabajé en la DEA, a menudo me sorprendía que mucha gente desconociera la misión de la DEA o el vasto alcance de sus operaciones globales. Mantiene oficinas en más de sesenta y seis países dentro de embajadas o consulados estadounidenses en todo el mundo. Las raíces de la DEA se remontan a principios del siglo XX, una época en la que la cocaína era legal y se utilizaba en el refresco Coca-Cola, y en la que los remedios para la tos contenían heroína y opio. Justo antes de que se aprobara la Ley de Alimentos y Medicamentos Puros, Coca Cola retiró la cocaína de su querido refresco y la sustituyó por cafeína. La venta y distribución de heroína durante esa época no tenía supervisión ni control. Tras la guerra hispanoamericana, el presidente Theodore Roosevelt convocó una conferencia internacional para controlar el tráfico de opio, sobre todo en Extremo Oriente, sin hacer nada para combatir el problema en Estados Unidos. El gobierno promulgó la Ley Harrison de Narcóticos en 1914, que obligaba a registrar y gravar con impuestos a las personas implicadas en la producción y distribución de morfina, heroína o productos derivados de la coca.

La ley prohibía estrictamente que las personas sin credenciales médicas obtuvieran un registro para vender, distribuir o fabricar narcóticos. La Oficina de Impuestos Internos del Departamento del Tesoro hizo cumplir las leyes sobre narcóticos en virtud de la

Ley Harrison, ya que estaba clasificada como ley fiscal. Cuando se promulgó la Prohibición en 1920, los agentes de estupefacientes pasaron a formar parte de la unidad de Prohibición de la Oficina de Impuestos Internos del Departamento del Tesoro. Mil quinientos agentes fueron asignados para hacer cumplir la ley de prohibición. Estos agentes luchaban esencialmente tanto contra los contrabandistas de narcóticos como contra los contrabandistas de licores, librando de hecho una guerra en dos frentes. El nacimiento de la prohibición provocó el cierre de muchas fábricas de cerveza en Estados Unidos, lo que permitió a los países fronterizos de Canadá y México llenar el vacío y satisfacer la demanda.

La época de la prohibición dio lugar a grupos mexicanos profesionales del contrabando, que estaban más que dispuestos a abastecer la demanda de Estados Unidos y a sacar provecho de los enormes beneficios obtenidos con la venta de alcohol en el mercado negro. Concretamente en el sur de Texas, Juan N. Guerra, fundador de lo que hoy es el Cártel del Golfo y considerado el Padrino de los traficantes de México y la frontera estadounidense, inició su imperio contrabandeando whisky a través de la frontera desde Matamoros hasta Texas y otras ciudades del norte de Estados Unidos. El crimen organizado floreció durante esta época y también obtuvo enormes beneficios en el mercado negro con el establecimiento de speak easy lounges y bares privados.

Los agentes consideraron que el trabajo era insuperable y, en 1927, la unidad de prohibición se separó del Servicio de Impuestos Internos. Pasó a denominarse Oficina de la Prohibición, dividiendo así las responsabilidades de la aplicación de la Ley de Estupefacientes y de la Ley de Licores entre los dos organismos. En 1930, el presidente Herbert Hoover creó la Oficina Federal de Estupefacientes (FBN) y nombró a Harry Ainslinger comisario de la recién creada agencia. Durante la década de 1930, se recibieron informes de una epidemia de consumo de marihuana a lo largo de la frontera mexicana, ya que los contrabandistas estaban introduciendo marihuana junto con el licor en Estados Unidos. Sin embargo, la FBN no dio mucha prioridad a las investigaciones sobre la marihuana, ya que infringirían el tiempo dedicado a las investigaciones sobre la cocaína y la heroína, una mentalidad que aún existe en ciertas regiones del país para la DEA. En la década de 1950, aparecieron informes sobre la existencia de opio mexicano en la ciudad de Nueva York, y algunos individuos empezaron a refinarlo para distribuirlo a otras ciudades importantes de Estados Unidos. Además, la familia Herrera, con sede en Durango (México), distribuía cantidades de varios cientos de kilos de heroína marrón mexicana en Chicago. En 1966, la Administración de Alimentos y Medicamentos formó un brazo ejecutor llamado Oficina de Control del Abuso de Drogas (BDAC), cuya responsabilidad era controlar la metanfetamina y los alucinógenos. Su vida duró poco, ya que en 1968 el gobierno de Johnson fusionó la FBN y la BDAC en la Oficina de Estupefacientes y Drogas Peligrosas (BNDD).

Cabe señalar que en 1963 se abrieron las primeras oficinas de lo que hoy es la DEA en México en la Embajada de Estados Unidos en la Ciudad de México y en el Consulado de Estados Unidos en Monterrey, a las que siguieron las oficinas de Guadalajara, Jalisco en 1969, Hermosillo en 1971, Mazatlán en 1973 y Mérida en 1976, marcando el inicio de su presencia en el país. En 1973, el Presidente Nixon presentó al Congreso un plan que fusionaría todas las agencias federales de lucha contra los estupefacientes para trabajar en una sola unidad. La fusión de la Oficina de Estupefacientes y Drogas Peligrosas y la Unidad de Investigaciones sobre Drogas del Servicio

de Aduanas de EE.UU, el 1 de julio de 1973, marcó el nacimiento
de la Agencia Antidroga de EE.UU, una agencia que cambiaría para
siempre el panorama de la lucha antidroga en EE.UU.

A principios de los años 70, mi mentor y compañero, Mario Álvarez, agente del BNDD, estaba destinado en Guadalajara. Compartió conmigo historias sobre la realización de compras encubiertas
de heroína en las bulliciosas calles de Guadalajara junto a la Policía
Judicial Federal mexicana. Heroína que venía directamente de la familia Herrera. Durante la década de 1970, el cultivo y la distribución
de heroína mexicana aumentaron debido a la intensa presión de las
fuerzas del orden sobre los contrabandistas de heroína europeos,
en particular, los conspiradores conocidos popularmente como la
Conexión Francesa. La conexión francesa implicaba el contrabando
de opio en bruto de Turquía a Marsella, Francia, para su refinado y
posterior envío a Estados Unidos a través de la frontera canadiense.
La conexión francesa suministraba hasta el 90% de la heroína de
Estados Unidos. La demanda de heroína mexicana se disparó tras
las detenciones de los conspiradores de la Conexión Francesa y, de
nuevo, como hicieron durante la prohibición, los traficantes mexicanos estuvieron más que encantados de satisfacer la demanda. A
mediados de la década de 1970, los traficantes mexicanos se habían
hecho con el control de las tres cuartas partes del mercado de heroína de Estados Unidos, y todo eso gracias a la creciente presencia
de campos de adormidera en Durango, Guerrero, Sinaloa, Oaxaca,
Chihuahua, Michoacán y Jalisco. Estados Unidos experimentó un
rápido y preocupante aumento del consumo de heroína durante esta
época, en gran parte debido a la accesibilidad y asequibilidad de la
heroína mexicana.

En 1974, sorprendentemente, el gobierno de México solicitó asistencia técnica a Estados Unidos para erradicar los campos de adormidera en los estados de Sinaloa y Guerrero, pero el esfuerzo duró poco debido a la falta de recursos. En 1976, Estados Unidos y México se unieron para formar un programa de erradicación del opio dirigido a los campos de adormidera de todo México y rociándolos con agente naranja. La operación, conocida como Operación Trizo, tuvo un gran éxito. En la operación se destruyeron más de 20.0 00 acres de campos de adormidera, suficientes para producir ocho toneladas de heroína. La operación condujo a la detención de más de cuatro mil personas y provocó un descenso significativo de la pureza de la heroína mexicana. Tuvo tanto éxito que muchos pueblos de las regiones productoras de adormidera sufrieron una crisis económica. Debido al malestar social causado por la crisis económica, México puso fin al esfuerzo de erradicación.

A medida que crecía la demanda de heroína, también lo hacía el número de investigaciones sobre heroína a lo largo de la frontera suroeste. En aquella época, los agentes estadounidenses podían cruzar la frontera con México para ampliar sus investigaciones e identificar la fuente de suministro de la heroína. Estas operaciones encubiertas transfronterizas suponían un gran riesgo para la seguridad de los agentes de la DEA, ya que no tenían autoridad para hacer cumplir la ley en México. Normalmente, cuando se piensa en la DEA en México, lo que viene inmediatamente a la mente es el trágico asesinato por secuestro de Enrique "Kiki" Camarena, pero hubo otros agentes antes de Camarena que también sufrieron tragedias por trabajar en México. Por ejemplo, en junio de 1975, el agente especial Don Ware y su compañero participaron en una de estas operaciones transfronterizas e intentaron hacer una compra encubierta de heroína en San

Luis Río Colorado, Sonora. Mientras se dirigían a hacer la compra, cuatro individuos les interceptaron y les obligaron a salir del vehículo. Después, los hombres les registraron y encontraron una pistola en el compañero de Ware. A continuación los golpearon duramente y los obligaron a subir a la parte trasera de una camioneta y los condujeron al vasto desierto de Sonora, donde ambos creyeron que los matarían. Por suerte, los hombres no encontraron el arma del agente Ware. En el momento en que el camión se detuvo, Ware, en un esfuerzo heroico por escapar de la muerte, abrió fuego, matando al conductor al instante. Siguió un intenso tiroteo con los otros hombres, donde Ware como su compañero fueron alcanzados dos veces por disparos de un M-16. Ware sobrevivió a pesar de estar gravemente herido. Ware se recuperaría más tarde y volvería a trabajar para la DEA de forma limitada, pero falleció en 2011 a causa de sus heridas.

También está la historia de los pilotos de la DEA Ralph Shaw y James Lunn, que murieron durante una operación de erradicación de adormidera cuando su avión se estrelló contra un cañón a baja altura. El piloto Lunn no pudo maniobrar el avión para sacarlo del cañón y el avión se estrelló al norte de Acapulco Guerrero en mayo de 1976, durante la Operación Trizo.

A mediados y finales de la década de 1980, los traficantes colombianos de cocaína perdían cargamentos en cantidades récord debido a la mayor presión de las Fuerzas de Seguridad, dirigidas por el Grupo Especial del Sur de Florida del vicepresidente George Bush. Los transportes marítimos y los aviones privados y comerciales introducían alrededor del 80% de la cocaína en Estados Unidos a través del sur de Florida. A medida que se perdían más y más cargamentos de cocaína y dinero a manos de las fuerzas del orden, los traficantes colombianos perdían dinero y, obviamente, eso no era bueno para el negocio. El Cártel del Golfo estaba ahora dirigido por el sobrino de Juan N. Guerra, Juan García-Abrego. El cártel del Golfo controlaba los puertos de toda la región de la costa del Golfo, desde la península de Yucatán, en Quintana Roo, hasta la frontera entre Texas y México, en Matamoros, Tamaulipas. El reino del cártel del Golfo también controlaba los estados interiores de Nuevo León, Coahuila, San Luis Potosí y Zacatecas. Además de este territorio, el cártel del Golfo controlaba la frontera entre México y Estados Unidos desde Matamoros, Tamaulipas, hasta Piedras Negras, Coahuila, en el lado mexicano de la frontera, y desde Brownsville, Texas, hasta Eagle Pass, TX, en el lado estadounidense de la frontera. Éste era el mayor territorio controlado por un solo cártel en México.

Los traficantes mexicanos habían introducido con éxito contrabando en Estados Unidos, incluida heroína y marihuana, desde los tiempos de la prohibición, como ya se ha mencionado. Sus rutas de contrabando y su infraestructura estaban firmemente establecidas, sin margen de error. La alianza entre las organizaciones de narcotraficantes colombianas y mexicanas era una combinación perfecta y ambas aprovecharon la oportunidad. Con el tiempo, se enviaban a México cantidades de varias toneladas de cocaína colombiana por vía terrestre, aérea o marítima para su distribución en Estados Unidos; una vez vendida, la recaudación multimillonaria se enviaba a Colombia menos la comisión cobrada por los traficantes mexicanos. Era una bonanza tanto para los traficantes colombianos como para los mexicanos. Los colombianos no podían enviar su cocaína con la rapidez suficiente para satisfacer la demanda. Incluso llegaron al extremo de comprar aviones de carga y cargarlos con toneladas de cocaína para su envío a México, donde funcionarios corruptos encargados de hacer cumplir la ley protegían los cargamentos. El cártel del Golfo no fue la única organización que se aprovechó de este nuevo tesoro; el cártel de Guadalajara, la organización Amado Carillo Fuentes, el cártel de Sinaloa y la organización Arrellano-Félix prosperaron gracias al cambio en el transporte y la distribución de cocaína a través de México. Algunos estiman que más de 330 toneladas de cocaína pasaban por México y entraban en Estados Unidos en esa época, y esta cifra ha aumentado significativamente desde la década de 1980. En consecuencia, el papel de los agentes de la DEA en México se hizo cada vez más vital para los agentes que realizaban investigaciones en Estados Unidos y Colombia.

A pesar de no haber recibido una educación formal, Juan García-Abrego demostró una notable perspicacia y creatividad como hombre de negocios. Negoció un acuerdo con las organizaciones colombianas que le permitiría quedarse con el 50% de cada cargamento de cocaína como pago por sus servicios de distribución. Las matemáticas son sencillas. Si los proveedores colombianos enviaban 1.000 kilos, que era básicamente la norma, García se quedaba 500 kilos para él. No está mal, teniendo en cuenta que el precio del kilo a mediados de los 80 rondaba los 40.000 dólares. Es decir, 20 millones de dólares solo con una carga. Esta exitosa y rentable estrategia permitió a García-Abrego recaudar miles de millones de dólares al año. Cargamentos de cocaína de varias toneladas llegaban por avión a un rancho propiedad de García-Abrego, en Soto La Marina, un tranquilo pueblo pesquero al sur de Matamoros, Tamaulipas. Como una máquina bien engrasada, los miembros del cártel del Golfo descargaron innumerables bolsas de lona repletas de kilos de cocaína y las transportaron a Matamoros para su posterior traslado a escondites en el Valle del Río Grande. Desde allí, dividían los cargamentos en envíos más pequeños y los transportaban por todo Estados Unidos, incluidos Nueva York, Chicago, Los Ángeles y Miami. En octubre de 1989, agentes del Departamento de Seguridad Pública de Texas se incautaron de 9 toneladas de cocaína del cártel del Golfo en un alijo de Harlingen, Texas, valorada en 3.000 millones de dólares. Esa misma semana, los guardacostas se incautaron de una embarcación frente a la península de Yucatán con 6 toneladas de cocaína del cártel del Golfo valorada en 2.000 millones de dólares. Estas incautaciones son solo una instantánea del peso que el cártel del Golfo movía en ese momento.

García-Abrego era increíblemente influyente, lo que le valió comparaciones con Pablo Escobar. Tenía en nómina a políticos y funcionarios de las fuerzas de seguridad, a los que pagaba varios millones de dólares al mes en sobornos. También circularon rumores de que tenía en nómina a varios funcionarios de las fuerzas de seguridad estadounidenses. Sea como fuere, el FBI incluyó a García-Abrego en su lista de los diez más buscados y la policía judicial federal mexicana, acompañada por agentes de la DEA de la oficina residente de Monterrey, lo detuvieron en Monterrey, México, en enero de 1996. A continuación, lo extraditaron a Estados Unidos, en Houston, Texas, en un avión de la DEA, para enfrentarse a una acusación por varios cargos. Tras un juicio de cuatro semanas, un jurado lo declaró culpable de tráfico de drogas, blanqueo de dinero y explotación de una Empresa Criminal Continuada. Fue condenado a once cadenas perpetuas consecutivas. La detención de García-Abrego preparó el terreno para una feroz competición por llenar el vacío de liderazgo en el cártel del Golfo, que finalmente reclamó Osiel Cárdenas Guillén.

Cárdenas-Guillén adquirió notoriedad tras detener un vehículo ocupado por un agente de la DEA, un agente del FBI y una fuente de información. Los agentes se vieron rodeados por los pistoleros de

Osiel, que intentaron secuestrar a los tres y amenazaron con dispararles en el acto. Afortunadamente, consiguieron salir de la situación hablando y finalmente fueron liberados ilesos. Tuvieron suerte, pero ni la DEA ni el FBI olvidaron nunca el incidente.

Fue durante este cambio en las rutas de transporte de la cocaína, a mediados de los años 80, cuando la DEA empezó a reclutar agentes hispanos con habilidades bilingües. Los agentes hispanos estaban muy solicitados por su capacidad para realizar diversas tareas, como el trabajo encubierto, los interrogatorios de acusados, el seguimiento de escuchas telefónicas, la traducción de conversaciones y el análisis de documentos en español. Me convertí en uno de los muchos reclutas que se unieron a la DEA durante esta época, y fui ascendiendo en el escalafón a medida que pasaban los años hasta llegar al nivel de Supervisor. Mi trayectoria profesional me llevó finalmente a México, donde me eligieron para servir como Agente Residente a Cargo de la Oficina Residente de Monterrey. Era plenamente consciente del peligro inherente a esta misión.

Los peligros de trabajar en México como agente de la DEA siempre han sido intrínsecos al cargo. Mucha gente ignora que los agentes de la DEA en México no pueden llevar armas de fuego y no poseen inmunidad diplomática. Al operar en uno de los países más peligrosos y corruptos del mundo, los agentes de la DEA se enfrentan a un peligro constante sin ninguna protección. Si un agente es sorprendido por casualidad con un arma o tiene que utilizarla de algún modo, y consigue sobrevivir, no tiene protección diplomática, lo que le expone a ser procesado por las autoridades mexicanas y a una posible pena de cárcel. Entonces se le exilia rápidamente del país, prohibiéndole para siempre volver a pisar su suelo. Operar en esas circunstancias es duro, pero lo hicimos, y lo hicimos bien. Siempre encontrábamos la forma de llevar los casos a buen puerto. Es parte del trabajo como agente de la DEA en México. Pero el trabajo no es para todo el mundo. Hay que ser resistente, persistente, flexible y poseer una extrema dureza mental y emocional. A los agentes de la DEA no nos piden ni nos obligan a trabajar en México; solicitamos voluntariamente las vacantes que nos interesan en las distintas oficinas de México y competimos con otros agentes por el privilegio de trabajar allí. Mis colegas que siguen trabajando allí en estas difíciles circunstancias tienen todo mi respeto.

Capítulo 3: El Puma

A menudo me piden en reuniones familiares, restaurantes y bares que cuente una historia memorable sobre mi época de agente de la DEA. Hay muchas que contar a lo largo de una noche de bebida jovial, pero una destaca por encima de todas ellas. Pero antes de contar la historia, siempre pregunto a los oyentes y ahora te pregunto a ti, lector: ¿Crees en el destino o en la coincidencia? ¿Un poder superior predetermina nuestras vidas a través del destino o los acontecimientos que ocurren en nuestras vidas son circunstanciales y aleatorios? A menudo, reflexiono sobre esta pregunta en soledad, cuando pesco en las serenas aguas turquesas de la Laguna Madre, donde el tiempo no tiene importancia, donde las gaviotas y los pelícanos son mis únicos compañeros. ¿Fue el destino el que una vez me puso cara a cara con el más temido de los capos de la droga, El Puma, en la frontera suroeste? ¿O fue un conjunto de circunstancias aleatorias a lo largo del tiempo lo que nos puso cara a cara? Lee la historia y decide por ti mismo.

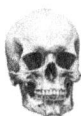

El 2 de febrero de 1987 empecé a trabajar para la DEA en mi querida ciudad natal de Brownsville, Texas. A continuación, soporté dieciséis agotadoras semanas de entrenamiento básico para agentes en las gélidas estribaciones de Quantico, Virginia, en la Academia de la DEA, mi primera estancia prolongada lejos de casa. Todo era nuevo para mí. Me fascinaba el interminable mar de pinos de Virginia, arces majestuosos y robles altísimos, saturados de nieve recién caída. Me fascinó la historia significativamente rica de la región y, sobre todo, me fascinó la diversidad de compañeros de clase de todo Estados Unidos que compartieron la experiencia conmigo y que acabaron convirtiéndose en amigos para toda la vida como miembros de la promoción 48 de Agentes Básicos. Durante aquellas dieciséis semanas, los instructores nos sometieron a un riguroso régimen de entrenamiento físico diseñado para adelgazar la manada y eliminar a los débiles, pero nadie abandonó. Todos aguantábamos lo que nos daban y volvíamos a por más. El entrenamiento también estaba diseñado para proporcionarnos la fuerza mental necesaria para reaccionar con rapidez y decisión ante la adversidad y las situaciones críticas, una habilidad que me serviría de ventaja más adelante en mi carrera. Los instructores nos daban clases de derecho, manejo de pruebas, técnicas de interrogatorio, vigilancia y actividades encubiertas -todo lo que un agente de la DEA tendría que hacer sobre el terreno- en la academia, o al menos lo intentaban. Porque, en realidad, ningún entrenamiento puede prepararnos para el mundo real.

Teníamos el privilegio de contar con lo mejor de lo mejor como instructores en nuestra academia, pero había un instructor que destacaba sobre los demás. El Sr. C, un compañero hispano de Texas, conectó instantáneamente conmigo en cuanto nos conocimos. Era un instructor muy querido, con una personalidad afable y siempre accesible. Ni una sola vez le vi reñir a un alumno o levantar la voz a nadie, como hacían ocasionalmente la mayoría de los demás instructores. El Sr. C tenía una historia fascinante sobre su estancia en México, y una tarde dedicó tres horas de clase a compartirla con nosotros. Todos y cada uno de los que estábamos en aquella sala nos quedamos boquiabiertos. El Sr. C. había estado en Guadalajara durante el secuestro de Enrique "Kike" Camarena. Su papel en la investigación casi le había costado la vida, y compartió con nosotros los pasos que dio mentalmente para sobrevivir a su terrible experiencia. Era una de las primeras veces que oía un relato tan detallado sobre los peligros a los que uno se enfrentaba como agente de la DEA en México. Su relato detallado sobre la vida en México como agente de la DEA, los riesgos y los peligros a los que uno se enfrentaba, me cautivaron por completo. Aunque mi carrera estaba en sus inicios, quería formar parte de ella. Sabía, sin embargo, que algún día tendría la oportunidad de lograr mi objetivo. Tenía que ir paso a paso, y el primer paso significaba graduarme en la Academia.

En mayo de 1987, mis compañeros y yo nos graduamos en la Academia como Agentes Especiales de pleno derecho de la Dirección Antidroga. Tenía 22 años, estaba lleno de ambición y listo para conquistar el mundo. Me asignaron a McAllen, TX, que está cerca de mi ciudad natal de Brownsville, Texas. En aquella época, las organizaciones mexicanas de narcotraficantes habían forjado una alianza con los proveedores colombianos de cocaína, que originalmente utilizaban el sur de Florida como punto de escala antes de distribuir sus cargamentos a las ciudades de la costa este de Estados Unidos. En 1982, el vicepresidente George Bush formó el Grupo Especial del Sur de Florida para combatir la enorme afluencia de cocaína que llegaba a la región desde Colombia. Aunque el Grupo Especial consiguió incautar cantidades récord de cocaína, en realidad no detuvo el flujo de drogas que entraban en el país. Simplemente educó a los colombianos para que ampliaran sus rutas de distribución y pusieron sus ojos directamente en México. Era el ajuste perfecto. Los contrabandistas mexicanos ya tenían rutas de contrabando fiables y bien establecidas en toda la frontera suroeste de Estados Unidos, que habían pertenecido a sus familias durante generaciones. Una afiliación con los proveedores colombianos sería extremadamente lucrativa para ambas partes. Ambas partes se beneficiaron de la situación y, como resultado, empezaron a entrar grandes cantidades de cocaína en la frontera suroeste, incluida el Valle del Río Grande y mi nuevo destino en McAllen, TX.

En 1984, como jefe del cártel del Golfo, Juan García Abrego reinaba como el rey de la cocaína en México y el valle del Río Grande. El conocimiento institucional que Abrego adquirió a través de su tío Juan N Guerra, un contrabandista y contrabandista de Matamoros, México, conocido desde hacía mucho tiempo, resultó inestimable cuando los colombianos acudieron a su llamada. El cártel del Golfo supervisa posiblemente la mayor franja de territorio de la frontera suroeste desde Matamoros hasta Piedras Negras (México) y todos los puertos de entrada intermedios. El cártel del Golfo se estaba forrando gracias a la alianza con Colombia, con unos ingresos brutos estimados en unos 2.000 millones al año. Un imperio como éste requería muchos subordinados de confianza que desempeñaran diversas funciones en varias partes del país para supervisar la descarga o la carga de las entregas de cocaína; contar, entregar y blanquear los ingresos en efectivo, proteger los escondites, reclutar y contratar pilotos para transportar grandes cargamentos de cocaína de Colombia a México, reclutar y contratar peones para cuidar del ganado y mantener en buen estado los diversos ranchos propiedad de Abrego, y entregar sobornos a funcionarios del gobierno y a las fuerzas de seguridad. Así pues, García asignó a miembros probados y de confianza del círculo de Abrego, conocidos como Jefes de Plaza, en ciudades clave de todo Tamaulipas para supervisar estas actividades críticas para la continuidad de la organización.

A principios y mediados de los 90, el Cártel del Golfo tenía en su amplia nómina a todos los funcionarios de las Fuerzas de Seguridad Municipales y de Tamaulipas. Uno de estos Policías estatales era un detective de homicidios de Reynosa, Tamaulipas, Carlos Landín Martínez. Sus compañeros y superiores consideraban a Landín un policía excepcional, pero por desgracia, ser un buen policía en México no paga las facturas ni pone comida en la mesa. Lo que sí hace es llamar la atención de los dirigentes del cártel del Golfo. Gregorio Sauceda-Gamboa, alias "El Goyo", reclutó a Landin a la sombra del cártel del Golfo, donde se convirtió en uno de los cientos de policías que servían de ojos y oídos en el estado de Tamaulipas para Goyo y el cártel del Golfo.

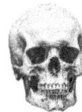

Landin demostró su valía para el Cártel del Golfo y ascendió rápidamente en la jerarquía de la plaza de Reynosa. Utilizando su posición como policía estatal, Landin recuperó descaradamente cargamentos de marihuana y cocaína que la Policía Federal y la Estatal habían incautado de sus respectivos depósitos de pruebas y devolvió los cargamentos al Cártel del Golfo, lo que le valió honores y elogios entre los dirigentes del Cártel del Golfo. Tras la detención de Abrego en 1996, surgió una lucha de poder por el liderazgo del Cártel del Golfo y, finalmente, Osiel Cárdenas Guillén tomó el control. Osiel Cárdenas Guillén era un asesino frío y calculador que no hacía prisioneros y se ganó el apodo de "El Mata Amigos". El Goyo siguió siendo el Jefe de la Plaza de Reynosa después de que Guillén asumiera el liderazgo, y como resultado, Landin ascendió en las filas del cártel, como segundo al mando de Goyo y Jefe de las fuerzas de seguridad de Reynosa.

La buena suerte de Landin llegó hasta su papel en la policía estatal de Tamaulipas. Ya no era un simple detective de homicidios, sino el comandante de la unidad estatal de homicidios de Reynosa. Como parte de sus funciones en el cártel, Landin se aseguraba de que cualquier organización que transportara cargamentos de droga a través de la plaza de Reynosa pagara la cuota tributaria exigida al cártel del Golfo o, de lo contrario, se aseguraba de que pagaran el precio de la forma más violenta y, en efecto, les daba un escarmiento para que otros traficantes no intentaran la misma táctica. Supervisó el transporte de grandes cantidades de cocaína y marihuana desde México a Estados Unidos a través del río Grande para su almacenamiento temporal en el valle del río Grande y su posterior distribución a diversas partes del norte de Estados Unidos. También supervisó el transporte de las ganancias derivadas de la venta de estos cargamentos de cocaína y marihuana de vuelta a México para su posterior blanqueo. Las ganancias ascendían semanalmente a varios millones de dólares, de los que se llevaba un porcentaje por su papel de segundo al mando. La violencia formaba parte del trabajo, y él lo hacía bien, pues había recibido mucha práctica como miembro de la Policía Estatal. Cualquier miembro del cártel que fuera lo bastante tonto como para perder un cargamento del cártel, pronto tendría el claro placer de un encuentro cara a cara con Landin. Si las respuestas a sus preguntas no le satisfacían, esa persona aprendía por desgracia la magnitud exacta de la inclinación de Landin por la violencia.

En 1999 fue destituido de sus funciones como comandante de la unidad de homicidios de la Policía Estatal, pero no se inmutó por la pérdida. El dinero que ganaba como miembro del Cártel del Golfo superaba todo lo que hubiera podido imaginar, empequeñeciendo las ganancias que habría tenido como comandante de la Policía Estatal. Su papel en el Cártel adquirió aún más importancia como Jefe de Plaza en funciones, porque su jefe, "El Goyo", cayó profundamente en el oscuro e infernal abismo de la adicción a la cocaína y al alcohol de . El estado de El Goyo se había deteriorado hasta el punto de que no podía tomar decisiones importantes, así que Landin intervino y asumió esencialmente el papel de Jefe de Plaza de Reynosa. La vida le iba bien a Landin, y floreció en el poderoso papel de Jefe de Policía y Jefe de Plaza en funciones, ganándose el respeto de otros líderes del cártel, incluido el nuevo jefe Osiel Cárdenas Guillén.

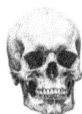

En un giro peculiar, mi trayectoria profesional y la de Landin parecían correr paralelas. En 1998, obtuve el puesto de Supervisor de Grupo de refuerzo del Grupo de Aplicación de la Ley que me habían asignado, al igual que Landin ascendió dentro de las filas del cártel del Golfo y de la Policía Estatal. No tenía ni idea de quién era Carlos Landin, ni sabía de su existencia, y estoy segurísimo de que él no tenía la menor idea de la mía. En otoño de 2000, la DEA

me seleccionó para mi primera misión en el extranjero, en Guadalajara, Jalisco, México, también conocida como la Perla del Pacífico.
Guadalajara es la segunda ciudad más grande de México, la cuna del
despiadado cártel de Guadalajara y la ciudad en la que se produjo el
crimen más infame contra un agente federal de Estados Unidos: el
secuestro, tortura y asesinato de Enrique Camarena, perpetrado por
el cártel de Guadalajara. La primera vez que volé a Guadalajara me
quedé atónito. No podía comprender que estaba volando al mismo
aeropuerto en el que los hermanos Arellano-Félix intentaron asesinar
al Chapo Guzmán, pero en su lugar mataron al cardenal católico
romano Juan José Posadas Ocampo, desatando el caos en ambas
organizaciones.

A pesar de que habían pasado 15 años desde el asesinato de Kike, la
tensión seguía siendo palpable cada vez que nos reuníamos con nuestros homólogos mexicanos. A pesar de la omnipresente sensación de
desconfianza y resentimiento, sabíamos que era necesario interactuar
con ellos para cumplir eficazmente nuestro trabajo. Al fin y al cabo,
éramos invitados en su país y no teníamos poderes de detención. A
veces nos ponían trabas, otras nos trataban como a reyes. Supongo
que dependía del estado de ánimo con el que se hubiera despertado la
persona con la que tratábamos. Éramos una oficina pequeña, como
la mayoría de las oficinas en México, formada por cuatro agentes: un
analista de inteligencia, el Agente Residente Encargado y dos auxil-
iares administrativos. Muchas veces, durante mi estancia en Guadalajara, recordé los consejos de mi mentor y compañero, Mario Álvarez.
Refugiado en la oscuridad de la cantina Tucán, del calor abrasador
del sol del sur de Texas y refrescado por jarras de cervezas heladas que
fluían libremente, me dijo: "No te pierdas en todo el trabajo. Habrá
mucho. Disfruta de tu tiempo allí. Absorbe la cultura. Conoce la

ciudad y su belleza, haz amigos fuera de la oficina, lleva a la familia a ver los lugares de interés. Hay muchos lugares a los que ir y mucho que hacer allí. Diviértete y haz que también sea memorable para tu familia".

Nunca olvidé sus palabras y me las tomé muy a pecho. Nuestras vidas se llenaron de emoción al perseguir a algunos de los mayores traficantes del planeta, como Armando Valencia, Sandra Ávila Beltrán, Ramón y Benjamín Arellano-Félix, Ignacio "Nacho" Coronel, Juan José Esparragoza-Moreno alias "El Azul", Ismael "Mayo" Zambada y Joaquín "El Chapo" Guzmán, una distinguida lista de miembros del mundo del narcotráfico. Pero también tuvimos el privilegio de experimentar lo mejor que ofrecía la cultura mexicana. Para empezar, aparte de mi fascinación por la historia de narcotraficantes que impregnaba la ciudad, Guadalajara emana una belleza misteriosa, una rica historia, cultura y perfección culinaria. La pintoresca visión de las calles de Guadalajara bordeadas de Jacarandas floreciendo robustamente, con una interminable variedad de tonalidades púrpuras, es poco menos que encantadora, una visión que permanecerá eternamente grabada en los recovecos de mi mente.

Fundada en 1542, Guadalajara, también conocida como la Perla del Pacífico y la ciudad de las rosas, es la capital de Jalisco, la cuna de la música mariachi, el tequila y el hogar de muchos autores, actores, artesanos y músicos famosos, entre ellos el icónico y legendario Vicente Fernández. Es la segunda ciudad más grande de México, con una población aproximada de 8 millones de habitantes. A pesar de la frecuente destrucción por incendios y muchos terremotos, la Catedral de Guadalajara sigue siendo una de las catedrales más antiguas de México. La historia de la catedral es fascinante y está llena de oscura ironía. La catedral alberga el cuerpo del cardenal Juan Jesús Posadas

Ocampo, al que unos asesinos mataron en el aeropuerto de Guadalajara en 1993 a causa del conflicto de los Arellano Félix y el Chapo Guzmán. Sirve como testamento eterno de la violencia desenfrenada desatada por los cárteles, que arrastra a ciudadanos inocentes en su estela mortal.

Es difícil no enamorarse de la ciudad, con su rica arquitectura, tanto colonial como moderna. El arte abunda en la ciudad y sus alrededores. Las ciudades de Tonalá y Tlaquepaque albergan a algunos de los mejores artesanos del país y miles de turistas y lugareños hacen viajes de fin de semana a las ciudades para comprar obras de arte, muebles artesanales, coloridos trajes folclóricos o quizá solo para probar algunas de las tortas ahogadas locales. La torta recibe el nombre de "ahogada" porque el bocadillo se empapa en una salsa de chile rojo hecha con chile de árbol fresco, y suele contener una generosa porción de suculenta carne de cerdo frita y dorada, adobada con lima, ajo y cebolla roja. Te recomiendo que tengas a mano una bebida fría para contrarrestar el calor entrante que espera a tu paladar. La tradición local explica que este plato, originario de Guadalajara, surgió por accidente. Según la leyenda, un cliente local encargó una torta y pidió expresamente que se le añadiera la mezcla de salsa picante. Supuestamente, el vendedor dejó caer accidentalmente toda la torta en el cuenco de la salsa, ahogándola por completo, dando así origen a la ahora famosa Torta Ahogada de Jalisco. Muchas noches, tras interminables rondas de tequilas, cerveza y mariachis, mis amigos y yo nos hemos deleitado con estos famosos bocadillos de cerdo picante para calmar los efectos de la dolorosa resaca subsiguiente que amenazaba con debilitar nuestra productividad al día siguiente. En mis dos años en Guadalajara, intenté explorar todo lo que pude sobre esta fascinante ciudad, porque hay mucho que ver y en lo que sumergirse.

Una cosa que puedo decir es que su belleza es cautivadora, la gente con los pies en la tierra y amable, la música inolvidable e icónica y, por supuesto, no necesito decir nada sobre el trabajo, ni sobre el malvado y siniestro lado oscuro que acecha en cada rincón de esta hermosa ciudad. Lamentablemente, ese lado habla por sí solo.

La oficina residente de Guadalajara tenía un área de responsabilidad a gran escala, que abarcaba seis estados: Jalisco, Nayarit, Colima, Guanajuato, Aguascalientes y Zacatecas. Nuestro trabajo consistía en entablar relaciones con las fuerzas del orden, cultivar fuentes fiables de información y reunir datos de inteligencia sobre las actividades relacionadas con el narcotráfico en cada una de esas regiones. Cada uno de esos estados tenía sus propias entidades policiales a nivel federal, estatal y municipal, y se esperaba que tuviéramos contactos en cada uno de ellos. Solo con la ciudad de Guadalajara, la segunda ciudad más grande de México, teníamos las manos llenas. Una tarea insuperable para solo cuatro agentes. A modo de comparación, en Estados Unidos, las oficinas de la DEA disponían de Grupos de Aplicación compuestos por numerosos agentes, a veces hasta doce o catorce, para llevar a cabo sus responsabilidades en las zonas asignadas. Nosotros éramos solo cuatro. Como hacen los típicos agentes de las fuerzas del orden en todo el mundo, le quitamos importancia a una situación difícil y bromeamos diciendo que cada uno de nosotros era el equivalente a un Grupo de Ejecución en Estados Unidos y sacamos lo mejor de la situación. Tal y como lo veíamos, no había forma de entablar relaciones con nuestros homólogos mexicanos a menos que nos reuniéramos personalmente con ellos e interactuáramos con ellos. Eso significaba que teníamos que viajar a todos los estados de nuestra área de responsabilidad. Yo estaba más que feliz de hacer mi parte.

Hice mi primer viaje como agente de Guadalajara al famoso destino turístico de Puerto Vallarta, Jalisco, para reunirme con el comandante de la policía federal de esa ciudad. Aunque la ciudad es un destino turístico de fama mundial, en Vallarta prospera un oscuro trasfondo. Vallarta era el patio de recreo de Rafael Caro Quintero, Ernesto Fonseca Carrillo y varios otros miembros del cártel de Guadalajara, incluido Ignacio Coronel, un importante traficante de cocaína que introducía en Vallarta cantidades alrededor de 20 toneladas de cocaína mediante envíos marítimos desde Colombia. Los hermanos Arellano Félix también frecuentaban Vallarta para hacer fiestas y llevar a cabo negociaciones con otros traficantes notorios para grandes cargamentos de cocaína. En 1992, el Chapo Guzmán envió un equipo de asesinos a matar al equipo de Benjamín y Ramón Arellano mientras celebraban el cumpleaños de Benjamín en la discoteca Christine, con el resultado de la muerte de seis personas. De hecho, era un patio de recreo del narco y uno no sabía realmente con quién se iba a encontrar en un momento dado en Vallarta. El ambiente que desprendía la ciudad era emocionante, alegre y festivo, con un toque de peligro mezclado en la receta. Siempre se tenía la ominosa sensación de que la mierda podía estallar en cualquier lugar, en cualquier momento, en cualquier minuto o en cualquier segundo.

Para llegar a Vallarta, se puede tomar un rápido vuelo de una hora desde Guadalajara, hacer un largo, miserable y angustioso viaje en autobús a través de la Sierra Madre Occidental, o se puede ir en auto. Nuestro presupuesto no nos permitía un vuelo, y yo desde luego no haría un viaje en autobús, así que mi pareja y yo hicimos el viaje panorámico de cinco horas por lo que posiblemente sea el paisaje más hermoso de todo México. Es difícil no maravillarse ante el interminable mar de agaves azules que envuelve el campo, fundiéndose perfectamente con las montañas de la Sierra Madre y la luz dorada del sol que se asoma entre las nubes brumosas que flotan perezosamente sobre la soñolienta ciudad de Tequila, Jalisco, cuna de la bebida nacional de México, el tequila. El interminable mar de agaves dio paso a un exuberante follaje tropical de árboles de mango, coco, plátano y papaya que florecían en los fértiles terrenos volcánicos de las montañas de la Sierra Madre, mientras enjambres de coloridos loros descendían sobre la inmensa jungla verde esmeralda de árboles frutales para posarse antes de la puesta de sol. Al atravesar la región montañosa, la primera visión de la costa del Pacífico de Jalisco no nos decepcionó, pues el sol de parecía evaporarse en el vasto azul profundo del Pacífico, pintando un deslumbrante lienzo de acuarela rosa, morado, gris y naranja quemado en el cielo occidental, mientras el crepúsculo caía lentamente sobre la ciudad de Puerto Vallarta.

Era casi imposible creer que en este pequeño rincón de paraíso celestial, el peligro acechara en cada esquina. Quedamos con el comandante para desayunar en un pintoresco restaurante del puerto deportivo, alejado de la zona turística y oculto entre las muchas otras tiendas y restaurantes de la zona. Era un joven fornido, con un corte de pelo militar, gafas de sol Ray Ban Aviador oscuras, vaqueros azules y una camisa blanca de cuello redondo cubierta por un elegante blazer azul. Iba armado, y le acompañaban tres guardaespaldas de aspecto rudo, que también formaban parte de la policía federal. Tras intercambiar cumplidos, se quitó las gafas de sol, pidió café y nos recomendó con entusiasmo la tortilla de camarones, que rápidamente accedimos a pedir.

—No se van a arrepentir. Este desayuno es como probar parte del Cielo —dijo. Este plato es como probar un trozo del paraíso.

También pedimos café, intentando despejarnos de los efectos del exceso de tequila y cerveza de la noche anterior. Nos sentamos en silencio, esperando nuestra comida.

En México es de mala educación empezar una reunión hablando de negocios de buenas a primeras, así que le hicimos educadamente las preguntas de rigor y descubrimos que era originario de Sinaloa y que se había incorporado a la Policía Federal tras un breve paso por el Ejército mexicano. Solo llevaba dos semanas en su nuevo destino como comandante. Sus ojos miraban a su alrededor con inquietud, en busca de cualquier señal de peligro que pudiera acechar, mientras sus guardaespaldas hacían lo mismo. Llegó nuestra comida y nos sumergimos ansiosos en la perfección culinaria. La tortilla consistía en camarones gigantes recién pescados y cortados en pequeños y deliciosos bocados, que se incorporaron a la tortilla junto con pimiento, cebolla verde y queso Monterrey Jack. El chef adornó el plato con perejil y lo acompañó con una guarnición de rodajas de aguacate fresco cubiertas de crema agria. Cada bocado parecía disolverse lentamente en tu paladar y en tus papilas gustativas. Era realmente el paraíso.

Interrumpiendo nuestra embelesada dicha culinaria, el comandante se aclaró la garganta, tomó un trago de café y habló en voz baja:

—Puede ser que no esté en Vallarta por mucho tiempo.

Mi compañero y yo intercambiamos miradas curiosas, y yo solté:

—¿Pero cómo? ¡Si acabas de llegar!

Le escuchamos atentamente mientras devorábamos nuestras tortillitas de camarones. Nos explicó que, tres días después de su llegada, recibió un inquietante mensaje de unas personas aterradoras, a saber, Benjamín y Ramón Arellano-Félix. El mensaje llegó en forma de una lujosa y cara botella de tequila Don Julio, envuelta con un gran lazo rojo brillante. Adjunto a la botella había un pequeño sobre rojo con un mensaje escrito a mano: Bienvenido, a Vallarta comandante. Pronto nos veremos. Atentamente Benjamín y Ramón Arellano Félix.

En un tono pausado y casi susurrante, nos informó de que aceptó el puesto en Vallarta únicamente porque nadie más lo deseaba, y sus superiores le obligaron a aceptarlo. Dijo que creía que lo habían elegido porque era joven y de Sinaloa, lo que lo convertía en un objetivo fácil de controlar por las principales organizaciones de traficantes de la zona, como los hermanos Arellano-Félix, que actualmente estaban en guerra con Joaquín Chapo Guzmán. Mirando hacia sus guardaespaldas, que estaban sentados en una mesa cerca de la entrada del restaurante, su miedo era palpable. Nos dijo que el equipo de seguridad se lo habían asignado sus superiores, y estaba seguro de que les informaban de los detalles de sus actividades cotidianas a ellos y a los traficantes. Les había dicho que se reuniría con miembros del Consulado de EE.UU y no había mencionado que éramos agentes de la DEA. De repente, lo que era probablemente la tortilla más deliciosa que había probado en mi vida se me atascó en la garganta. Una premonitoria sensación de ansiedad y miedo me invadió momentáneamente mientras intentaba procesar sus inquietantes palabras. Hizo falta toda la habilidad y experiencia en el trabajo encubierto que había aprendido durante los catorce años anteriores para ayudarnos a superar la reunión sin revelar nuestras identidades como agentes. Contamos chistes, hablamos de deportes, hablamos de las hermosas mujeres que abundaban en Jalisco, hablamos de carreras de caballos, de cualquier cosa menos del tema del narcotráfico, con tal de llegar al final de la reunión y largarnos de allí. Esa fue mi introducción al trabajo en México y en Jalisco, la Perla del Pacífico, la Ciudad de las Rosas.

Seguí el consejo de mi antiguo compañero y aproveché al máximo mi estancia en Guadalajara. Una de nuestras áreas de responsabilidad era Manzanillo Colima, una importante ciudad portuaria de México y destino portuario favorito por las asombrosas cantidades de cocaína que llegan al puerto en buques portacontenedores procedentes de Colombia, Ecuador, Perú y otros países. Créeme, no hay mejor forma de esperar a que un portacontenedores llegue al puerto que esperar en El Bigotes, un restaurante-bar al aire libre en la orilla de la playa de Manzanillo disfrutando de una cerveza Pacífica helada mientras las olas retumban, chocan y rugen dejando un remolino de espuma sobre la arena dorada. Casi nos sentimos un poco culpables por habernos dado un capricho mientras esperábamos a nuestro barco contenedor, pero el sentimiento no duró demasiado. Sobre todo, cuando el camarero nos trajo nuestros pedidos de la apetitosa "Piña tropical", una gran ración de ceviche de camarones, pescado y pulpo mezclado con trozos de aguacate fresco, piña y mango, con una pizca de jalapeños, todo ello dentro de una piña cortada por la mitad. El picante de los jalapeños se fusionaba perfectamente con la dulce suculencia de los trozos de piña y mango, llevando a las papilas gustativas a un frenesí de sabor que casi obligaba a tomar un largo trago de cerveza helada antes del siguiente sabroso bocado. El trabajo no tenía por qué ser terrible en absoluto. Aquel día no incautamos cocaína en nuestro barco de contenedores. A veces se gana y la mayoría de las veces, no. Pero nos lo pasamos de miedo y volvimos a trabajar con frecuencia, sin dejar nunca de hacer nuestra tradicional parada en El Bigotes.

En Morelia Michoacán, tuve la maravillosa oportunidad de sumergirme en la encantadora arquitectura colonial del centro histórico. La Catedral de Morelia, con sus intrincados detalles y su imponente presencia, me dejó maravillado. La Plaza de Armas, bulliciosa de lugareños y visitantes, proporcionaba un ambiente vibrante. Y descubrir el lugar de nacimiento de José María Morelos, La Casa Natal de Morelos, fue un conmovedor recordatorio del papel de la ciudad en la conformación de la historia de México. Comparables a las vastas extensiones de campos de agave de Jalisco son los interminables huertos de campos de aguacate que hacen de Michoacán el mayor importador de aguacates a Estados Unidos del mundo. Por desgracia, durante mi estancia allí, dos cárteles rivales se enzarzaron en una guerra encarnizada por el control del puerto de Lázaro Cárdenas, lo que convirtió la ciudad en un lugar peligroso para una visita prolongada. Mi compañero y yo también viajamos a la ciudad de Aguascalientes para ayudar a los fiscales federales en la incautación de 2 toneladas de cocaína de un avión Lear enviado directamente desde Colombia. Durante este viaje, conocimos al fiscal general de México, Rafael Macedo de la Concha, que supervisó al ejército mexicano rociando el cargamento de cocaína con combustible de aviación y prendiéndole fuego en un magnífico despliegue de fuego. No exageramos. Después de todo el trabajo, disfrutamos de una botella de delicioso vino tinto de uno de los viñedos locales y lo acompañamos con una tira de Nueva York marinada en coñac y cubierta con champiñones, salsa de vino, una buena ración de guacamole y nata agria: el mejor filete que he comido nunca.

Tras viajar por gran parte de México y disfrutar de su singular belleza, como visitar las pirámides de Ciudad de México o presenciar cómo el humo se elevaba hacia el cielo desde las entrañas del volcán

Popocatépetl con un amanecer carmesí como telón de fondo, recibí un ascenso a Agente Especial Supervisor y regresé a McAllen, TX.

Todavía no tenía ni idea de la existencia de El Puma.

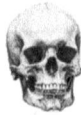

En McAllen, asumí la responsabilidad de supervisar el Grupo Operativo de Drogas de Alta Intensidad. Este grupo operativo estaba formado por seis agentes especiales de la DEA y multitud de agentes de grupos operativos estatales y locales de los departamentos de policía cercanos y del Departamento de Seguridad Pública de Texas. Me sentí como si alguien me hubiera entregado las llaves de un flamante Ferrari, y me moría de ganas de probarlo. Todos y cada uno de los miembros de aquel grupo estaban ansiosos por hacer una gran incautación o abrir un gran caso. Poco después de llegar a McAllen, mi jefe me llamó a su despacho y me dijo que había llegado un chivatazo anónimo sobre un individuo al que apodaban "El Comandante". Era miembro del cártel del Golfo y se encargaba de la logística y el transporte de grandes cantidades de cocaína a EE.UU, antes de almacenarla temporalmente en la zona de McAllen para luego transportarla a las ciudades del norte de EE.UU. "El Comandante" también se encargaba de transportar de vuelta a México los beneficios derivados de la venta de los cargamentos de cocaína. La única pista que teníamos para identificar a "El Comandante" era un número de teléfono mexicano de Reynosa, Tamaulipas, México. Mi jefe me dijo que corriera con la información y la ampliara hasta convertirla en un caso viable. Aunque sentí que se ponían a prueba mis habilidades como agente/investigador, no tuve miedo de afrontar el reto.

Asigné el caso a uno de los agentes de la DEA más fervientes del grupo, Jimmy Bird. Jimmy era un GS-12 y buscaba urgentemente un ascenso al codiciadísimo puesto GS-13. Convertirse en GS-13 no solo significaba un importante aumento de sueldo, sino que también permitía optar a puestos de elección tanto en oficinas nacionales como extranjeras. Jimmy deseaba desesperadamente trasladarse a su ciudad natal de Houston, Texas. Así que le asigné el puesto a Jimmy y la verdad es que no le di mucha importancia.

Sabía que la mayoría de los traficantes utilizan teléfonos desechables que son difíciles de localizar, sobre todo en México. Si teníamos suerte, el servicio telefónico sería Telcel, una compañía nacional de la que podíamos obtener registros. Sin embargo, la mayoría de los traficantes utilizaban radioteléfonos Nextel para comunicarse de un lado a otro de EE.UU y México. Pero como solía decir mi compañero Mario Álvarez, más vale tener suerte que ser bueno. Yo confiaba en Jimmy y si había algo allí, él lo encontraría.

Resultó que esta vez la suerte estaba, en efecto, de nuestro lado, ya que Telcel, el mayor proveedor de servicios de telefonía móvil de México, se hizo cargo del teléfono. El problema es que los agentes estadounidenses de McAllen, Texas, no pudieron conseguir los registros. Necesitaríamos la ayuda de nuestros agentes en Monterrey, México, para convencer a su equipo investigado de que nos ayudara a obtener los registros de Telcel. Yo lo hacía regularmente como agente en Guadalajara, así que en realidad no era un gran problema. Como había trabajado con agentes destinados en Monterrey, envié un correo electrónico al Agente Residente Encargado (RAC), un amigo mío. Llamarle no era una opción, ya que era bien sabido que los teléfonos del Consulado de EE.UU no eran lo bastante seguros para hablar de información sensible. Así pues, le envié un correo electrónico y accedió a asignar a un agente para que ayudara a Jimmy a obtener los registros del teléfono y cualquier otra cosa que pudiéramos necesitar para ayudarnos a identificar al titular del teléfono.

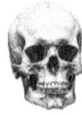

Llevar a cabo una investigación compleja requiere toneladas de paciencia y mucho tiempo y trabajo mundano, como analizar los registros telefónicos. Los programas de televisión nunca muestran este tipo de trabajo inane. El detective estrella de la tele tiene a su disposición registros telefónicos, analistas y equipos de alta tecnología que producen resultados inmediatos. La realidad es que un análisis muy detallado lleva su tiempo. Sin embargo, mi jefe no dejaba de preguntarme por el estado del caso e insistí a Jimmy al respecto. Al cabo de varias semanas nos proporcionó tanto a mí como a mi jefe los resultados de su trabajo. Nuestros homólogos mexicanos de en Monterrey habían proporcionado a Jimmy un informe de frecuencia de llamadas y, a partir de él, Jimmy identificó dos números de McAllen a los que se llamó varios cientos de veces en un periodo de tiempo de un mes. Jimmy identificó a Ricardo Muñiz y a Cantalicia Garza, la ex mujer de Ricardo, como los titulares de esos teléfonos. Un análisis detallado de sus teléfonos nos abrió los ojos a una intrincada red de agentes que trabajaban en la organización. Jimmy se enteró de que Muñiz y Garza llamaban diariamente al número mexicano, entre otros números de Dallas, Houston y Atlanta (Georgia). El caso tenía el potencial de identificar la fuente internacional de suministro, coordinadores logísticos, especialistas en transporte, compradores, distribuidores hasta llegar a los distribuidores a pie de calle. A través de las entrevistas con los cooperantes, Jimmy se enteró de que Cantalicia era originario de Reynosa, Tamaulipas, y tenía dos hermanos, Juan Óscar Garza y Josué Garza. La guinda del pastel de toda la información que Jimmy había reunido fue la identificación del titular del teléfono, Juan Oscar Garza alias "El Comandante", alias "El Barbas", una figura clave de liderazgo dentro del Cártel del Golfo. Nos sentamos en un silencio atónito después de que Jimmy terminara su sesión informativa. En nuestras mentes colectivas giraban los engranajes de la elaboración de una estrategia eficaz para atacar a la organización y desmantelar su infraestructura, una tarea de enormes proporciones que requeriría una estrecha coordinación con las oficinas de todo Estados Unidos y México. Mi jefe rompió por fin el silencio y dijo:

—Lo primero que vamos a necesitar son recursos, así que debemos presentar una propuesta al Grupo Especial de Lucha contra la Droga y el Crimen Organizado y solicitar financiación, mano de obra y un fiscal federal asignado al caso. Esto es un gran trabajo, Bird, pero es solo el principio. Empieza a trabajar en la propuesta lo antes posible. Silva, mientras tanto quiero que redactes un resumen detallado sobre este caso para que podamos enviarlo a todas las diferentes oficinas que puedan tener agentes en sus regiones y a nuestra gente en la sede de Washington DC, Ciudad de México y Monterrey, para que podamos conseguir que se unan a también con apoyo. Quiero este resumen en un plazo de cinco días laborables. Manos a la obra cuanto antes —en ese momento, se levantó y abandonó la sala. Jimmy apenas podía contener su excitación.

—Buen trabajo Jimmy. ¡Este es tu momento de brillar, amigo mío! Esta es tu oportunidad de al fin conseguir tu GS-13. ¡Vamos por ellos!

Nos dimos la mano y nos pusimos a trabajar en uno de los casos más importantes y emocionantes de nuestras vidas.

Redacté el resumen en tres días porque era importante que los mandos del cuartel general reconocieran la importancia de este caso. Normalmente, el cuartel general solo centraba sus recursos en las Divisiones de Campo de las grandes ciudades, como Nueva York, Chicago, Miami y Los Ángeles. Se necesitaría un caso extraordinario para que los mandos se centraran en una pequeña ciudad fronteriza, como McAllen, Texas. Diablos, apuesto a que el noventa y cinco por ciento de la gente del Cuartel General ni siquiera sabía dónde estaba McAllen en el mapa, a pesar de que la frontera de Texas es el principal punto de tránsito de grandes cantidades de cocaína, marihuana, heroína y metanfetamina introducidas en Estados Unidos que acaban llegando a ciudades como Nueva York, Chicago, Miami y Los Ángeles. Además, los millones y millones de dólares generados por la venta de esas drogas en esas grandes Divisiones de Campo acababan regresando a la frontera estadounidense, incluso a través de la ciudad pequeña de McAllen, Texas. Yo era consciente de esta mentalidad de la sede central, y quería asegurarme de que supieran exactamente cómo McAllen desempeñaba un papel importante en el funcionamiento de la distribución de narcóticos y el blanqueo de dinero en todo el país. Una vez que el sumario llegó a la sede central y a todas las demás oficinas implicadas, todo el mundo sabía exactamente dónde se encontraba McAllen y el potencial que tenía este caso. Ahora teníamos su atención.

El caso pasó a ser un caso prioritario y una investigación oficial del Grupo Operativo de Lucha contra la Droga y el Crimen Organizado (OCDETF), lo que nos proporcionó financiación adicional y la asignación de un fiscal estadounidense al caso. Todo estaba en su sitio, ahora solo teníamos que trabajar en el caso.

Hay un adagio en la comunidad policial que dice: "Lo importante no es lo que sabes, sino lo que puedes demostrar". En nuestro caso, sabíamos que Ricardo Muñiz era el operador logístico en la zona de McAllen para el cártel del Golfo y sabíamos qué hacía un uso intensivo de su teléfono móvil para coordinar la entrega de cargamentos de cocaína y marihuana en el norte de Texas y en ciudades de EE.UU, y que luego organizaba la recogida y entrega de millones de dólares en moneda estadounidense para su envío a México. Pero teníamos que demostrarlo, y exponer claramente las pruebas que teníamos y articular estos hechos en una declaración jurada para que un juez federal aprobara y autorizara la interceptación. Así pues, pusimos en marcha una estrategia que nunca antes se había intentado en la historia de la DEA. Nuestra estrategia consistía en hacer que nuestros homólogos mexicanos, en colaboración con nuestra oficina de Monterrey, interceptaran el teléfono de Juan Óscar Garza y escucharan una llamada relacionada con narcóticos -lo que denominamos una "llamada sucia"- y luego utilizar esa conversación específica como causa probable en nuestra declaración jurada para el teléfono de Muñiz. Suena fácil, ¿verdad? A lo largo de mi carrera aprendí que absolutamente nada es fácil. Para que podamos utilizar legalmente pruebas de una escucha telefónica mexicana, esa escucha debe ser una escucha judicial, una escucha que haya sido aprobada por un juez federal en México. Para conseguir una escucha judicial, nuestros homólogos también tuvieron que demostrar que Juan Óscar utilizaba su teléfono móvil para realizar actividades relacionadas con el narcotráfico. Pruebas que ni ellos ni nosotros teníamos.

Vuelta a empezar.

Tengo que dar crédito a quien lo merece. Aunque llevó mucho tiempo, nuestros homólogos se dejaron la piel y aportaron las pruebas para conseguir la intervención telefónica judicial y empezar a escuchar las actividades de Garza. Fue una gran cantidad de información, y en unas pocas semanas teníamos a Muñiz y a Garza en una extensa llamada hablando de la entrega de un cargamento de cocaína en Estados Unidos. Exactamente el tipo de llamada que necesitábamos para nuestra declaración jurada sobre el teléfono de Muniz en EE.UU. Una vez que pudimos escuchar el teléfono de Muniz, se abrieron las compuertas. Tal como habíamos previsto, la actividad telefónica de Muniz nos ayudó a identificar a los conductores, algunos de los cuales habían sido detenidos y habían llamado a Muniz para pedir ayuda con los gastos familiares. Estos conductores detenidos serían posteriormente localizados y entrevistados en relación con sus vínculos con Muniz y para obtener más información sobre la organización. Incautamos cargamentos de cocaína, cargamentos de marihuana e importantes cantidades de dinero. A lo largo de 2006, pasamos mucho tiempo escuchando a Muniz, a su esposa Cantalicia Garza y a Juan Oscar hablar de entregas de cargas, discutir sobre dinero y los temores paranoicos de Muniz de que le siguieran. No se equivocaba en eso, porque seguimos a Muniz casi 24 horas al día, 7 días a la semana, durante meses. Lo mejor era que no tenían ni idea de dónde procedía la filtración en su organización. No tenían ni idea de que ellos mismos estaban cavando su propia tumba cada vez que tomaban el teléfono para hablar de droga. Incautamos tanta cocaína, marihuana y dinero que los miembros de más alto rango del Cártel del Golfo y de los Zetas sospecharon de Carlos Landín y de Garza. A pesar de estas sospechas, Garza nunca dejó de utilizar el teléfono.

Cantalicia "Canti" Garza siempre fue considerada el cerebro financiero de la organización. Utilizó los beneficios de las cargas de narcóticos para comprar propiedades en Reynosa y sus alrededores para dar apariencia de legitimidad. Una de estas propiedades era un club nocturno llamado Club 57, en el que invirtieron cientos de miles de dólares en reformas para convertirlo en uno de los mejores clubes nocturnos de Reynosa y para inaugurarlo habían contratado a Gloria Trevi, una de las cantantes más prolíficas de la época, para que actuara en la gran apertura. Se podía sentir la excitación y la energía en la voz de Canti mientras hacía los preparativos de última hora para la gran inauguración. Juan Oscar sentía cierto recelo de asistir a la gran inauguración y le hizo saber a Canti su sentimiento visceral. Ambos acordaron no asistir a la gran inauguración, pero en su lugar irían a la prueba de sonido el día antes de la gran inauguración para conocer a Trevi en persona. Por desgracia para ellos, nuestros homólogos de la AFI oyeron toda la conversación. Era el momento perfecto para una operación de represión. Juan Óscar, Canti y su otro hermano Omar acudieron a la prueba de sonido. Podían matar tres pájaros de un tiro.

El 17 de abril de 2007, la AFI y la SEDENA (Ejército Mexicano), tras recibir confirmación de que todos los Garza se encontraban en el Club 57, irrumpieron en el lugar y los detuvieron inmediatamente. La detención creó ondas de choque en toda la cúpula del Cártel del Golfo y de los Zeta, especialmente en Carlos Landín Martínez, que ya estaba bajo sospecha de la organización por perder narcóticos y grandes cantidades de dinero. En algún momento tras las detenciones de los Garza, Landin Martínez decidió que ya no estaba seguro en Reynosa y cruzó el río Grande hacia Estados Unidos, estableciéndose en algún lugar de McAllen, TX. Sería una de las muchas decisiones de las que Landin se arrepentiría.

A pesar de recibir información de múltiples fuentes, no teníamos ninguna pista sobre el paradero de Landin tras las detenciones de los Garza, ya que la actividad telefónica cesó bruscamente. Realizamos numerosas vigilancias aéreas de lugares conocidos del cártel del Golfo durante días y días, pero no tuvimos suerte. Hicimos saber a nuestros informadores que si se enteraban de algo, por insignificante que pareciera, nos lo hicieran saber inmediatamente y serían generosamente recompensados. Pero no hubo nada. Ninguna pista. Ninguna información nueva.

En mayo de 2007, Jimmy Bird declaró ante un Gran Jurado Federal y expuso las pruebas contra cada uno de los miembros de la organización que habíamos identificado en la conspiración. Sin embargo, no quisimos apretar el gatillo para detenerlos porque temíamos que Landin se asustara si realmente estaba en la ciudad y de repente deteníamos a Muniz y a todos los demás. Así que esperamos pacientemente.

Era un día de calor abrasador el 14 de julio de 2007, no muy distinto de la mayoría de los días de verano en el profundo sur de Texas. Los niños habían salido del colegio y estaban deseando darse un chapuzón en la piscina. Decidí hacer unas hamburguesas para los niños y unas costillas para unos amigos y familiares que vendrían de visita por la tarde. Debido a toda la presión a la que habíamos estado sometidos durante la investigación, no había celebrado mi cumpleaños. Pero hoy iba a olvidarme del trabajo y celebrar mi cumpleaños como lo celebraría cualquier tejano que se precie, con cerveza y una carne asada, rodeado de amigos y familiares. Tenía las costillas marinándose en mi adobo especial de zumo de piña, zumo de lima, salsa de soja y un toque de jengibre, y acababa de encender el carbón en mi viejo pozo cuando mi mujer salió para decirme que iba a hacer una carrera rápida a la tienda porque me había olvidado de comprar su guarnición favorita, el maíz, cuando compré la carne antes. No sé qué me impulsó a asegurarle que no pasaba nada y que iría yo por el maíz, mientras ella se quedaba en casa vigilando a los niños en la piscina. A menudo pienso en ese momento concreto y me pregunto qué habría pasado si no hubiera ido yo.

Tomé el Ford Focus 2002 gris de mi mujer, con una pegatina de "Hello Kitty" en el parabrisas trasero, y fui a toda pastilla al supermercado conocido como HEB. La distribución de la tienda me resultaba tan familiar como la palma de mi mano. La conocía tan bien que probablemente podría recorrerla entera con los ojos vendados y encontrar lo que necesitara. Tomé el carro de la compra, fui directamente a la sección de productos frescos y lo aparqué delante de la sección de maíz. Desgrané con cuidado las cáscaras e inspeccioné cada mazorca, y empecé a examinar el maíz para asegurarme de que no había defectos en los granos, con la intención de llegar a casa para cocinar las costillas y las hamburguesas.

Mientras inspeccionaba una mazorca de maíz, tres hombres doblaron la esquina desde la sección de carne a la de productos frescos. Miré brevemente a un hombre mayor, corpulento y de pelo canoso. Los dos hombres que le acompañaban eran mucho más jóvenes y caminaban detrás del hombre mayor, en deferencia a su autoridad. Todos pasaron a mi lado derecho. Me di cuenta de que uno de los hombres más jóvenes ponía la mano en la espalda del hombre mayor, en una postura un tanto protectora. Había visto al anciano en alguna parte. El viejo ordenador de mi cerebro inició una búsqueda de archivos en las profundidades más cavernosas, oscuras y remotas de mi intelecto. Me transportó de nuevo a mi despacho, a mi escritorio, donde había colocado una foto de Carlos Landín Martínez en la pared, junto a mi puerta. Todos los días, durante dos años, la foto me miraba insensiblemente, desprovista de sentimiento, casi burlonamente.

Inmediatamente me puse en marcha. Antes de tomar ninguna otra medida, tenía que confirmar que se trataba de Landin, sin lugar a dudas. Los observé mientras se dirigían a la sección de sandías. El propio Landin eligió una sandía grande y se la dio a uno de los chicos más jóvenes para que la inspeccionara. Empujé mi carrito de la compra más cerca de ellos para poder ver mejor y confirmar que era Landin. Pasé a menos de 2 metros de él, le vi bien la cara y confirmé que era él. Levantó la vista cuando pasé junto a ellos y volvimos a mirarnos. La adrenalina me recorría todas las arterias del cuerpo, bombeando cargas de electricidad por el torrente sanguíneo. Podía sentir cómo palpitaba mi arteria carótida a medida que la adrenalina inundaba mi torrente sanguíneo. Colocaron la sandía en el carro de la compra y se dirigieron a la caja. Mientras yo estaba en la cola, a unos cuatro pasillos de distancia, los observé a través de mi visión periférica, con cuidado de no asustarlos ni perderlos de vista. Pasé por caja y pagué el maíz, intentando encajar con el resto de los clientes, a pesar de llevar una camiseta con el logotipo oficial de la DEA sobre el lado izquierdo del pecho. No me acercaba lo suficiente como para que se diera cuenta de ese pequeño detalle. Terminaron de pagar la sandía y salieron por la salida del lado norte de la tienda. Yo había aparcado en el lado sur, lo que podía plantearme un problema, y oré para que no hubieran aparcado en el lado norte de la tienda; si lo hubieran hecho, quizá no llegaría a ver su vehículo.

Por suerte, estaban relajados, tomándose su tiempo para recorrer el aparcamiento. Tomé la bolsa de maíz, corrí hacia el lado sur de la tienda y me metí rápidamente en el auto "Hello Kitty" de mi mujer justo cuando abrían la puerta de una camioneta Chevrolet blanca y se subían.

¡Juego en marcha!

Maniobraron con su camioneta por el aparcamiento saliendo por el lado sur, donde casualmente yo estaba esperando. Salieron del aparcamiento de la tienda y se acercaron a la calle 10ma, la vía principal de McAllen, Texas. Yo iba detrás de ellos, con dos autos entre nosotros. Se me ocurrió entonces que si me detectaran, convertirían el auto Hello Kitty de mi mujer en un queso suizo, conmigo dentro. Giraron hacia el sur por la 10ma y enseguida entraron en un lavadero de autos. Casi me entró el pánico cuando salieron del camión, pues no quería perderlos. Pero mantuve la calma, pasé el túnel de lavado y me metí en el aparcamiento de una tienda de muebles, desde donde podía verlos perfectamente.

Landin y un individuo se subieron a un sedán de cuatro puertas aparcado cerca de la salida del túnel de lavado y esperaron mientras el otro individuo se ocupaba de los asuntos del túnel de lavado. Observé pacientemente cómo el otro individuo salía del túnel de lavado y entraba en el sedán por el lado del pasajero, con Landin sentado en la parte de atrás. Fue en ese momento cuando saqué mi Nextel y llamé a mi agente del grupo operativo de la policía de McAllen, Erik Torres, le di la descripción del vehículo sospechoso y del vehículo Hello Kitty de mi mujer y le dije que me enviara una unidad inmediatamente para una posible detención de tráfico. Apenas podía controlar la respiración mientras hablaba con Erik. Le dije que mantuviera un perfil bajo porque quería asegurarme de que se trataba, en efecto, de

Carlos Landin antes de informar a nadie más, especialmente a los jefes de Houston.

Cuando se marcharon, el auto circulaba dentro del flujo de tráfico, en dirección sur por la calle 10ma. Los seguí con cautela durante lo que me pareció una eternidad. Erik me llamó y me informó de que había avisado a una unidad de la zona. Justo después de decir esto, una unidad de la policía de McAllen se detuvo a mi lado y el agente me hizo un gesto, como preguntándome qué auto era. Señalé el sedán blanco de cuatro puertas, me hizo un gesto con el pulgar hacia arriba y se dirigió hacia el sur por la 10ma detrás del vehículo. Erik estaba en comunicación con el agente y me fue informando de cómo se desarrollaban los acontecimientos. Me retiré y dejé que el agente hiciera su trabajo. En el cruce de la 10ma con La Vista, el conductor del vehículo se salta un semáforo en rojo, y el agente se detiene inmediatamente detrás de él y enciende las luces de emergencia. El auto en el que iban los tres hombres se detuvo, los adelanté y me metí en un aparcamiento adyacente para observar la acción.

El agente se acercó al vehículo, interactuó con sus ocupantes y les pidió que se identificaran. Mi corazón latía con fuerza al considerar la magnitud de lo que estaba a punto de ocurrir. El agente regresó a su vehículo y llamó a Erik, que a su vez me llamó a mí y me dijo:

—Leo, es él. ¡Es Carlos Landin Martínez! ¿Qué quieres hacer con él?

—¡Consigue más unidades para respaldar a este oficial y encerrémoslo!

En cuestión de minutos, el lugar estaba abarrotado de unidades de la policía de McAllen, y vi cómo esposaban a Landin y lo metían en la parte trasera de una patrulla. Su vida nunca volvería a ser la misma.

Mi siguiente llamada fue a Jimmy Bird. Pensó sinceramente que le estaba tomando el pelo.

Le dije:

—Jimmy, llama a Erik y obtén todos los detalles, luego llama a la fiscal asignada al caso y hazle saber lo que acaba de ocurrir. Tenemos mucho trabajo que hacer antes del lunes y no, no te estoy tomando el pelo. Ahora cuelga el teléfono para que pueda llamar al jefe y decírselo.

Lanzó un grito de victoria antes de colgar el teléfono.

Así que llamé a mi jefe. Él llamó a su jefe. Y llamaron a Washington DC. Antes del anochecer, el Administrador de la DEA estaba al corriente de lo que había ocurrido aquel sábado por la tarde en McAllen, Texas. Llamé a nuestra oficina de Monterrey para informarles. La emoción recorrió toda la agencia como un reguero de pólvora. Estaba atendiendo y haciendo llamadas por todas partes, pero hubo una llamada que olvidé hacer en medio de toda la excitación. Olvidé llamar a mi mujer para avisarle de que estaba ocupado. Me llamó y, cuando vi el nombre en la lista de llamadas entrantes, se me encogió el corazón.

Estaba muy preocupada, pero le expliqué lo ocurrido y le aseguré que volvería pronto a casa. Ella lo comprendió. Siempre lo hacen.

Landin fue a juicio y, en enero de 2008, un jurado de sus iguales lo declaró culpable de 29 cargos que iban desde conspiración para poseer con intención de distribuir más de 150 kilogramos de cocaína, blanqueo de más de 1,5 millones de dólares en ganancias de la droga y posesión con intención de distribuir cocaína y marihuana. Por estos delitos fue condenado a cadena perpetua, donde murió en diciembre de 2021.

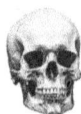

Así que vuelvo a la pregunta. ¿Fue el destino o las circunstancias lo que nos unió?

Todo lo que sé es que no desperte la mañana del 14 de julio con la intención o la expectativa de capturar a uno de los miembros más notorios del Cártel del Golfo. Me desperté esperando pasar un día lleno de diversión con mi familia. Creo sinceramente que el destino nos unió de verdad aquella tarde de verano de julio, y a menudo me pregunto qué habría pasado si no hubiera ido a la tienda por maíz a esa hora concreta de ese día concreto. ¿Por qué habría ocupado yo el lugar de mi mujer? No hay lógica ni orden que encontrar en ello, como tantas cosas en este mundo. Diablos, probablemente su mujer también le envió a el por una sandía para una reunión familiar. Nuestros caminos se cruzaron por nuestro amor y compromiso con nuestras familias. ¿No es irónico?

Siempre he sentido curiosidad por lo que lleva a un hombre a una vida delictiva. En mi investigación, entrevisté a un antiguo compañero de Landin de la Primaria Articulo 1, una escuela primaria de Reynosa Tamaulipas. El compañero de clase me dijo que, incluso de niño, Landin siempre había sido un matón, que se metía con los niños más débiles o más pequeños. El compañero recordaba una ocasión en la que, sin motivo alguno, Landín golpeó brutalmente a un compañero mucho más pequeño en el patio de recreo, dejándolo en el suelo, ensangrentado y prácticamente inconsciente. Landin se rio como si fuera una gran broma. Cuando se hicieron mayores, el compañero de clase se alejó de Landin y de la compañía que mantenía, afirmando que Landin nunca parecía tener supervisión paterna y siempre estaba solo, haciendo lo que le daba la gana. A los catorce años bebía alcohol y evitaba totalmente la escuela. Así pues, desde una edad temprana, Landin vivió una vida de crimen y violencia, causando daño a los demás y no tenía remordimientos por ello. Tenía que saber que su vida delictiva acabaría algún día, y así fue, aquel abrasador día de verano de julio.

Hice lo que tenía que hacer, para lo que me formaron y lo que me gusta hacer. Desde luego, no me arrepiento de nada y nunca me arrepentiré.

Incineración de 2 toneladas de cocaína. Circa Feb 2003, Aguascalientes, México

Carlos Landín-Martínez alias "El Puma". Foto tomada poco después de su detención.

Capítulo 4: "El Canicón"

L levaba ya casi un año en Monterrey como Agente Residente Encargado y los retos a los que nos enfrentábamos como equipo parecían insuperables. En el norte de México, en el año 2008, se produjeron cambios significativos en la estructura del Cártel del Golfo. El brazo ejecutor del Cártel del Golfo, Los Zetas, se esforzaba por independizarse, especialmente tras la captura del líder del Cártel del Golfo, Osiel Cárdenas Guillén, que se encontraba bajo custodia de EE.UU. por su papel en el intento de secuestro de un agente de la DEA y del FBI, además de enfrentarse a cargos de narcotráfico y de operar una Empresa Criminal Continuada. Tras su captura, no había ningún heredero aparente al trono. Jorge Eduardo Costilla, alias "El Coss", hombre de confianza de Cárdenas desde hacía mucho tiempo, era el líder de facto del cártel del Golfo, mientras que, en un entorno paralelo, Heriberto Lazcano Lazcano, alias "El Lazca", era el líder de los Zetas. El segundo al mando de Lazcano era la persona más violenta de todo México, Miguel Trevino-Morales, alias "Z-40". Los asesinos en serie más viles están en el nivel de parvulario comparados con Trevino. Charles Manson es un niño de coro comparado con las atrocidades cometidas por Trevino y los Zetas. Tras la detención de Osiel, los Zetas adquirieron más poder y Lazcano asumió el control operativo de la distribución de narcóticos de la organización. Costilla, por su parte, se mantuvo al margen y dejó que Lazcano y Trevino asumieran un mayor control operativo. Esto resultaría ser un error, ya que los Zetas vieron en ello una oportunidad para hacerse con el control de toda la operación.

Osiel Cárdenas Guillén reclutó a los Zetas, un equipo de antiguos soldados de élite de las Fuerzas Especiales del Ejército mexicano que habían desertado o se habían retirado, para que llevaran a cabo asesinatos en su nombre y protegieran al propio Cárdenas de ser asesinado. La jugada resultó ingeniosa; uno de los primeros miembros reclutados por Cárdenas fue Arturo Guzmán Decena, alias "Z-1", que era experto en explosivos e inteligencia. Cárdenas, como la mayoría de los jefes del narcotráfico de alto nivel, era extremadamente paranoico, y encargó a Guzmán-Decena que reclutara a los mejores hombres posibles para su destacamento de seguridad personal. Así es como se originaron los Zetas. Guzmán-Decena sedujo a miembros activos y retirados del ejército mexicano para que unieran sus fuerzas a las suyas. El proceso de reclutamiento no fue difícil porque los soldados mexicanos en activo, incluso los de las Fuerzas Especiales, recibían salarios miserables. El atractivo de más dinero y prestigio permitió a Guzmán-Decena reclutar a más de treinta soldados de las Fuerzas Especiales expertos en diversos departamentos, como explosivos, recopilación de información, comunicaciones, logística de contravigilancia y combate táctico. Como resultado, Cárdenas amasó un equipo de élite envidiado por otros miembros del Cártel del Golfo y también por cárteles rivales. El equipo se llamaba a sí mismo los Zetas, ya que era el indicativo habitual de los miembros de las fuerzas especiales mexicanas.

Cuando llegué a Monterrey, la fractura entre ambas organizaciones apenas comenzaba. Como resultado de esta inminente fractura, los Zetas comenzaron a operar sus propias empresas en toda la República Mexicana, particularmente en los estados mexicanos de Tamaulipas, Nuevo León, Coahuila, San Luis Potosí, Veracruz, Quintana Roo y Zacatecas. El resultado directo de esta fractura inició un reino de terror en todos estos estados, concretamente en Tamaulipas y Nuevo León. La organización empleó secuestros, extorsiones, robo de autos, asaltos a mano armada y robos. En Nuevo León específicamente, la gente estaba en negación. La mayoría pensaba que el repunte de la violencia pasaría al cabo de cierto tiempo. Sin embargo, los Zetas veían Nuevo León como una mina de oro a la espera de ser explotada, especialmente en Monterrey y sus alrededores.

Monterrey es la tercera ciudad más grande de México, con una población de seis millones de habitantes, y es un importante centro industrial. Alberga empresas destacadas en sectores como el acero, el cemento, el vidrio y la fabricación de cerveza y piezas de automóvil, y también es sede de empresas internacionales como Toshiba, John Deere, General Electric, KIA y Whirlpool, por nombrar algunas. San Pedro Garza García, un suburbio de Monterrey, cuenta con el mayor número de millonarios per cápita de toda Latinoamérica. Mucha gente considera que Monterrey es una ciudad cosmopolita muy sofisticada con una próspera vida nocturna. Una serie de restaurantes de cinco estrellas y una variedad de clubes nocturnos invitan a la población a venir a gastar el dinero que tanto les ha costado ganar.

En 2008, un sector del centro de Monterrey conocido como El Barrio Antiguo era el lugar de reunión nocturna más popular. En el Centro Histórico de Monterrey, el Barrio Antiguo ofrecía restaurantes de primera clase y entretenimiento para gente de todas las edades. Era próspero. Los propietarios de negocios buscaban ansiosamente la oportunidad de abrir un restaurante o un bar en el sector, pero todos los locales ya estaban ocupados y los alquileres eran extremadamente caros. La vida era buena para los empresarios del Barrio Antiguo, y de Monterrey en general, hasta que el lobo llamó a la puerta. El lobo, o debería decir una manada de lobos, apareció como los Zetas. A lo largo de este periodo, los Zetas mostraron un liderazgo formidable y aprovecharon rápidamente las oportunidades que se les presentaron. Los líderes de los Zetas eran estrategas y el único objetivo en mente era ganar dinero y mucho, sin importar el costo. Así pues, los Zetas gobernaron en Monterrey a través del entonces jefe de plaza Sigifredo Nájera-Talamantes alias El Canicón, llevando a cabo su estrategia en Barrio Antiguo. Una "plaza" es una región o territorio asignado a un miembro concreto de la estructura de liderazgo de Los Zetas. En este caso, la Región de Monterrey era un lugar privilegiado. El Jefe de Plaza Regional supervisaba las operaciones de Los Zetas en las ciudades o municipios de la región, que en Monterrey eran numerosos y lucrativos.

Al principio, visitaron los clubes nocturnos de más éxito y exigieron una cuota de protección semanal que oscilaba entre 5.000 y 10.000 dólares estadounidenses. La mayoría de los propietarios de negocios se burlaban de la idea, pero luego recibían una segunda visita más sombría. En la segunda visita, el representante de los Zeta llegaba con fotos de la mujer, los hijos u otros miembros de la familia del propietario del negocio, advirtiéndole de que, si no accedía, el propietario o un miembro de su familia resultarían heridos. El incumplimiento de la segunda petición causaría violencia inmediata, ya fuera en forma de un tiroteo dentro del club nocturno, un misterioso incendio que destruyera el club nocturno, o que el propietario del club nocturno fuera secuestrado, torturado y a veces asesinado por no cumplir. Poco a poco, los Zetas empezaron a apoderarse del Barrio Antiguo, saturando la mayoría de los clubes nocturnos y restaurantes con prostitutas, drogas, robando y/o secuestrando a los clientes a punta de pistola del sector. Como resultado, la gente dejó de ir y muchos negocios cerraron sus puertas. Era demasiado peligroso arriesgarse a ir allí. El Consulado de EE.UU advirtió a sus empleados de que Barrio Antiguo era una zona de alto riesgo y desaconsejó ir por la noche.

Anteriormente mencioné a Sigifredo Nájera-Talamantes alias El Canicón por ser el Jefe de Plaza de los Zeta en Nuevo León. El Canicón, como me referiré a él de ahora en adelante, era el miembro de mayor confianza del segundo al mando de los Zetas, Miguel Treviño alias "Z-40". Como tal, Treviño lo puso a cargo de Monterrey, la plaza más lucrativa del norte de México, encomendándole llevar a cabo el plan para arrancar la mayor cantidad de dinero posible a los ciudadanos de Monterrey. Canicon, aunque no tenía mucha educación formal, era inteligente y utilizó el terror y el miedo como herramienta para reclutar a policías locales, taxistas, camareros, camareras, barmans y limpiabotas. Los Zetas incluso reclutaban a chavales en las calles, para que actuaran como ojos y oídos de Canicon por toda la ciudad, alertándole de posibles acciones de los militares, la Policía Federal o para identificar a posibles víctimas de secuestro. También los utilizaba para vender drogas en bares o en la calle. Tenía escondites por toda la ciudad donde guardaba a sus víctimas de secuestro, a veces protegidos por la policía estatal y local. Esperaba que las personas que vendían drogas para él en la calle cumplieran semanalmente una determinada cuota de ventas. Si no cumplían la cuota, les castigaba utilizando un gran trozo de madera, llamado simplemente tabla, para golpearles las nalgas y la zona de los isquiotibiales. Una tabla es un trozo de madera con forma de remo de piragüismo y de unos 2,5 cm de grosor. Tiene agujeros perforados en la parte más ancha para contrarrestar la resistencia del aire. El daño que inflige es devastador. A este respecto, el castigo por no cumplir la cuota era de tres tablazos. El castigo por robar era de más de diez tablazos. Si alguien era sorprendido robando por segunda vez, era castigado con una muerte lenta y tortuosa.

Nuestro equipo en Monterrey entrevistó a muchas víctimas de secuestro que tuvieron la suerte de ser rescatadas de las garras de Canicon. Una de las víctimas de secuestro que entrevistamos describió el terror que experimentó en una de las casas de alijo/tortura de Canicon, una casa que describió como "La Casa del Infierno". Le habían secuestrado a punta de pistola cuando llegaba a su oficina para empezar la jornada laboral. La víctima, uno de los muchos millonarios de San Pedro, nos contó que estuvo retenido en la Casa del Infierno alrededor de una semana con al menos otras veinte víctimas. Si se podía oler el miedo, se podía oler en aquella casa. El miedo a lo desconocido, el miedo a la muerte, el miedo al mal, el sudor impregnado de miedo era sofocante en esa casa. Se repartían palizas a diario y a todos se les negaba comida y agua durante largos periodos de tiempo. No es que nadie tuviera realmente apetito, porque algunas víctimas se habían orinado, vomitado y defecado encima en el suelo ya empapado de sangre, creando un hedor increíblemente nauseabundo que dominaba los sentidos. El recuerdo de este hedor infernal hizo que nuestra víctima tuviera arcadas durante varios minutos antes de recuperar la compostura y reanudar su relato. Era imposible dormir con el fétido olor y los incesantes gemidos desesperados y gritos de auxilio de las otras víctimas, que se ganaban más palizas y los constantes gritos de los Zetas ordenándoles que se callaran y dejaran de llorar. Cada minuto que pasaba parecía una vida infinita. Dijo que los Zetas le llevaron a una habitación con otras cinco víctimas e inmediatamente empezaron a golpear con dureza a uno de ellos porque su familia no había pagado el rescate en el plazo establecido. Azotaron con una pistola a las otras cuatro víctimas, incluido el nuestro, y les advirtieron de que más les valía a sus respectivas familias pagar a tiempo el rescate exigido o los desmembrarían vivos. "Me golpearon tan fuerte que me reventaron el tímpano izquierdo. Ya no oigo por el oído izquierdo". Describió cómo dejaron a la persona golpeada en la habitación con él y las demás víctimas para que sufriera una muerte lenta y agónica a causa de la paliza. "Todos teníamos los ojos vendados con cinta adhesiva, pero podíamos oír a este pobre hombre gorgoteando, ahogándose en su propia sangre, hasta que ya no pudimos oírle más; mientras los Zetas se reían alegremente mientras violaban a una de las víctimas femeninas de la casa. Aún puedo oír sus risas diabólicas y a la pobre chica gritando de desesperación y agonía mientras todos se turnaban con ella. La esperanza no existía en la Casa del Infierno. Un sentimiento abrumador de inmenso horror, desesperación y pesadumbre se grabó en nuestros corazones, mientras estuvimos en aquella casa."

Nos contó que también soportó palizas con la infame tabla y sufrió la rotura de cuatro costillas. Consiguió sobrevivir y compartir su historia porque su familia pagó más de cinco millones de pesos por su liberación. Lo liberaron, desnudo, en una zona rural de Cadereyta, Nuevo León. Nunca olvidaría cómo los Zetas que lo liberaron se rieron de su desnudez y se preguntaron divertidos cómo iba a explicar su desnudez a sus salvadores.

Dijo: —Hicieron disparos al aire cuando me soltaron entre gritos y alaridos; me dolían mucho las costillas rotas; realmente no sé cómo conseguí alejarme después de que me tiraran a un lado de la carretera. Me di cuenta de que, por mucho dinero que tuviera, mi vida no

significaba nada para los tipos de aquella casa. Ninguna cantidad de
dinero iba a evitar el infierno que yo o los demás experimentaríamos.
Hasta le fecha, me resulta imposible dormir. Tengo que tomar med-
icación solo para dormir una hora, dos si tengo suerte. Nunca olvidaré el olor pútrido. Todavía puedo oír los gritos desesperados pidiendo ayuda en mitad de la noche, al hombre salvajemente golpeado
gorgoteando sobre su propia sangre y ahogándose hasta morir y la risa
satánica de los Zeta mientras la pobre chica gritaba desesperadamente
pidiendo ayuda, en un lugar donde la esperanza no existía. Después
de sobrevivir a la Casa del Infierno, mi vida nunca ha sido igual —

Éste es un pequeño ejemplo del tipo de terror que los Zetas desataron en Monterrey. Mis compañeros de trabajo y yo aludíamos con
frecuencia a que la situación era como la de los monos voladores del
Mago de Oz que aterrorizaban a Dorothy y a sus compañeros y se
paralizaban de miedo. En este escenario, los monos voladores eran los
Zetas, dirigidos por Treviño y Canicon, que descendían sobre una
población de Monterrey indefensa y desprevenida.

Los Zetas, en la cima de su juego, operaban de forma similar a cualquier corporación sofisticada. Tenían un director general,
Heriberto Lazcano-Lazcano, que supervisaba todas las operaciones
de los Zeta en México y EE.UU. Su ayudante ejecutivo, Miguel
Treviño, se aseguraba de que sus órdenes se cumplieran al pie de la
letra. Los Zeta también tenían jefes regionales, llamados jefes de plaza,
que supervisaban regiones como el Noreste de México, el Sureste de
México, etc. Estos jefes regionales tenían subordinados que supervisaban las operaciones en cada ciudad. En Monterrey, había un Jefe
de Plaza en cada suburbio, como Guadalupe, San Nicolás, Escobedo,
Cadereyta, Santa Catarina, etc. Los Jefes de Plaza locales tenían a
sus secuaces en la calle vendiendo drogas, identificando posibles víc-

timas de secuestro, cometiendo atracos, robando autos, vendiendo productos pirateados, prostituyendo, cualquier cosa que generara dinero. Al final de la semana, los Jefes de Plaza locales entregaban sus ganancias al contable Zeta local, que a su vez las entregaba a un contable Regional que informaba a Trevino.

A diferencia de una corporación convencional, la dirección trataba con violencia los problemas de rendimiento, las discrepancias o cualquier forma de insubordinación. Cualquier sospecha de prevaricación por parte de un contable, un Jefe de Plaza local o un subordinado era tratada con saña, desde los tablazos por lo bajo hasta la tortura severa y prolongada hasta la muerte. Los testigos entrevistados recuerdan que los Zetas, especialmente Treviño y Canicon, eran maestros de la tortura. Quemaban vivas a las víctimas, las despellejaban vivas, las sometían a ahogamiento simulado o simplemente las golpeaban hasta la muerte con tablazos, normalmente delante de una audiencia de otros Zetas. Esto servía de ejemplo para demostrar que no se toleraría ningún problema de actuación o deslealtad.

Uno de los muchos ejemplos de la crueldad de Trevino, en particular, nos llamó la atención. Un testigo describió cómo Trevino persiguió al presunto asesino de su hermano y a todos los conspiradores que colaboraron en el asesinato del hermano de Trevino. A la mayoría los golpearon duramente y luego los mataron de un tiro en la cabeza. Trevino, sin embargo, reservó su mejor trabajo para el autor intelectual del asesinato de su hermano. La víctima, de nacionalidad colombiana, había cometido el asesinato a instancias de otro traficante llamado Edgar Valdez-Villarreal alias "La Barbie". Trevino había identificado y secuestrado a la esposa y al hijo pequeño de la víctima. Con la víctima sometida, Trevino le hizo ver cómo muchos Zetas violaban salvajemente a su mujer, la violaban con palos de escoba y finalmente la golpeaban hasta matarla. Trevino tomó entonces al hijo pequeño de la víctima, que tenía las piernas unidas con cinta adhesiva y una cuerda atada a la cinta y a las piernas, y sostuvo al niño ante su víctima diciendo: "tienes cojones de matar a mi hermano, pues mira cómo mato a tu hijo". A continuación, Trevino llevó al niño a una cuba humeante de aceite y lo sumergió lentamente en ella, vivo. El testigo describió cómo sintió una sensación extrema de terror al ver a Trevino, que luego se rio diabólicamente antes de matar a la víctima de un disparo en la cabeza. Ninguno de los presentes durante aquella escena se atrevió a volver a cruzarse con Trevino, y su mera presencia les hacía temblar de miedo, según el testigo. La historia es incomprensible para cualquier persona con conciencia, y hasta el día de hoy sigue produciéndome escalofríos.

Otra historia de Trevino que nos ha contado un superviviente de los juegos mentales psicóticos de Trevino es igual de increíblemente truculenta. En 2006, la novia de Trevino, de la que estaba enamorado, se había cansado de él y le había dejado. Trevino, que no se toma demasiado bien el rechazo, tiene problemas cuando la gente le dice que no, se enfadó muchísimo por su decisión. Ella no le dio importancia y decidió seguir viviendo su vida como si nada hubiera pasado y, con el tiempo, encontró otro novio de naturaleza más templada. Treviño, sin embargo, estaba lleno de rabia y juró encontrarla y hacer que se arrepintiera. La novia, María, vivía en San Antonio, TX, para evitar a Trevino. Su nuevo novio, sin embargo, era de Monterrey y le pidió que fuera a Monterrey a visitarle y le pidió que trajera a un amiga para su hermano. Con total desprecio por su seguridad y la de su amiga, María accedió y condujo hasta Monterrey con su amiga.

A su llegada, se registraron en el Crowne Plaza, en la Avenida Constitución, la arteria principal de la ciudad, cerca del Distrito

Histórico. No sabían que los Zetas la habían visto al entrar en la ciudad y la seguían activamente. María y su amiga se registraron en el hotel y, finalmente, su novio y el hermano de éste las recogieron. No habían llegado demasiado lejos cuando los Zetas los detuvieron a punta de pistola, los secuestraron y se los llevaron, a las mujeres a un piso franco y a los hombres a un rancho. Treviño dio al Zeta encargado de las mujeres la orden de soltar a la amiga de María. Pero por error dejó marchar a María y retuvo a la amiga en el piso franco a la espera de la llegada de Trevino.

La víctima, que Trevino creía que era María, estaba atada a una silla, con los ojos y la boca envueltos en cinta adhesiva. Cuando Trevino llegó y entró en la habitación donde tenían a la víctima, soltó una carcajada diabólica y dijo:

—¡Creías que podías escapar de mí! Pensaste que podrías ser más astuta que yo, ¿verdad? Veremos quién ríe el último.

Trevino arrojó un cubo de agua fría sobre la víctima y le cortó violentamente la cinta adhesiva de la cara. Cuando le quitó la cinta, la víctima describe cómo la mirada de Trevino cambió de una sonrisa confiada a confusa, y luego a enfurecida. Lanzó un grito salvaje y llamó al hombre encargado de la mujer. Mostró al hombre una foto de María y gritó repetidamente:

—¡Ésta no es! ¿Cómo has podido confundirlas? ¿Eres estúpido? Ni siquiera se parecen.

El hombre, temblando de miedo, se disculpó mucho y empezó a suplicar por su vida. Treviño, respirando agitadamente por la furia, le apartó de un empujón y luego le disparó fríamente en la cabeza como si estuviera aplastando a un molesto mosquito en una tarde húmeda. La víctima describe cómo la sangre y la materia cerebral le salpicaron la cara por su proximidad al hombre. Estaba tan aterrorizada que se orinó encima y tenía arcadas de miedo a que la mataran.

Trevino se acercó a ella, puso la cara justo en la suya y prácticamente siseó como una cobra:

—¡Voy a enseñarte algo y quiero que le envíes un mensaje a tu amuigita.! Vas a vivir esta noche. Pero antes tienes que ver algo.

Treviño llamó entonces a otros Zetas y les dijo que vendaran los ojos a la chica y la llevaran al rancho. También ordenó a otros que se deshicieran del cadáver del hombre, diciendo:

—Descuartícenlo, quémenlo, hagan lo que sea, pero deshágense de él.

Los Zetas le ataron las manos a la espalda y volvieron a vendarle los ojos con cinta adhesiva y la subieron a un camión. El trayecto fue largo, y a través de lo que ella describió como terreno accidentado, durante aproximadamente una hora. Declaró que finalmente la bajaron, le quitaron las vendas de los ojos y le desataron las manos. Muchos hombres armados con pasamontañas ocupaban el rancho donde la entregaron; en algún lugar a lo lejos, una hoguera rugía y desprendía un olor pútrido. Los hombres armados y enmascarados la condujeron a un claro donde había varias jaulas grandes, con luces brillantes que las iluminaban. Sintió una abrumadora sensación de miedo y desesperación mientras era conducida por numerosos hombres enmascarados y armados a un claro. Empezó a tener problemas para respirar cuando llegaron a las jaulas, donde Treviño la esperaba con una sonrisa diabólica, reflejándose en su rostro las sombras de la hoguera.

Temiendo lo que iba a ver, cerró los ojos. Pero los sonidos y los olores eran suficientemente aterradores: como si un perro estuviera haciendo crujir un hueso; el olor a carne cruda y a sangre impregnaba el aire circundante. Dijo que no quería abrir los ojos, pero Treviño la agarró y volvió a decirle:

—¡Quiero que le cuentes a tu amiguita lo que has visto aquí esta noche o morirás ahora mismo! Abre los putos ojos y mira.

Cuando abrió los ojos, vio a tres tigres de Bengala en la jaula. La cabeza del novio de María estaba siendo devorada por uno de ellos; el crujido que había oído era el cráneo aplastado por las poderosas mandíbulas del tigre. Los otros dos tigres estaban ocupados devorando el cuerpo y la cabeza de su hermano. Su sangre empapaba el pelaje de los tigres. Volvió a exhalar, pero ya no le quedaba nada en el estómago para vomitar.

Trevino le susurró amenazadoramente al oído:

—¡Dile a tu amiguita que la encontraré, no importa dónde intente esconderse! Y cuando la encuentre, correrá peor suerte que su noviecito.

Apenas podía mantenerse en pie y seguía pensando que Trevino iba a matarla, pero Trevino ordenó a sus hombres:

—Saquen a la chica de aquí y llevenla a la estación de autobuses —entonces Trevino se volvió hacia ella, esbozó su diabólica sonrisa y le dijo a modo de despedida—: Que Dios te bendiga mija.

Cuando llegué a Monterrey, mi misión consistía en perseguir a Miguel Treviño y a todos sus asociados para su detención, posterior procesamiento y desmantelamiento de su organización. Treviño acababa de matar al comandante de la Unidad Especial de Investigación para todo México. El comandante había sido un buen amigo de la DEA y yo le conocía personalmente, y la presión era enorme para localizar y detener a Trevino. Éramos un equipo de cuatro agentes y un analista en Monterrey. Aunque éramos pocos, estábamos centrados, decididos y motivados. La DEA era un arma grande, y el arma ahora estaba enfocada en Miguel Treviño y sus secuaces. La oficina de Monterrey fue elegida como oficina principal en la caza de Trevino y los Zetas.

Hicimos lo que todos los agentes y oficinas de la DEA a nivel mundial estaban entrenados para hacer, que es aprender todo lo que puedas sobre tu objetivo y encontrar sus puntos débiles, tal y como mi viejo compañero y confidente Mario Álvarez me enseñó al principio de mi carrera. Nuestro equipo reunió una carpeta con fotografías de Trevino y sus familiares, asociados y todos y cada uno de los informes generados por la DEA, el FBI o el ICE en relación con Trevino. Teníamos una sala de guerra plagada de fotos de Trevino, Canicon, Lazcano y otros miembros del cártel del Golfo y los Zetas por todas las paredes. Todo lo que necesitábamos ahora era alguna buena información procesable sobre sus actividades o lugares de reunión, escondites, pisos francos y, lo más importante, necesitábamos un poco de suerte.

Como parte de nuestra estrategia, nos centramos en los hábitos de nuestros objetivos, los lugares que frecuentaban, las personas con las que hablaban habitualmente. En las fases iniciales de la investigación, recibimos una cantidad abrumadora de información, lo cual fue positivo. Trazamos un mapa de los lugares de interés y obtuvimos fotografías de esos lugares para utilizarlas en el futuro.

Entonces tuvo lugar un incidente significativo que cambió la dinámica del juego. El 11 de octubre de 2008, se lanzaron dos granadas contra el Consulado de EE.UU en Monterrey y se disparó varias veces contra la entrada principal del edificio durante las últimas horas de la noche. Una granada detonó, causando daños en la fachada del edificio. Afortunadamente, el ataque se produjo fuera de horario y las únicas personas presentes eran los guardias de seguridad asignados al edificio. El ataque no tenía precedentes en México. Nunca un consulado estadounidense había sido objeto de un ataque por parte de una organización de narcotraficantes.

El Equipo de Fuerzas de Seguridad del Consulado de EE.UU incluía a la DEA, el ICE, el FBI, la CIA y la ATF, junto con el Servicio de Seguridad Diplomática de EE.UU. Aunque el atentado se produjo fuera de horario, la probabilidad de un atentado de seguimiento generó miedo y pánico entre los ciudadanos estadounidenses y extranjeros empleados en el Consulado. La ATF solicitó un experto en explosivos para que colaborara en la investigación, la División de Operaciones Especiales de la sede central de la DEA envió a un analista y a algunos agentes para que colaboraran también. El Departamento de Policía de San Pedro envió unidades marcadas y agentes de policía para ayudar en la seguridad del consulado. Aunque el Consulado contaba con el apoyo de la comunidad, el ataque también tomó a la comunidad por sorpresa. El consenso era que si el Consulado de EE.UU. era objeto de un ataque por parte de esta organización, y si el Consulado de EE.UU. no era inmune a este tipo de intimidación, ¿cuál era la postura del público? Los Zetas enviaron un mensaje claro a toda la comunidad de que todos y cada uno eran presa fácil, incluido el gobierno de EE.UU. Ése fue el mayor error que pudieron cometer Treviño y Canicon, porque el ataque unió a la comunidad policial estadounidense, que juró que este acto no quedaría impune.

A pesar del voto, el miedo, la tensión y la paranoia impregnaron la mentalidad de la comunidad del Consulado hasta el punto de la psicosis. La gente quería respuestas y explicaciones, por lo que se celebraron muchas reuniones sobre el tema, y muchos de ellos tenían miedo de salir del Consulado para comer o incluso para dar un paseo rápido.

En este entorno, el Grupo de Fuerzas de Seguridad se puso manos a la obra. Entrevistamos a todas las fuentes que teníamos a nuestra disposición. Al hacerlo, descubrimos que un par de semanas antes del ataque, la madre de Treviño intentó cruzar la frontera por el puerto de entrada de Laredo, Texas. Como he mencionado antes, teníamos identificados a todos los miembros de la familia de Treviño y el ICE señaló a su madre como persona de interés. Cuando intentó cruzar a EE.UU, la Patrulla de Aduanas y Fronteras la detuvo durante varias horas, donde fue interrogada por agentes del ICE. Este incidente provocó la ira de Treviño, que dirigió el ataque contra el consulado estadounidense como represalia por la detención de su madre. La tarea fue asignada a Canicon, el Jefe de la Plaza de Monterrey, que delegó la tarea de en algunos Zetas de nivel inferior. Las dos personas que llevaron a cabo el ataque debían de estar muy nerviosas porque lanzaron dos granadas: una detonó y la otra no porque no habían quitado la anilla de la segunda granada. Encontramos la segunda granada en la hierba al día siguiente. La fachada del consulado recibió nueve disparos de una pistola calibre 45.

Seguíamos activamente los movimientos de Canicon y Treviño, intentando determinar un patrón de vida, y habíamos desarrollado un buen patrón sobre Canicon. Basándonos en nuestra inteligencia, sabíamos que Canicon pasaba con frecuencia una parte importante de las primeras horas de la mañana en un almacén del centro de Monterrey. También habíamos localizado una casa en la Colonia Contry, donde parecía dormir por la noche. Esta información, unida a la recibida de que Canicon había orquestado el ataque al Consulado, llevó al equipo de las Fuerzas de Seguridad a atacar ambos lugares. Nuestro equipo de la Unidad Especial de Investigación, formado por cuatro policías federales que habían sido investigados por la DEA, participó activamente en todos los aspectos de la investigación. Sin embargo, golpear un almacén tan grande como el que nos ocupa requeriría el despliegue de muchos refuerzos. Así que nuestro equipo solicitó ayuda del Grupo de Operaciones Especiales (GOPES) de la Policía Federal. Era la primera vez que utilizábamos este grupo en una operación bilateral en México. Informamos a todas las entidades y nos aseguramos de que todo el mundo estaba en la misma página; todo lo que necesitábamos ahora era que Canicon llegara a cualquiera de estos dos lugares. El mundo de Canicon estaba a punto de derrumbarse sobre él y sus secuaces. Lo mejor es que ni siquiera lo sabía.

Exactamente tres días después del ataque al Consulado, estábamos preparados, cargados y listos para partir. Aproximadamente a la 1 de la madrugada, recibí la llamada que confirmaba que Canicon estaba en el almacén, y di luz verde al equipo para que se dirigiera al lugar. La oscuridad trajo consigo una combinación de frío cortante y lluvia implacable. Al cabo de lo que pareció una eternidad, recibimos la llamada del jefe del equipo comunicándonos que habían entrado en el almacén y que habían encontrado una cantidad considerable de marihuana. Informó, con un tono nervioso en la voz, de que necesitarían refuerzos en caso de que los Zetas les atacaran para retomar el almacén. Solicitamos la ayuda del Ejército para que asistiera a nuestro equipo y del GOPES para ayudar a salvaguardar el almacén y nos enviaron refuerzos inmediatamente. El equipo de las Fuerzas de Seguridad de EE.UU se desplegó inmediatamente en el lugar del almacén para ayudar al equipo.

Todos estábamos cargados de adrenalina mientras conducíamos por las inquietantemente vacías calles del centro de Monterrey. Por suerte, la lluvia disminuyó hasta un nivel tolerable cuando llegamos al almacén. Lo primero que nos llamó la atención fue que los medios de comunicación ya estaban allí en masa. No queríamos que los medios de comunicación asociaran el registro con el Consulado de EE.UU, así que cubrimos nuestras matrículas diplomáticas con cartulina y cinta adhesiva para que los medios de comunicación o los curiosos no nos identificaran. El ejército nos escoltó hasta el almacén, donde miembros de nuestro equipo nos condujeron a través del almacén hasta la carga de marihuana. Se trataba de un remolque repleto hasta los topes de marihuana, 9 toneladas para ser exactos, una caja que contenía 55 granadas, un remolque lleno de copiadoras de DVD de alta velocidad y miles de DVD vírgenes para grabar películas o música para su venta en el mercado negro. Nuestro experto en explosivos examinó la caja de granadas y determinó que las granadas utilizadas en el atentado contra el Consulado coincidían con el número de lote de las granadas encontradas en el almacén de Canicon. Estábamos extasiados por poder vincular directamente a Canicon con el atentado, pero aún teníamos asuntos que atender; necesitábamos capturar a Canicon y ponerlo fuera del negocio.

Nuestra información de inteligencia mostró que Canicon se encontraba ahora en la casa, previamente identificada, en el barrio de Contry. Ahora teníamos tres componentes en nuestro equipo, el GOPES, el Ejército y nuestro equipo investigador, y tuvimos que informar al Ejército sobre la ubicación de la casa y la reputación de violencia que tenía Canicon. Decidimos enviar a los tres componentes a la casa para detener a Canicon; habíamos descubierto pruebas suficientes para detenerlo inmediatamente.

La Colonia Contry estaba a una hora de nuestro emplazamiento. Por mucho que quisiéramos acompañar al recién creado equipo multiagencias, mis superiores en Ciudad de México nos ordenaron regresar al Consulado, alegando cuestiones de seguridad y de posible soberanía con el Gobierno de México. Para entonces, los medios de comunicación ya estaban informando de la incautación y recibíamos llamadas de la DEA de Ciudad de México y de la sede de la DEA en Washington, DC. Mi jefe estaba en Monterrey debido al ataque con granadas y ya había informado de la incautación a Washington DC y al Director Regional de la Región Norte y Centro de América. Cuando regresamos al Consulado, el Administrador de la DEA ya estaba al corriente de la incautación.

A pesar de toda esta atención, estábamos más preocupados por nuestro equipo, que se dirigía a sacudir el mundo de Canicon. Nos preocupamos más cuando nuestro jefe de equipo hizo una llamada frenética, diciendo que estaban recibiendo disparos y que uno de los miembros de nuestro equipo estaba herido. Pudimos oír los disparos mientras nuestro miembro del equipo solicitaba una ambulancia. Al recibir el informe, no perdimos tiempo y enviamos tres ambulancias al lugar, aunque eran bastante reacias a entrar en la zona de guerra.

Nosotros mismos estábamos frenéticos; habíamos desarrollado una estrecha relación con nuestro equipo y lo último que queríamos era que alguien resultara herido o muerto. Apenas nos habíamos reagrupado en el Consulado para informar a mi jefe, el Director Regional Adjunto José Baeza, cuando estalló un tiroteo fuera del Consulado, y sabíamos que era consecuencia de nuestras acciones de aquella mañana. El caos empeoró cuando el Oficial de Seguridad Regional (RSO) activó la "alarma de agáchate y cúbrete" para todo el consulado. La señal de alarma penetró en el aire y sonó como una sirena de ambulancia interminable. Inmediatamente di la orden a nuestro equipo de tomar las armas largas (AR-15) y prepararnos para proteger el Consulado de EE.UU de nuevos ataques. En coordinación con la RSO, el Equipo de Fuerzas de Seguridad tomó posiciones en distintas zonas del Consulado. En marcado contraste con su paranoia y casi pánico anteriores, no podía creer que algunos empleados del Consulado anduvieran por ahí como si la alarma fuera un simple simulacro. Tuvimos que decirles enérgicamente que acataran la señal, que no era un simulacro, y que se quedaran quietos hasta nuevo aviso.

Todo pareció ralentizarse para mí, como si estuviera bajo el agua. Le grité a una ciudadana del Servicio Exterior que parecía indiferente a todo el escenario, que se agachara y se cubriera mientras me dirigía a la sección que me habían asignado con dos agentes del FBI. No sabíamos qué esperar de los Zetas, teniendo en cuenta las acciones que habían llevado a cabo contra el consulado estadounidense unos días antes. Sabíamos que podían desatar el infierno sagrado con una potencia de fuego masiva de la que no disponíamos. A mí y a los dos agentes del FBI nos asignaron proteger la entrada principal del Consulado de EE.UU, y yo era el único agente de mi equipo equipado con un arma larga, mientras que los agentes del FBI tenían pistolas. Llegamos a nuestra sección asignada, con la adrenalina al máximo, y adoptamos una posición táctica. Mi amigo y compañero del FBI se convirtió en mis ojos, e inmediatamente dirigió mi atención hacia un individuo que se encontraba en la entrada de la calle del Consulado. Tenía unos treinta años, vestía una chaqueta oscura y llevaba las manos en los bolsillos. Nos preocupaba mucho que se lanzara otra granada o que los Zetas atacaran la puerta principal con fuego de armas automáticas y utilizaran a este individuo como distracción.

Me centré en las manos del individuo. Mi homólogo del FBI ordenó repetidamente al tipo que enseñara las manos, y éste no obedeció. Le tenía en el punto de mira, en el centro de la masa, como nos enseñó a hacer nuestro instructor de armas de fuego Mr. C en la

Academia en Quantico, preparado para apretar el gatillo si sacaba un arma o una granada.

Me sentía como si flotara en una burbuja. El corazón me latía con fuerza en la cabeza y me oía respirar. Entonces el individuo sacó las manos del interior de su chaqueta para revelar que estaban vacías. El hombre no se dio cuenta de que había un rifle de alta potencia apuntándole, dispuesto a acabar con su vida, mientras afirmaba que tenía una pregunta sobre su Visa. Sentí un gran alivio cuando le ordenaron que abandonara la zona y volviera más tarde.

Tras esperar lo que pareció una hora, se retiró la alarma de agacharse y cubrirse, y se nos ordenó volver a nuestras oficinas. Nos pusimos en contacto con nuestro jefe de equipo y nos informó de que ninguno de sus miembros había resultado herido en el ataque. Explicó que cuando el equipo se acercó a la casa, fue recibido inmediatamente con disparos, a los que respondieron con prontitud. A medida que avanzaba el tiroteo, un vehículo blindado con Canicon en su interior atravesó la puerta del garaje y escapó en medio de una lluvia de disparos. El equipo siguió al vehículo en fuga hasta la Avenida Constitución, donde avanzó hacia el oeste antes de perderlo entre el tráfico.

Este dato nos confirmó que los disparos contra el Consulado procedían de Canicon y de los Zetas. Se habían intercambiado más de doscientos disparos y detonado varias granadas entre los Zetas y nuestro equipo en la casa del Contry. La casa era una típica pensión de mala muerte, con ropa esparcida por todas partes, latas de cerveza vacías, botellas de whisky y platos vacíos con comida vieja por toda la casa. El suelo de la cocina estaba cubierto de sangre fresca, lo que indicaba que nuestro equipo había golpeado a uno, o posiblemente más, Zetas. El barrio, antes tranquilo y pintoresco, se había convertido en una zona de guerra. Los disparos habían alcanzado muchas casas y autos, y los vecinos se agazapaban tras las puertas de sus casas, contentos de que el caos hubiera terminado, pero temerosos e inseguros de lo que les deparaba el futuro.

El resto del día fue un torbellino, ya que tuvimos que asistir a varias reuniones sobre los acontecimientos del día e informar de las acciones de nuestro equipo a Ciudad de México y Washington DC. Los medios de comunicación estaban enloquecidos por los acontecimientos del día. Habíamos logrado nuestro objetivo inicial, que era sacudir la jaula de los Zeta y hacerles saber que cualquier agresión contra el Gobierno de EE.UU no quedaría impune. Aquel día se nos escapó, pero definitivamente no estábamos acabados. Desgraciadamente, Canicon tampoco. Cuando llegué a casa aquel día, mi mujer me preguntó cómo me había ido el día. Con una sonrisa, le dije:

—Oh, ha estado bastante tranquilo, querida —entonces abrí una botella de Merlot de California y me senté tranquilamente, disfrutando de la vista de la montaña desde mi patio mientras escuchábamos algo de jazz suave mientras veíamos ponerse el sol en aquel día cargado de adrenalina.

Tras el ataque al Consulado y nuestras represalias por él esperábamos que la respuesta de los Zetas fuera una realidad. No solo podría afectarnos a nosotros, sino también a nuestras familias. Nuestro equipo tomó algunas decisiones basadas en la seguridad que contrarrestarían o impedirían cualquier ataque, o al menos nos darían la oportunidad de escapar sin resultar heridos en caso de ataque. El jefe de policía de San Pedro desplegó dos unidades para vigilar mi casa las 24 horas del día. Se hizo lo mismo con el cónsul general de EE.UU. A nuestros agentes se les proporcionaron armas largas para tenerlas en nuestras residencias y defendernos en caso de ataque.

Después de aquel día, el miedo y la incertidumbre se convirtieron en nuestros compañeros constantes, impregnando implacablemente todas las facetas de nuestra vida cotidiana. Lo peor era saber que aquello solo era el principio. Sabíamos que sería solo cuestión de tiempo que los Zetas volvieran a atacar. La cuestión era cuándo y dónde. El tiempo pronto nos lo diría.

El equipo del GOPES converge en el piso franco de Canicon en el fraccionamiento El Contry Foto cortesía de Grupo-Reforma / El Norte.

Leo Silva con el equipo de aplicación de la ley de EE.UU. en el almacén de Canicon, con un alijo de municiones y granadas.

Logotipo oficial de Zeta.
(Foto cortesía de Shutterstocb.com)

Medallón de oro Zeta otorgado a los Zetas que muestran valentía y coraje.
(Foto cortesía de Getty Images)

Capítulo 5: "El Amarillo"

Canicon tuvo la suerte de su lado aquella mañana y se nos escapó. Pero estábamos lejos de haber acabado con él. Pero él tampoco había acabado con nosotros. Las secuelas de la operación le habían dejado básicamente arruinado y avergonzado en los ojos de Treviño y Lazcano, y tenía que redimirse. Buscó esa redención vengándose de las fuerzas que destrozaron su mundo aquel día. El elemento de esas fuerzas sobre el que tomó represalias fue el Ejército Mexicano (SEDENA), lo que resultaría ser otro gran error para él y los Zetas.

Tras el asalto, Canicon ordenó a sus secuaces que vigilaran la base militar situada al norte de Monterrey, en lo que es Escobedo, Nuevo León. La orden permanente era secuestrar a cualquier soldado que saliera de permiso durante los fines de semana. La base militar está bien vigilada, pero una vez que se sale de ella, los Zetas controlan los alrededores. Uno puede salir de la base e ir a donde le plazca. Sin embargo, los Zetas controlaban todo el tráfico de taxis de la zona. Cuando un soldado desprevenido era recogido por un taxi Zeta, era llevado a un escondite Zeta, torturado y asesinado por Canicon cortándole personalmente el cuello, y luego arrojado al cauce del Río Santa Catarina. Dos de los soldados que participaron en el asalto a la casa de Contry se encontraban entre las víctimas de Canicon. En total, Canicon mató a nueve soldados de esta manera, dejando en un momento dado un mensaje en el cuerpo de un soldado. El mensaje iba dirigido al Ejército y decía: "Esto es lo que pasa cuando jodes con los Zetas". A algunos soldados les grabaron una Z en la espalda, a otros en la frente. Vi fotos de algunos de los soldados muertos, todos ellos jóvenes de poco más de veinte años, algunos de ellos ya padres de familia. El asesinato de estos soldados se conoce entre el Ejército Mexicano como Octubre Negro. Estos actos generaron aún más miedo entre la comunidad. Si se podía capturar a soldados con tanta facilidad, ¿cómo afrontaría el público la amenaza? ¿Cómo podría uno proteger a su familia? Estos asesinatos, junto con los continuos secuestros, extorsiones, robos y tiroteos, crearon un ambiente opresivo de miedo que impregnaba la vida de los ciudadanos de Monterrey. Las autoridades estatales y locales parecían no tener poder para combatir el problema. Los ciudadanos de Monterrey vivían en un mundo paralizante de narcoviolencia.

No mucho después de estos incidentes, nuestra oficina recibió una llamada de la base local del ejército. El general al mando de la 7ma zona, que se ocupaba de Monterrey y las regiones circundantes, quería reunirse con nuestro equipo. Posteriormente, programamos una reunión y nos entrevistamos con el general, un coronel y analistas de inteligencia del equipo de Fuerzas Especiales del Ejército. El día de la reunión, el Ejército celebró un servicio especial en honor de los soldados asesinados, al que asistieron sus familiares. Llegamos después del servicio e inmediatamente nos dimos cuenta del estado de ánimo sombrío expresado por el General, los demás participantes en la reunión y los demás asistentes. Tras intercambiar breves cumplidos, el General fue directamente al grano.

—Señores, queda entendido que todos los que estamos en esta mesa compartimos un enemigo común. He solicitado su presencia en esta reunión porque compartimos un objetivo común y la única forma que veo de alcanzar ese objetivo es uniendo fuerzas y compartiendo inteligencia. Mi jefe no sabe que he convocado esta reunión, pero no me importa. Lo que me importa es conseguir justicia para los nueve hombres que mataron los Zetas. No descansaremos hasta alcanzar ese objetivo. Sé que todos tienen sus motivos, pero quiero que entiendan los míos. Soy consciente de que, en el pasado, nuestras entidades no han trabajado bien juntas, pero creo que ha llegado el momento de cambiar esa mentalidad.

La petición nos sorprendió y entusiasmó. Que yo supiera, ninguna oficina de la DEA en México tenía una relación de trabajo cotidiana con el Ejército. Respondí en nombre del grupo:

—General, estamos dispuestos a hacer lo que sea necesario para hacer justicia a la memoria de sus hombres. Puedes contar con nosotros para apoyarte a ti y a tu grupo con todo lo que podamos.

El General nos explicó que el grupo sería muy unido y que solo cierto personal estaría al tanto de nuestra recién descubierta relación. El General y el Coronel habían seleccionado a un grupo de élite de analistas y operativos de las Fuerzas Especiales para que trabajaran mano a mano con nosotros en exclusiva. Era otra relación significativa que nuestro equipo había desarrollado para atacar a los Zetas. Ahora teníamos al GOPES y a las Fuerzas Especiales del Ejército de nuestro lado, en esta guerra aparentemente imposible contra los Zetas y el crimen organizado en México, y estábamos preparados para poner fin al reinado de terror de Canicon en Monterrey.

Pero había alguien más a quien estábamos siguiendo, alguien que requería nuestra atención inmediata. Puede que Canicon fuera un objetivo importante, pero no era el único.

El Cártel del Golfo y los Zetas trabajaban en un entorno paralelo. Por ello, ambas facciones tenían su propia estructura de liderazgo. En la ciudad de Reynosa Tamaulipas, el líder del Cártel del Golfo era Antonio Galarza Coronado, alias "El Amarillo". En el lado de Zeta de esta fórmula, el líder era Jaime González Durán alias "El Hummer". Estos nombres adquirirían mayor relevancia en las semanas siguientes.

Nuestro equipo fue informado de "El Amarillo" haría su aparición en Monterrey tras la operación Canicon. Su propósito era reunirse con miembros de la organización y descubrir la verdad sobre el incidente de Canicon. Nuestra fuente nos informó que, tras la reunión, Amarillo iría a un restaurante local a comer algo rápido antes de emprender el viaje de dos horas hacia el norte, a Reynosa. Nosotros lo vimos como una oportunidad de oro para detenerlo. Avisamos a nuestro equipo de la situación, pero recibimos la información tarde y el GOPES no pudo llegar a tiempo para llevar a cabo una operación de detención de Amarillo. Sin este miembro crucial del equipo, optamos por vigilar el restaurante donde comía y desarrollar más información sobre sus pautas y hábitos.

Tres de nosotros, incluido un miembro de nuestro equipo investigado, cerramos y cargamos nuestros AR-15, nos amontonamos en nuestra Suburban blindada y nos dirigimos hacia La Carretera Nacional, al este de Monterrey, a la ciudad de Santiago. El Amarillo había elegido el Restaurante García, famoso por su carne seca o "machacado". Aunque estábamos allí estrictamente por cuestiones de inteligencia, éramos conscientes de que nos enfrentábamos al cártel del Golfo y a Los Zetas, a quienes acabábamos de sacudir a lo grande, por lo que íbamos fuertemente armados. Si Los Zetas se daban cuenta de nuestras placas diplomáticas, nos habrían detenido inmediatamente para investigar nuestra razón de estar allí, y ¿quién sabe lo que habría pasado entonces? Sabíamos que estábamos infringiendo las normas al salir a la calle tan fuertemente armados, pero no permitiríamos que nos mataran por seguir las normas.

Establecimos nuestra vigilancia a un lado de la carretera, cerca de una tienda de cerámica que estaba situada enfrente del restaurante, lo que nos daba una visión clara del aparcamiento. Uno de nuestros hombres entró en la alfarería para dar la impresión de que estaba de compras, mientras los demás nos quedábamos en el auto esperando a que llegara "El Amarillo". No tardó en llegar en un flamante Ford Lobo negro, digno de un Jefe de Plaza del Cártel del Golfo. Entró en el restaurante y, al cabo de una hora se marchó. Le seguimos un trecho hasta un cruce muy transitado. Allí hizo un giro brusco, atravesó el aparcamiento del supermercado HEB y salió a toda velocidad a la autopista, dejándonos atrapados en el semáforo con el tráfico a nuestro alrededor. En cuestión de minutos, había escapado a nuestra vigilancia. La próxima vez, tendríamos que hacerlo mucho mejor si queríamos atraparlo. Consideramos aquella vigilancia como un simulacro de la realidad, y evaluamos las lecciones aprendidas.

El reto al que nos enfrentamos aquel día fueron los limitados recursos -solo un vehículo- con los que intentamos seguir a Amarillo. La próxima vez, necesitaríamos varios vehículos para evitar perderlo en el tráfico pesado de la Carretera Nacional. Nos pusimos manos a la obra y conseguimos que el GOPES se pusiera en marcha para la siguiente operación, que calculamos que sería la semana siguiente, basándonos en la información facilitada por nuestra fuente. Mientras tanto, nos desplazamos al mismo restaurante y estudiamos la disposición de la zona, buscando puntos estratégicos que pudiéramos utilizar para colocar un vehículo de vigilancia, e identificar posibles

puntos de contravigilancia que los Zetas pudieran utilizar para iden-
tificarnos. Amarillo era un Jefe de Plaza con abundantes recursos, y
fuimos cautos para no subestimarlo. Queríamos asegurarnos de tener
cubiertas todas las bases, todas las posibles rutas de escape, para que
no escapara, como había hecho Canicon.

Nuestro equipo estaba entusiasmado por seguir adelante con la
misión, mientras esperábamos ansiosamente que la fuente nos llamara y nos comunicara cuándo volvería a visitar Amarillo a Monterrey.
Tuvimos nuestra oportunidad el 30 de octubre de 2008, exactamente
dieciséis días después de nuestro intento de detener a Canicon. Nuestra fuente nos dijo que Amarillo vendría a la ciudad por la tarde y
pararía en el mismo restaurante que antes. Estábamos extasiados de
que hubiera elegido el mismo restaurante. Esto nos decía que se sentía
cómodo allí y que no había detectado nuestra vigilancia la última vez
que estuvo allí. Si nos hubiera visto, no habría vuelto al mismo lugar.
Así pues, cerramos y cargamos de nuevo. Y esta vez no estaríamos
solos.

Teníamos a toda nuestra unidad investigadora y un equipo de
quince GOPES, todos listos para la acción.

Nuestro plan era sencillo. Actuaríamos como punto de vigilancia
de Amarillo en el restaurante e indicaríamos su dirección de desplazamiento a nuestro equipo investigador y al GOPES cuando saliera del
restaurante. El equipo investigador y el GOPES debían permanecer
ocultos a la vista en una zona que habíamos identificado durante
nuestras misiones de reconocimiento. Una vez que el equipo y el
GOPES tuvieran vigilancia visual sobre Amarillo, lo acorralarían con
sus vehículos y procederían a su detención. Una vez efectuada la
detención, se nos asignó servir de apoyo, en caso de que los Zetas
intentaran emboscar al equipo de detención y rescatar a Amarillo. La

misión podía dar lugar a un gran tiroteo, pero estábamos preparados. Los dos agentes que estaban conmigo y yo juramos que los Zetas no nos capturarían vivos para torturarnos sin piedad. Estábamos preparados para luchar hasta el último cartucho de munición si era necesario. Y por si acaso nos quedábamos sin munición, cada uno de nosotros tenía un cuchillo de combate de cinco pulgadas que estábamos preparados para utilizar con cualquier posible atacante si llegábamos a ese punto. Con estos oscuros pensamientos en la cabeza y cargados de adrenalina, nos dirigimos en silencio a Santiago para iniciar la operación.

Estaba anocheciendo cuando llegamos a Santiago. Ocupamos nuestro puesto de vigilancia en el restaurante y esperamos la llegada de Amarillo. Había una calma espeluznante en la fresca noche de octubre, mientras los clientes entraban y salían del restaurante, ajenos a los acontecimientos que estaban a punto de desarrollarse a su alrededor. Decidimos detener a Amarillo lejos del restaurante. Estaría más vulnerable en su vehículo en la carretera y, lo que era más importante, en caso de que estallara un tiroteo, no queríamos que transeúntes inocentes resultaran heridos o muertos por disparos perdidos.

Hacia las 19:00, el Ford Lobo negro entró en el aparcamiento del restaurante.

—¡Hora del espectáculo, chicos! —dije mientras comprobaba mi AR-15 una vez más.

Llamamos a nuestro equipo investigador y les dijimos que se prepararan mientras esperábamos a que Amarillo terminara sus asuntos en el restaurante. La única diferencia respecto a la última vez es que le acompañaba un varón desconocido. Tradicionalmente en México, las comidas y cenas no son comidas rápidas de treinta minutos, y suelen durar hasta dos horas. Así que, tras esperar una hora, nos sorprendió gratamente ver a Amarillo y a su amigo salir del restaurante, subir a su vehículo y marcharse.

¡Ahora empezaba el partido!

Amarillo se dirigió al este, dio una vuelta y volvió al oeste, pasando junto a nuestro vehículo por el lado del conductor. Gritamos su dirección de desplazamiento al equipo de reconocimiento. Cuando hubo recorrido una distancia corta, empezamos a seguirle. No queríamos asustarle y sabíamos por el último intento de que dominaba las maniobras de contravigilancia. Le seguimos hasta la misma intersección de antes y, por suerte para nosotros no intentó la misma maniobra, aunque probablemente podría habernos perdido de nuevo si lo hubiera hecho.

El tráfico era denso, pues la gente intentaba llegar a casa desde el trabajo. Estábamos prácticamente en su parachoques y era el primer vehículo en el semáforo en rojo. Mientras tanto, nuestro equipo investigado nos llamó y nos dijo que estaban atrapados en el tráfico e intentaban llegar a la autopista principal para reunirse con nosotros. De repente, y para nuestra sorpresa, Amarillo disparó su vehículo en medio del tráfico y se saltó el semáforo en rojo, dejándonos de nuevo en la intersección atascados en el tráfico. Fue una clásica maniobra de contravigilancia. Mientras se alejaba a toda velocidad, giró hacia el aparcamiento del supermercado H-E-B y desapareció de nuestra vista, dejándonos consternados. Tras alertar al equipo investigador y a GOPES sobre la situación, empezaron a rastrear la zona para localizar a Amarillo, pero no estaba en ninguna parte. Buscamos con inquietud en todos los posibles escondites que habíamos identificado previamente, pero no apareció nada. Se había esfumado.

Estábamos a punto de rendirnos cuando recibimos una llamada de nuestra fuente.

—Sabe que lo están siguiendo —nos dijo—. ¿Van ustedes en un suburbano azul?

—Sí —respondió mi compañero.

—Bueno, él los detecto y ahora mismo está pidiendo refuerzos para que los localicen. Será mejor que salgan de ahí.

—Espera, ¿sigue en la zona?

—Deja que lo compruebe y te volveré a llamar, ¡pero será mejor que salgan de ahí ahora mismo!

Mi corazón empezó a latir con fuerza cuando la idea de un posible tiroteo con los Zeta se hizo real. Llamamos a nuestro equipo investigador y les informamos de que nos habían descubierto y de que los refuerzos de los Zeta estaban en camino. En caso de que nos estuvieran observando, nos reunimos para demostrar que no estábamos solos y que también teníamos refuerzos.

Todo era surrealista y caótico. Nosotros, los cazadores, nos habíamos convertido en los cazados, y rápidamente intentamos desarrollar una estrategia para abandonar la zona.

La fuente nos volvió a llamar y nos dijo que Amarillo seguía en la zona esperando a que llegaran los refuerzos y que algunos exploradores Zeta ya nos habían visto reunidos con nuestro equipo investigador. La mierda iba a saltar pronto por los aires si no salíamos de allí rápidamente. Según la fuente, El Amarillo estaba esperando en el aparcamiento del hospital, que estaba situado enfrente del supermercado H-E-B donde se había reunido nuestro equipo investigador.

El tiempo era esencial. Prácticamente podía oír el tic-tac de los segundos en mi cabeza.

Nuestra estrategia consistía en abandonar la zona con nuestro equipo investigador siguiéndonos y los GOPES encabezando la marcha con sus vehículos señalizados, luces intermitentes y todo. Los GOPES informaron de que se encontraban en la autopista en dirección oeste, justo al llegar al aparcamiento del H-E-B, listos para abrirnos paso.

Pero las cosas iban deprisa.

El hospital donde esperaba Amarillo estaba a la vista del GOPES. Nuestro comandante vetado informó al GOPES de la posible ubicación de Amarillo, y éste comunicó que lo comprobaría. Nos pusimos en marcha. Nuestro equipo investigador nos siguió mientras salíamos lentamente del aparcamiento. En cuanto llegamos a la autopista para girar hacia el oeste, recibimos una llamada del GOPES.

—¡Le tenemos!

Lanzamos rugidos triunfantes y lo celebramos chocando los cinco con tanta fuerza que nos escocían las manos por el impacto. Pero cualquier otra celebración era prematura.

La posibilidad de un intento de rescate seguía estando presente en nuestras mentes. Así pues, los GOPES metieron rápidamente a Amarillo y a su amigo en su vehículo marcado y se apresuraron a salir de allí, llevándolos a la base militar. El intento de rescate nunca llegó a materializarse, y nuestro equipo investigador nos escoltó de vuelta al Consulado.

Cuando llegamos al recinto del Consulado, nos invadió una oleada de alivio. Nos enteramos de que Amarillo y su compañero tenían en su poder dos granadas de fragmentación y dos pistolas del calibre cuarenta y cinco, y las cosas podían haber ido mucho peor. Pero nuestras tareas estaban lejos de terminar. Queríamos interrogar a

Amarillo, pero eso significaba que teníamos que llegar a la base militar.

En el Consulado, cambiamos de vehículo y nos pusimos en camino hacia la base militar cuando recibimos una llamada del comandante de la Policía Federal. Nos dijo que no fuéramos a la base militar porque los Zetas ya estaban vigilando la base, esperando una oportunidad para rescatar a Amarillo y para ver quién entraba y salía de la base. Ya habían llamado a la base y lanzado amenazas de violencia si no se liberaba a Amarillo. Pero, después de la brutalidad que Canicon había infligido a las tropas del Ejército en Octubre Negro, no había ninguna posibilidad de que cedieran a las exigencias de los Zetas. De hecho, acogieron con satisfacción cualquier posible respuesta violenta y estaban preparados para cualquier cosa.

No queríamos dar a los Zetas otra razón para atacar el Consulado de EE.UU o, peor aún, a uno de nuestros empleados. Seguimos el consejo del comandante y decidimos no ir. En su lugar, tomamos una ronda de cervezas de celebración y saludamos la última victoria del Equipo de EE.UU contra el cártel del Golfo y los Zetas, y que hubiéramos salido de una pieza.

Sin embargo, sabíamos que las cosas empezaban a calentarse y que la lucha no había hecho más que empezar.

Capítulo 6: "El Hummer"

Cuando empezamos la investigación sobre los Zetas, concretamente sobre Canicon y Treviño, desarrollamos información extremadamente fiable sobre otro Jefe de Plaza Zeta, Jaime González-Durán, alias "El Hummer", que era el Jefe de Plaza de Reynosa. Reynosa Tamaulipas, México, está en la frontera con el sur de Texas, concretamente con Hidalgo y McAllen, Texas, y es una de las zonas más estratégicas para el contrabando de narcóticos. La plaza de Reynosa es una puerta de entrada a las ciudades del norte de Estados Unidos, donde los beneficios se duplican inmediatamente una vez que la droga llega a EE.UU. Por ejemplo, una libra de marihuana que cuesta 25 dólares la libra en México cuesta 60 dólares la libra en McAllen. Una vez llevada al norte del puesto de control, el coste sube a 200 dólares la libra, pero en ciudades del norte como Chicago o Nueva York el precio sube a casi 500 dólares la libra. Enorme margen de beneficio. Sin embargo, ¡el margen de beneficio de la cocaína, la metanfetamina y la heroína era aún mayor! El cártel del Golfo controlaba la plaza de Reynosa, pero permitía que otros cárteles pasaran sus cargamentos de contrabando a cambio de una comisión pagada al cártel del Golfo. Conjuntamente, la DEA de McAllen, la DEA de Matamoros, el FBI y la DEA de Monterrey informaron a un comandante de las Fuerzas Especiales del Ejército mexicano para que llevara a cabo una operación en El Hummer.

El comandante formaba parte del equipo investigador de la CIA y dirigía un escuadrón de soldados de élite, exactamente lo que necesitábamos para una operación contra Hummer. Hummer, al igual que Canicon, era una persona extremadamente peligrosa y violenta. Era un Zeta original, antiguo miembro de las Fuerzas Especiales del Ejército y experto en contrainsurgencia e inteligencia. Tras su paso por el Ejército, sirvió en la oficina de la Procuraduría General de la República (PGR) en Reynosa, Tamulipas, el equivalente a la oficina del Fiscal General. Se le consideraba el autor intelectual del asesinato en Reynosa de un popular cantante mexicano, Valentín Elizalde, en 2007.

Valentín Elizalde era natural de Sinaloa, México, cuna del cártel de Sinaloa, rival mortal del cártel del Golfo. Elizalde cantaba canciones alabando a los jefes del narco de su ciudad natal, Culiacán, Sinaloa, territorio del tristemente célebre Chapo Guzmán. Cuando fue a actuar a Reynosa Tamaulipas, el Cártel del Golfo le advirtió que no cantara una canción en particular que ofendía al Cártel del Golfo. La canción era "Para todos mis enemigos". Desafió la orden y cantó la canción para terminar su espectáculo. En cuanto terminó su concierto y abandonó el escenario para dirigirse al aeropuerto, alguien les asesinó a él y a su chófer. Les dispararon varias veces con un arma de gran potencia, un AK-47.

Además de este acto de violencia y a raíz de la operación Canicon, "El Hummer" emitió una directiva a los Zetas que operaban en McAllen, TX y sus alrededores para que atacaran a cualquier agente de la ley estadounidense que interviniera o intentara intervenir en las operaciones de los Zetas y el Cártel del Golfo. Esta orden llamó definitivamente nuestra atención y resultó ser un error táctico por parte de Hummer.

De septiembre a octubre, informamos al comandante y a su jefe en numerosas ocasiones, e incluso les dejamos entrevistar a una de nuestras fuentes de información para determinar su veracidad. Parecían poco comprometidos y poco dispuestos a actuar en función de la información. Fue un esfuerzo extremadamente frustrante. Se suponía que este equipo era el más selecto de México, pero no querían entrar en acción. Prácticamente les estábamos poniendo a Hummer en bandeja de plata, pero siempre volvían y nos decían que necesitaban más información. Sintiéndonos impotentes, enfadados y frustrados reevaluamos nuestras opciones. Con el éxito que tuvimos con el GOPES en las operaciones de Canicon y Amarillo, cada oficina decidió utilizar el GOPES para llevar a cabo una operación policial similar y evitar a las Fuerzas Especiales del Ejército.

El 7 de noviembre de 2008, casi un mes después de la operación Canicon, los GOPES se prepararon para acabar con Hummer, uno de los Jefes de Plaza más temidos, dentro de la organización Zeta. Decidimos que la presencia del equipo en Reynosa atraería demasiada atención, así que pasaron las noches previas a la operación en McAllen, TX, repasando los detalles repetidamente.

Habíamos decidido colectivamente que los GOPES alquilaran vehículos sin distintivos, para no llamar la atención y comprometer la operación. La mañana del 7 de noviembre de 2008, los GOPES establecieron vigilancia en dos lugares identificados como los más frecuentados por Hummer: denominados simplemente lugar A y lugar B. Cuando se determinó que Hummer se encontraba en el lugar A, el GOPES entró sin ser detectado y atacó la casa con toda su fuerza. Fue un momento de caos, ya que registraron la casa a fondo y encontraron numerosas armas de gran potencia. Pero Hummer no estaba a la vista.

La DEA intercambió muchas llamadas con los GOPES, advirtiéndoles de que era imposible que Hummer no estuviera en la casa: no tenía poderes mágicos que lo hicieran invisible. Los GOPES volvieron a registrar la casa y esta vez lo encontraron encogido debajo de dos camas individuales que habían juntado y tapado con una manta. Me pareció gracioso que este gran Jefe de Plaza, que invocaba el miedo en los corazones de los delincuentes empedernidos, estuviera atormentado por el miedo y encogido bajo una cama, como un niño jugando al escondite con su mami. Llevaba una 38 Especial bañada en oro, pero le faltaba valor o tiempo para utilizarla. Todo es divertido hasta que eres el objetivo y tus guardaespaldas no están cerca para salvarte. Los GOPES lo detuvieron, pero inmediatamente se enfrentaron a otro dilema. Hummer había conseguido enviar una alerta a sus cohortes Zeta de que le estaban deteniendo, y los Zeta tomaron medidas inmediatas. Respondieron haciendo un gran esfuerzo para rescatar a su jefe de la detención. Crearon obstáculos en las principales vías públicas con neumáticos ardiendo; bloqueos con autobuses urbanos y remolques de tractores; robaron vehículos a punta de pistola a ciudadanos inocentes, quemándolos en las calles para crear más congestión de tráfico y agitación, convirtiendo Reynosa en una zona de guerra urbana. Los Zetas persiguieron agresivamente a los GOPES, en una persecución a alta velocidad por toda la ciudad, enzarzándose con ellos en un tiroteo continuo con armas de alta potencia y lanzando granadas de fragmentación contra sus vehículos. Los GOPES atravesaron hábilmente la ciudad entre disparos, explosiones y bloqueos, y se llevaron a Hummer a un avión de la Policía Federal que esperaba en el aeropuerto de Reynosa.

Mi homólogo en Matamoros recuerda que el comandante del GOPES le llamó y le dijo:

—Lo tenemos; estamos recibiendo disparos, pero se lo llevarán por encima de mi cadáver —mientras se dirigían al aeropuerto. Mi homólogo informó de que podía oír los disparos mientras hablaba con el comandante, que estaba hasta arriba de adrenalina, gritando al teléfono. Tras un prolongado tiroteo, subieron a Hummer al avión de la Policía Federal y lo enviaron directamente a Ciudad de México, lejos de Reynosa y de sus obligaciones como jefe de Zeta Plaza. Se había ido a dormir la noche anterior como jefe de plaza de una de las regiones más importantes de México y la noche siguiente estaba encarcelado en una celda de la cárcel de Ciudad de México con solo la ropa que llevaba puesta. Sigue encarcelado allí, a la espera de ser extraditado a Estados Unidos. La operación dio lugar a la mayor incautación de armas en México: más de 500 rifles, 168 granadas, 7 rifles Barret del calibre 50, 14 cartuchos de dinamita, varios lanzagranadas y más de 500.000 cartuchos de munición. También se incautó aproximadamente 1 millón de pesos, el equivalente a unos 100.000 dólares en efectivo. Afortunadamente, ninguno de los GOPES resultó herido en el tiroteo.

En un par de semanas, llevamos a cabo con éxito operaciones sobre tres Jefes de Plaza Zeta de alto perfil. Les habíamos herido y habíamos creado un vacío de liderazgo dentro de la estructura de los cárteles Zeta y del Golfo del noreste de México. Lo mejor de todo era que también habíamos creado dudas dentro de la organización, ya que no sabían de dónde procedía la información. Se sentían desconcertados, estupefactos y enfurecidos.

Una peligrosa combinación de emociones.

La cosa no había terminado entre Trevino, Canicon y las Fuerzas de Seguridad. Nuestro plan consistía en seguir ejerciendo presión hasta capturar a Trevino y Lazcano y dejar fuera de juego a los Zetas.

**El Hummer es presentado a los medios por el equipo
GOPES.**

(Foto cortesía de Grupo Reforma / El Norte)

Capítulo 7: Rocking and Rolling

Después de las operaciones en Canicon, Amarillo y Hummer, nos reagrupamos cuando se acercaban las vacaciones navideñas, pero queríamos seguir presionando a los Zetas. Pensamos, que para llegar a Treviño y Lazcano, debíamos atacar su estructura de liderazgo no solo en Monterrey y Tamaulipas, sino en todo México. Los GOPES estaban al rojo vivo, y pensábamos seguir utilizándolos para nuestras operaciones. Nuestra nueva amistad con el Ejército también estaba resultando eficaz, ya que estaban recopilando información valiosa sobre distintos miembros de los Zetas en Nuevo León. Estaban ansiosos por vengarse de sus compañeros caídos.

A finales de noviembre, recibimos información de que Lazcano se encontraba en un rancho del Estado de San Luis Potosí. El Rancho El Atorón, como se le conocía, estaba en Santa María del Río, en San Luis Potosí. Está situado a 1700 metros sobre el nivel del mar y se encuentra en el extremo occidental de la Sierra Madre Oriental. Era un terreno accidentado y montañoso, y sería difícil llevar a cabo una operación policial sin alertar a Lazcano y a su círculo de seguridad de la presencia del equipo de detención. Sabíamos que a Lazcano le encantaban las actividades al aire libre y que disfrutaba cazando animales exóticos en muchos de sus ranchos; solo que nunca sabíamos dónde se encontraban esos ranchos, pero ahora teníamos localizado uno de ellos.

Como líder de los Zetas, Lazcano, conocido como Z-3, solía tener un círculo de más de treinta guardaespaldas a su alrededor, pero también sabíamos que le gustaba viajar solo y de incógnito o con un grupo más reducido, para evitar llamar la atención. Sin embargo, no teníamos forma de saber cuán grande sería el grupo que le acompañaría en el rancho. Esto nos planteaba un gran predicamento, porque no queríamos enviar al equipo de detención a un tiroteo en el que estuvieran superados en número de hombres y armas. También era una oportunidad para paralizar inmediatamente a la organización de los Zetas capturando a su líder. Así que, a pesar de los riesgos, se tomó la decisión de seguir adelante con la operación e intentar capturar a Lazcano.

Mis jefes en Ciudad de México tomaron la decisión. Esto no era un problema, pero dar el control operativo a un agente en Ciudad de México era problemático. El agente que tenía el control decidió utilizar la misma unidad de Fuerzas Especiales del Ejército que no cooperó con nosotros en la misión Hummer. Tomaron estas decisiones sin informarme, y en vísperas de la operación, el Ejército, como había hecho tantas veces durante la operación Hummer, decidió no participar, lo que provocó una frenética lucha para involucrar al GOPES. Finalmente, el 5 de diciembre de 2008, a las 6 de la mañana, el equipo GOPES se abalanzó sobre el Rancho El Atorón, con dos helicópteros y dos equipos de asalto, pero Lazcano no aparecía por ninguna parte.

El equipo de GOPES detuvo a cuatro individuos, entre ellos dos miembros de gran confianza del círculo de Lazcano, Víctor Hugo López Valdez, alias "El Chiricuas", y Pablo Gómez Solanos, alias "El Paguas". Los demás acusados eran simples peones de rancho y no miembros de los Zetas. Más tarde nos enteraríamos de que Lazcano había estado en el rancho y se había escapado cuando oyó el golpeteo de los rotores del helicóptero y había huido hacia el terreno montañoso de maleza. Sobrevivió tres días sin comida ni agua antes de que Miguel Treviño lo rescatara. También nos enteraríamos de que el Jefe de Plaza de San Luis Potosí "El Peter" escapó con Lazcano, solo para caer por un acantilado y morir a causa de sus heridas. Los GOPES encontraron su cuerpo destrozado cuando intentaban dar caza a Lazcano en el escarpado terreno. También encontraron en la casa del rancho numerosas fotografías recientes de Lazcano en varios lugares en sus numerosas expediciones de caza. Algunas de esas fotos eran inquietantes, incluida una de "El Chiricuas", presumiendo con una cebra que había matado, y varias de Lazcano posando con exóticas gacelas, cebras y pumas.

Tras ser rescatado, Lazcano estaba enfermo de furia e inmediatamente ordenó la ejecución de todas las personas que sabían de su presencia en el rancho y no habían sido detenidas. Además, después de la detención y antes de Navidad, los Zetas decapitaron a una docena de soldados en Chilpancingo Guerrero y los alinearon en una zona muy transitada con un cartel que decía: "¡Por cada uno de los míos que mates, mataré a diez de los tuyos!". Cerca de los cadáveres, las autoridades encontraron un saco que contenía las cabezas de las víctimas, algunas de las cuales seguían amordazadas con cinta adhesiva.

No estamos seguros de que los asesinatos estuvieran relacionados con la operación sobre Lazcano, pero en este negocio las coincidencias son escasas. El equipo y yo estábamos furiosos por habernos quedado fuera del trato, pero nos entusiasmaba la idea de desafiar a Lazcano. Esta vez habíamos estado cerca y le habíamos sacudido.

Ahora sabía que no era intocable. Teníamos toda la atención de Treviño y Lazcano.

A partir de ese día, supieron que éramos una fuerza para tener en cuenta.

Las fiestas llegaron y se fueron, y el Año Nuevo empezó con una explosión, literalmente. El 5 de enero de 2009, los Zetas atacaron la cadena de televisión Televisa lanzando una granada al aparcamiento y disparando aproximadamente quince balas de nueve milímetros contra la fachada del edificio, lo que provocó pánico e histeria entre los empleados. Afortunadamente, nadie resultó herido en el ataque, pero algunas personas sufrieron ataques de ansiedad y tuvieron que ser atendidas por los paramédicos que llegaron al lugar. Los Zetas dejaron un mensaje escrito en una cartulina en el lugar de los hechos que decía "¡Dejen de transmitir noticias solo sobre nosotros! Transmitan también noticias sobre los funcionarios corruptos".

Los funcionarios del estado de Nuevo León llamaron a los miembros del Equipo de Aplicación de la Ley de EE.UU y acudimos inmediatamente al lugar. No había mucho que pudiéramos hacer entonces, pero estaba claro que los Zetas estaban dispuestos a enfrentarse a cualquiera que pareciera interponerse en su camino: no había fin al nivel de medidas violentas que los Zetas estaban dispuestos a tomar. A nuestro modo de ver, Canicon y los Zetas ya habían atacado el consulado de EE.UU, matado a nueve oficiales del ejército mexicano en Nuevo León, a doce en Guerrero y ahora habían atacado la cadena de televisión más poderosa de México, entre otras atrocidades. Eran muy imprevisibles y, sobre todo, intrépidos. La única forma de hacer frente a la fuerza era con fuerza: teníamos que demostrarles que sus tácticas no nos intimidarían y que nos enfrentaríamos a ellos cara a cara.

Para ello, pusimos en marcha una estrategia diseñada para acabar no solo con la estructura de liderazgo de los Zetas, sino también con todos los miembros originales de los Zetas que quedaban, reclutados por Arturo Guzmán Decena. Empezamos con Miguel Ángel Soto Parra, alias "El Parras" o "El Dalmato". Era un Zeta original, y ex-miembro del Ejército Mexicano, que en un tiempo había sido miembro de la Policía Judicial Federal de Tamaulipas y había servido como uno de los guardaespaldas personales de Osiel Cárdenas Guillén. Había pasado a la clandestinidad, pero recibimos información de que vivía en Ciudad de México.

Proporcionamos la información al GOPES y exactamente tres días después del ataque a Televisa, las autoridades detuvieron a "El Parras" en la Colonia Villas de Coyoacán, en la Ciudad de México. Se entregó sin que se disparara un solo tiro.

La lucha había comenzado. Estábamos en el ring, mano a mano con los Zetas. Lo mejor de todo es que creábamos dudas en su psique: no sabían de dónde sacábamos la información para golpearles con tanta fuerza y eficacia.

Cuando un miembro de los Zetas o del Cártel del Golfo muere o es capturado, es sustituido inmediatamente. Tras la detención de "El Hummer" en Reynosa, Héctor Saucedo Gamboa, alias "El Karis", llenó el vacío.

Permíteme ofrecerte una breve historia sobre "El Karis": Cuando Osiel Cárdenas Guillén estaba en el poder, uno de sus socios de confianza, Gregorio Sauceda-Gamboa, alias "El Goyo", estaba a cargo de la Plaza de Reynosa. "El Goyo" dirigía la Plaza con eficacia y mano dura, asegurándose de que cada céntimo que se debía al Cártel del Golfo se pagaba y se pagaba puntualmente. El Karis, hermano menor de "El Goyo", operaba en la Plaza de Nuevo Laredo, ayudando a los

Zetas a eliminar a los miembros del Cártel de Sinaloa que querían operar en la zona. Mientras tanto, "El Goyo" empezó a descuidarse y a sufrir problemas de salud debido a su adicción a la cocaína. Su adicción estaba interfiriendo en su capacidad para operar con eficacia. Lo sustituyeron y lo desterraron a su ciudad natal de Matamoros, Tamaulipas.

Tras las detenciones de alto nivel de "El Hummer" y "El Amarillo", "El Karis" se trasladó para hacerse cargo de la Plaza, pero las lealtades de "El Karis" estaban con el cártel del Golfo, y odiaba a Miguel Treviño con pasión. "El Karis" era impulsivo, tenía un temperamento explosivo, no era mentalmente estable y chocaba frecuentemente con los Zetas asignados a la Plaza. A veces incluso juraba eliminar al propio Trevino. Conflictos como éste echaron más leña al fuego de la enemistad, ya en ciernes, entre los Zetas y el cártel del Golfo.

El 17 de febrero de 2009, aproximadamente a las 11:00 horas, miembros del Ejército, mientras patrullaban las calles de Reynosa, se toparon con el convoy de vehículos de Karis. Como salido de una película de acción, estalló un tiroteo que convirtió de nuevo la ciudad de Reynosa en una zona de guerra. Karis y compañía intentaron huir de los soldados, que les dispararon con sus armas automáticas mientras huían por las calles de la ciudad, para horror de los transeúntes inocentes que realizaban sus actividades cotidianas. El ejército respondió con fuego pesado de armas automáticas y lanzagranadas. La Policía Federal también se unió a la refriega cuando el convoy de Karis se separó y atravesó a toda velocidad las calles de la ciudad; ambas facciones dispararon miles de proyectiles en la persecución.

Sin que Karis y el Cártel del Golfo lo supieran, los Zetas habían planeado un ataque contra Karis el mismo día y también se unieron al tiroteo. Los Zetas requisaron autobuses urbanos y remolques de tractores, obligaron a los ciudadanos a bajar de sus vehículos y los utilizaron para bloquear avenidas estratégicas por toda la ciudad e impidieron que llegaran refuerzos de la policía federal o del ejército para ayudar en el tiroteo. Varios autobuses y vehículos fueron incendiados. Una lluvia torrencial de disparos, terror y caos asoló la ciudad durante dos horas. Cuando por fin cesó el tiroteo, veinte cadáveres acribillados yacían por las calles de Reynosa, entre ellos Karis y su guardaespaldas personal. Sin embargo, los habitantes de Reynosa informaron de que el número de cadáveres era mucho mayor de lo que se informaba en la prensa. Algunos residentes vieron a miembros del cártel del Golfo y de los Zeta cargando cadáveres en los lechos de camionetas y alejándose, por lo que el recuento real de cadáveres seguiría siendo desconocido. Además de los implicados, por desgracia, el tiroteo hirió también a algunos transeúntes inocentes.

A primera vista, este incidente parece un tiroteo que estalló entre Karis y sus hombres y el Ejército y la Policía Federal. Lo que fue, sin embargo, fue un ataque bien planeado y coordinado de los Zetas contra Karis.

Ese día, mientras el tiroteo hacía estragos en las calles de Reynosa, manifestantes de todo el país se presentaron en masa para protestar contra la acción militar. Estas protestas provocaron el cierre de ocho puertos de entrada a Estados Unidos, incluidos el puerto de entrada Reynosa-Hidalgo, el puerto de entrada Pharr-Hidalgo, el puerto de entrada Brownsville-Matamoros, el puerto de entrada Juarez Lincoln y el puerto de entrada Free Trade en Laredo, así como tres puertos de entrada en Ciudad Juárez. En el típico modo Zeta, los manifestantes utilizaron remolques de tractores, autobuses secuestrados y vehículos para bloquear el tráfico del puente. Quemaron neumáticos y basura en las calles, lanzaron piedras a los soldados, rompieron

escaparates de tiendas y vehículos y aterrorizaron a ciudadanos inocentes. Estos bloqueos duraron más de cinco horas, perturbando
gravemente el comercio y otras actividades fronterizas cotidianas.
Los manifestantes también aparecieron a montones en Monterrey,
Ciudad Victoria, Ciudad Juárez y Veracruz para protestar contra la
presencia y las acciones militares.

En Monterrey, los bloqueos generaron miedo en todo el Consulado de EE.UU, ya que los empleados temían ser atacados de nuevo.
Los bloqueos provocaron que el tráfico se paralizara durante horas
en Monterrey, y esencialmente nos quedamos atrapados dentro del
Consulado, esperando y rezando para no sufrir otro ataque. Muchos
de nosotros, incluido yo, cuyos cónyuges no trabajaban en el Consulado, estábamos desesperados por llegar a casa y proteger a nuestras
familias, pero no podíamos ir a ninguna parte.

Como he mencionado antes, los Zetas eran antiguos soldados de
las Fuerzas Especiales y muchos de ellos eran expertos en contrainsurgencia y fuimos testigos directos del alcance de su experiencia en
contrainsurgencia y guerra psicológica. Los Zetas repartieron mochi-
las llenas de material escolar y pagaron 300 pesos a mujeres, ado-
lescentes, taxistas, limpiabotas y otras personas con escasos recursos
económicos para que colaboraran en las protestas. En Monterrey, esta
gente abundaba. Los Zetas incluso llevaron bocadillos y refrescos a
los numerosos manifestantes de Laredo para mantenerlos durante
sus esfuerzos. Además de perturbar el tráfico y sembrar el terror en
todo el país, las protestas sirvieron de tapadera perfecta para que los
Zetas se trasladaran a Reynosa para llevar a cabo el ataque contra
Karis.

Era un plan brillante. Sin embargo, los Zetas no planearon que el
Ejército y la Policía Federal se les adelantaran y atacaran primero a

Karis. La muerte de Karis no fue una operación planeada por nuestro equipo, pero Lazcano y Treviño no lo sabían. Lo único que sabían es que les ganamos la pisada y estaban molestos. Lo único que nos importaba era que otro miembro de su estructura de liderazgo había sido eliminado. Fue un resquicio de esperanza para la oscura nube dejada por los manifestantes que, básicamente, tomaron Monterrey como rehén durante toda esa semana, llegando a enfrentarse a con las autoridades locales y estatales, gravemente infradotadas y mal equipadas, y matando a un investigador de la policía estatal que había detenido a uno de los líderes de la protesta.

Fue una época premonitoria para los ciudadanos de Monterrey y los empleados del Consulado de EE.UU. Por desgracia, solo era el principio de un largo y oscuro viaje.

Capítulo 8: Justicia

Febrero había sido un mes estresante, pero necesitábamos seguir adelante con nuestro plan. La sede de la DEA nos prestó su apoyo, enviando a un coordinador de personal de la División de Operaciones Especiales y de la Fiscalía, junto con un analista, para ayudar en las operaciones contra Lazcano, Treviño y Canicon. Contar con personal de la sede de la DEA en la ciudad fue muy beneficioso, ya que agilizó el proceso de ponerse en contacto con la sede de la DEA en Washington DC, obtener financiación o apoyo analítico, y evitó largos retrasos en la recepción de una respuesta. Tenerlos en Monterrey con nosotros significaba que teníamos apoyo sobre el terreno siempre que lo necesitábamos. Su presencia también nos ayudó con los problemas de personal.

Teníamos mucho trabajo y necesitábamos toda la mano de obra posible. Había cuatro pistas cruciales que requerían un seguimiento inmediato. Nuestros homólogos del Ejército habían desarrollado información de que Canicon operaba ahora desde Saltillo, Coahuila. También habían desarrollado información sobre una casa rancho que estaba siendo utilizada por Miguel Treviño, que sorprendentemente estaba situada cerca de la base del Ejército. También tenían información procesable sobre un líder de la organización Beltrán-Leyva, Héctor Huerta, alias "La Burra". Huerta ocupaba el cargo de Jefe de Plaza de la organización Beltrán-Leyva en Monterrey y también servía de enlace entre los Zetas y la organización Beltrán-Leyva, dirigida por Arturo Beltrán Leyva. Al mismo tiempo, nuestro equipo había desarrollado información sobre otro Jefe de Plaza Zeta, Sergio Peña Mendoza alias "El Concord". Los cuatro objetivos eran opciones para una operación. Tendríamos que planificar cuidadosamente cada uno de ellos y ejecutar las operaciones en tres fases.

"El Concord" era el siguiente hombre que tomaría las riendas de la Plaza de Reynosa tras las detenciones de El Hummer, El Amarillo y la muerte de El Karis. El Concord se había establecido como un digno miembro de la organización de los Zetas, a pesar de no ser un Zeta original. Es probable que El Concord fuera reclutado en la organización de los Zetas por Jaime González Durán, "El Hummer". El historial delictivo de El Concord se remonta a 2003, cuando las autoridades lo detuvieron en Nuevo Laredo Tamaulipas por posesión de narcóticos y tráfico ilegal de armas. Fue condenado a cinco años de prisión. Pasó tres años en prisión antes de fugarse en un violento enfrentamiento con las autoridades penitenciarias y la policía que se saldó con cuatro personas muertas, entre ellas una mujer que había ido a visitar a su hijo a la cárcel. Tres de los muertos eran reclusos que intentaron ayudar o fugarse con Concord y otros diez presos.

La descarada fuga de la cárcel fue un plan estratégicamente diseñado, organizado y supervisado por El Hummer. Tras la fuga de la cárcel, Concord huyó al estado sureño mexicano de Chiapas, donde supervisó la plaza de Tuxtla-Gutiérrez. Chiapas es el estado más meridional de México y limita con el país centroamericano de Guatemala. El traslado de Concord a Chiapas no fue un acto aleatorio, sino un movimiento calculado de los Zetas, ya que tenían planes para apoderarse de todas las actividades de narcotráfico en Guatemala.

Guatemala servía como principal punto de tránsito y almacenamiento de cargamentos de toneladas de cocaína procedentes directamente de Colombia, Venezuela, Perú y Bolivia. Las estimaciones indicaban que los narcotraficantes almacenaban 400 toneladas métricas de cocaína en Guatemala antes de distribuirla a México y, finalmente, entregarla para satisfacer la insaciable demanda de Estados Unidos. Eso son aproximadamente 400.000 kilogramos de cocaína, un negocio que genera más de$ 7.000 millones de dólares de ingresos anuales (Time Magazine por Jill Replogle, 12 de diciembre de 2008). Los Zetas ansiaban esos ingresos y salivaban ante la idea de apoderarse de estas operaciones de los traficantes guatemaltecos. Los Zetas percibían a las organizaciones de traficantes guatemaltecas como débiles, pasivas y vulnerables. Confiaban en poder hacerse con el control de las operaciones en el país. El control del estado de Chiapas era crucial para los planes de los Zetas. Concord demostró inmediatamente su valía reclutando en una red de policías municipales y estatales corruptos para que le ayudaran a extorsionar a empresarios y a proteger los cargamentos de cocaína introducidos en el país. Alquiló pisos francos, compró vehículos, armas, munición y dispositivos de comunicación. El Concord sacó el máximo partido de su mandato en Chiapas, elevando su reputación al asesinar a dos policías de alto rango y torturar y quemar sin sentido a un empresario muy respetable por un incidente de violencia en la carretera. Estos asesinatos pusieron a El Concord en el punto de mira. El gobierno de México puso una recompensa de 15 millones de pesos por su cabeza, lo que le convirtió en uno de los diez hombres más buscados de México.

Una tarde de marzo de 2008, los Zetas dirigidos por Miguel Treviño y su segundo al mando, Daniel Pérez Rojas, alias "El Cachetes", concertaron una reunión con el jefe del crimen más notorio de Guatemala, Juan José León-Ardón, alias "El Juancho", para discutir los detalles relativos a un cargamento de cocaína robado por Juancho y sus hombres a los Zetas. Juancho tenía fama de robar cargamentos de cocaína, venderlos y quedarse con todos los beneficios. Los Zetas conocían su reputación y sabían que acabaría robando un cargamento -no podía evitarlo- y utilizaron su codicia y autocomplacencia para tenderle una trampa y poner en marcha su plan.

El lugar de la reunión había sido elegido por Juancho. Los Zetas accedieron y se reunieron con el fuertemente custodiado Juancho, que no tenía ni idea de que acababa de meterse en una trampa mortal. Juancho y sus hombres se sentían seguros en su ciudad y en su país de origen, pero subestimaron gravemente la inteligencia estratégica de los Zetas. Sin que Juancho ni sus hombres lo supieran, los Zetas establecieron silenciosa y sigilosamente un perímetro alrededor del lugar de la reunión y esperaron la señal de Trevino. Trevino desenfundó su arma y disparó a Juancho a quemarropa en la cara, matándolo al instante, antes de que la reunión llegara siquiera al intercambio de cumplidos. Los Zetas saltaron inmediatamente a la acción y convirtieron la serena tranquilidad que una vez fue la vida en Guatemala en una zona de guerra en llamas, que destrozaba la tierra. La potencia de fuego de los Zetas era muy superior a la de los guatemaltecos, y un ensordecedor aluvión de granadas de fragmentación disparadas desde lanzagranadas rusos golpeó el paisaje y destrozó sus vehículos blindados, dejando a los ocupantes atrapados en la zona de muerte sin salida.

Los transeúntes inocentes se dispersaron como hormigas para evitar el caos y el fuego cruzado. Cuando se disipó el humo, Juancho, su hermano y seis guardaespaldas aparecieron muertos entre las brasas. En el interior de sus vehículos blindados, dos guardaespaldas aparecieron calcinados, con los fusiles aún empuñados. Otras dos víctimas murieron de sus heridas en un hospital local. En un abrir y cerrar de ojos, los Zetas habían invadido triunfalmente Guatemala y el lucrativo negocio del transporte de cocaína que conllevaba el territorio. Sin embargo, no fue sin un precio. La Policía Nacional guatemalteca detuvo a "El Cachetes", a quien Treviño y los Zetas dejaron atrás para dirigir las operaciones de los Zeta en Guatemala un mes después del tiroteo, dejando un vacío en su recién formado territorio.

Como los conocimientos y la experiencia de Cachetes resultaron inestimables para las operaciones de los Zetas, éstos trazaron planes para sacarle de la cárcel. El trabajo recayó directamente sobre los hombros de Concord, a quien Treviño eligió específicamente para la misión. La misión era muy compleja y difícil. Se vio aún más comprometida por las llamadas telefónicas amenazadoras de los Zetas a la policía nacional guatemalteca exigiendo la liberación de "El Cachetes". Estas amenazas no hicieron sino motivar a la Policía Nacional guatemalteca para que reforzara las medidas de seguridad en torno a la prisión. Establecieron tres perímetros de seguridad, uno de los cuales incluía al Ejército de Guatemala y, por si fuera poco, un tanque completamente armado frente a la prisión.

La Policía Nacional de Guatemala descubrió un complot en el que los Zetas iban a utilizar a un doble de "Cachetes" para sustituirle en prisión. Incluso fueron tan lejos como para enviar al doble a Guatemala y esperar nuevas instrucciones, pero el plan no fructificó, ya que la Policía Nacional guatemalteca fue avisada del plan y detuvo al doble antes de que se pudiera hacer ningún intento de sustituir a "Cachetes" en la cárcel. Una vez que descubrieron este plan, reforzaron la seguridad en la prisión, haciendo prácticamente imposible orquestar un intento de rescate.

Mientras tanto, los Zetas tenían sus propios problemas más cerca de casa, ya que Canicon, Amarillo, Hummer y Karis habían sido arrestados, asesinados u obligados a abandonar la ciudad. Como recompensa por su servicio y lealtad a Treviño, Concord se convirtió en el sustituto de Hummer y Karis como Jefe de la Plaza de Reynosa, y nuestro equipo se dio cuenta inmediatamente del nuevo jugador en la ciudad. También nos encontrábamos en una especie de dilema porque estábamos recibiendo información muy creíble de nuestros contactos de las Fuerzas Especiales sobre una ubicación para Canicon.

Ambas operaciones potenciales se estaban desarrollando a un ritmo febril y queríamos estar preparados para cualquier oportunidad que se presentara primero, posiblemente las dos al mismo tiempo, si fuera necesario, utilizando tanto a los GOPES como a las Fuerzas Especiales mexicanas. Resultó que nuestras fuentes habían localizado a Concord en una casa de Reynosa Tamaulipas, en un barrio tranquilo y exclusivo conocido como Residencial Las Fuentes. Como antes, el equipo GOPES entró encubiertamente en Estados Unidos a través de Matamoros y pasó la noche en McAllen antes de regresar a México. En realidad, el plan consistía en que el equipo GOPES realizara una rápida misión de reconocimiento de la casa y analizara el mejor plan de ataque. La suerte nos favoreció ese día, porque en cuanto los GOPES se presentaron para iniciar el reconocimiento, vieron a Concord saliendo de la casa y entrando en una camioneta Ford King Ranch negra. Los GOPES se apresuraron a seguirles y establecieron un control cerca de la entrada del barrio. Concord no tenía adónde ir, pero esto no le disuadió de hacer un intento casi inútil de escapar. El equipo lo capturó rápidamente y lo devolvió a la casa, donde decomisaron un rifle AK-47. Temiendo un intento de rescate en similar a la magnitud de la operación de los Zetas contra Hummer, el equipo lo trasladó rápidamente al aeropuerto y lo llevó en avión a Ciudad de México. No se disparó ni un solo tiro y El Concord llegó a Ciudad de México antes de que los Zetas se dieran cuenta de que se lo habían llevado.

14 de marzo de 2009: Fase I, completada.

A pesar de nuestro entusiasmo por la detención de Concord, aún quedaba mucho trabajo por hacer. Nuestra atención se centró rápidamente en la operación Canicon, y empezamos a elaborar estrategias para nuestros próximos movimientos. Según mi experiencia, cuando los traficantes se sienten seguros, tienden a cometer errores que acaban teniendo graves repercusiones en sus vidas. Un solo error en la organización Zeta podía causar la pérdida de una cantidad importante de drogas o dinero en efectivo, y ésa era una situación peligrosa para el propio bienestar.

La organización Zeta envió a El Canicón a Saltillo Coahuila para que se refrescara después de toda la devastación que causó en Monterrey. No solo había aterrorizado a los ciudadanos de Monterrey, sino que había traído una cantidad inusual de atención a los Zetas. Lazcano estaba furioso y quería eliminarlo, pero sorprendentemente, Miguel Treviño intervino en su favor y evitó que recibiera una lenta muerte tortuosa. Sus instrucciones eran permanecer agazapado en una especie de exilio hasta nuevo aviso, cosa que hizo, en un principio. Pero como he dicho antes, un pequeño error podía hacer caer el castillo de naipes y Canicon cometió otro grave y estúpido error. Canicon había alquilado una casa en una zona acomodada de Saltillo, pero en lugar de mantener un perfil bajo y volar bajo el radar, organizó fiestas ruidosas con individuos armados vigilando. Tenía autos entrando y saliendo de la casa a todas horas de la noche. Como era de esperar, sus nuevos vecinos se quejaron y uno de ellos, Dios lo bendiga, se quejó al ejército mexicano.

Tras dar seguimiento a la denuncia y realizar una minuciosa vigilancia y toma de fotografías, oficiales de inteligencia militar confirmaron que la persona que vivía en Paseo de Las Rosas 350, Residencial San Patricio, Saltillo Coahuila, era Sigifredo Nájera Talamantes alias "El Canicón". Fue un tremendo golpe de suerte: mejor tener suerte que ser bueno.

Todos estábamos ansiosos por llevar a cabo una operación de inmediato, pero queríamos asegurarnos de que esta vez lo atrapábamos. Así pues, el 20 de marzo de 2009, unidades de inteligencia militar establecieron vigilancia para confirmar la presencia de Canicon en la casa. Más de doscientos soldados de Saltillo y Monterrey esperaban la señal para iniciar la operación. Aproximadamente a las 11 de la mañana, El Canicón, aún bajo los efectos de una noche de copas, llegó a la residencia. Hicieron la llamada y pusieron en marcha el plan.

Aproximadamente a las 12 del mediodía, nuestros amigos de la Unidad de Fuerzas Especiales entraron en la casa y capturaron a un Canicón sorprendido y medio borracho junto con otros seis miembros del entorno de Canicón, incluida la contable regional. La contable, identificada como Yaneth Deyanira García, tenía en su poder más de 10 millones de pesos, el equivalente a 1,5 millones de dólares estadounidenses. También se incautaron 8 AK-47, 3 pistolas, 24 granadas, 4 chalecos antibalas y 5 vehículos, dos de ellos totalmente blindados. Existía la posibilidad de un tiroteo letal, pero afortunadamente, nunca llegó a producirse.

Por fin habíamos capturado al monstruo que había inyectado miedo y terror a todo el estado de Nuevo León. Inmediatamente lo llevaron a la base militar de Saltillo, donde lo subieron a él y a sus secuaces a un avión y los trasladaron a Ciudad de México.

La captura de Canicon fue una gran noticia en todo México y Estados Unidos. En México, el presidente Felipe Calderón felicitó a los militares por la captura y declaró que era un ejemplo de por qué los militares debían luchar contra los cárteles. Estábamos más que extasiados. Por fin habíamos hecho justicia a la memoria de los soldados a los que torturó y asesinó sin piedad, así como a la memoria de nuestro amigo el comandante Salinas de la PFP y su compañero, también asesinados por Canicon y Treviño. Era pura maldad y no tenía remordimiento alguno. A pesar de su naturaleza malvada, nuestros amigos de las Fuerzas Especiales nos contaron que Canicon lloró como un bebé después de su arresto, hasta aquí llegó el tipo duro y malo, que nunca volvería a ver la libertad.

20 de marzo de 2009: Fase 2 completada.

Sigifredo Najera Talamantes alias "El Canicón" bajo custodia de la SEDENA (Ejército Mx).
Foto cortesia de grupo Reforma/El Norte

Corríamos con adrenalina tras ambas capturas, pero no queríamos relajarnos hasta completar la tercera y última fase de nuestra misión. Nuestro equipo de las Fuerzas Especiales había desarrollado inteligencia procesable sobre un individuo llamado Héctor Huerta, que era el Jefe de Plaza en San Pedro para la Organización Arturo Beltrán Leyva, conocida en los círculos de la DEA como la ABLO. La ABLO tiene sus raíces en Sinaloa, donde en un tiempo trabajaron mano a mano con Joaquín "El Chapo" Guzmán. Arturo Beltrán Leyva aprendió los entresijos del narcotráfico de Amado Carillo Fuentes, conocido como "El Señor de los Cielos", y fue ascendiendo en el escalafón, desde asesino de Amado Carrillo hasta tener su propia célula de narcotraficantes en Sonora y Chihuahua.

A mediados y finales de los ochenta, Beltrán Leyva trasladó su base de operaciones a Monterrey Nuevo León, un movimiento estratégico diseñado para aprovechar la proximidad de los pasos fronterizos con EE.UU de Nuevo Laredo y Reynosa Tamaulipas. Finalmente, Arturo Beltrán se trasladó a Acapulco Guerrero, pero no renunció a sus posesiones estratégicas en Monterrey. En los últimos años, el ABLO había desarrollado un conflicto con el Chapo Guzmán, ya que Arturo sospechaba que El Chapo y su gente habían traicionado al hermano de Arturo, Alfredo, y habían dado información que condujo a su detención. Como resultado, Arturo hizo una alianza con los Zetas para ayudar a combatir al cártel de Sinaloa en Nuevo Laredo. Héctor Huerta fue la figura clave en la relación de los Zetas con Arturo Beltrán, y los Zetas dejaron que el ABLO operara en Monterrey sin represalias ni repercusiones.

Diseñaron el traslado a Guerrero para que el ABLO pudiera recibir cargamentos de toneladas de cocaína colombiana en el puerto de

Guerrero y utilizar sus activos en Monterrey para almacenar y, finalmente, distribuir los cargamentos de cocaína a Estados Unidos. Al abandonar Monterrey, Arturo Beltrán dejó a Héctor Huerta, alias "La Burra", como su jefe de operaciones, o Jefe de Plaza en la ciudad de San Pedro Garza García Nuevo León.

La inteligencia que habíamos desarrollado mostraba que Huerta tenía una red de policías corruptos que le protegían en San Pedro Garza García Nuevo León y llevaban a cabo asesinatos y misiones de recopilación de inteligencia en nombre de la ABLO. En San Pedro Garza García vivían todos los empleados del Consulado de EE.UU y era desconcertante saber que alguien tan poderoso existía entre nosotros. A través de una entrevista a algunas personas cercanas a Huerta, me enteré de que cuando llegué por primera vez a Monterrey, Huerta sabía en qué hotel me alojaba, en qué piso estaba y en qué habitación me encontraba; así de buena era su red de inteligencia. Héctor Huerta fue también el principal sospechoso del asesinato de Marcelo Garza y Garza, Jefe de Inteligencia del Estado de Nuevo León, que fue asesinado frente a su iglesia mientras hablaba por teléfono móvil el 5 de septiembre de 2006. Marcelo era un buen amigo de la DEA y su pérdida conmovió a mis colegas, que habían trabajado estrechamente con él. Nunca llegué a conocer a Marcelo, pero su legado perduró en los corazones de quienes tuvieron la suerte de conocerle. Fue uno de los primeros asesinatos de alto perfil de una figura pública en Monterrey en muchos años. Al igual que El Concord, Huerta también figuraba en la lista de los más buscados de México, y las autoridades ofrecían una recompensa de 15 millones de pesos (2 millones de dólares estadounidenses) por su captura. Estábamos tan ansiosos por capturar a Huerta como lo estábamos por capturar a "El Canicón". La información que reunieron nuestros amigos indicaba que Huerta operaba libremente en el centro de San Pedro utilizando un lote de autos exóticos como base de operaciones.

El 24 de marzo de 2009 se desarrolló la tercera fase de nuestra operación.

La inteligencia militar envió a dos de sus oficiales en calidad de infiltrados al lote para preguntar por los precios de ciertos vehículos, con la esperanza de vislumbrar a Huerta o desarrollar algún otro dato de inteligencia. Mientras tanto, un equipo de más de ochenta soldados aguardaba en varios vehículos en distintas partes de San Pedro, esperando la señal para ejecutar la operación. Tras permanecer en el local durante aproximadamente una hora, una camioneta suburban gris blindada se detuvo en el aparcamiento y Huerta y sus guardaespaldas salieron del vehículo y entraron en la oficina del negocio.

El equipo de soldados recibió la señal y convergió en el solar, deteniendo a Huerta sin incidentes. La detención desencadenó otras operaciones en la ciudad de San Pedro, y recibí una llamada frenética de mi esposa informándome de que los soldados habían rodeado una casa situada justo detrás de la nuestra. Resultó que la casa pertenecía a una de las amantes de Huerta, de donde los soldados se incautaron de numerosas granadas y un lanzagranadas, 3 AK-47, un AR-15 y una pistola bañada en oro. Me quedé estupefacto al descubrir que Huerta tenía un piso franco a poca distancia del mío; estoy seguro de que no fue una coincidencia.

Al igual que a los demás detenidos, llevaron a Huerta y a cuatro de sus compinches a la base militar de Monterrey, los cargaron en un Boeing 727 y los llevaron en avión a Ciudad de México.

24 de marzo de 2008; Fase 3 completada.

Habían pasado diez días increíbles, desde el día de la detención de "El Concord" hasta las detenciones de Huerta y Canicon. Los esfuerzos combinados del GOPES, la SEDENA y la DEA lograron detener a tres líderes de cárteles altamente peligrosos, todo ello sin disparar un solo tiro. Por si eso no fuera un logro en sí mismo, en otra parte del país, nuestros colegas de Ciudad de México detuvieron a Vicente Zambada, hijo de Ismael "El Mayo" Zambada, el patriarca del cártel de Sinaloa que había asumido en gran medida la parte operativa del negocio en lugar de su padre.

Esos diez días cambiaron las reglas del juego en la guerra contra los Cárteles en México. Las detenciones realizadas por nuestros homólogos en el Noreste de México asestaron un golpe importante a la estructura de liderazgo tanto de los Zetas como de la ABLO. Gracias a nuestros esfuerzos, habíamos hecho justicia a los asesinos de nuestros amigos y homólogos. Aunque nada de lo que hiciéramos podría traerlos de vuelta, sentíamos satisfacción al saber que los responsables iban a pagar el precio.

Tras las detenciones de Canicon y Huerta, sentí como si alguien me hubiera quitado un enorme peso de encima. Ya no necesitaríamos que el departamento de Policía de San Pedro vigilara nuestra casa las 24 horas del día; francamente, no estaba seguro de quererlo, después de conocer el alcance de la red de inteligencia de Huerta. Fue una tremenda sensación de logro para nuestro equipo, aunque aún teníamos una misión que cumplir, capturar a Z-40, Miguel Treviño y Heriberto Lazcano, "El Lazca".

Ahora disfrutaríamos de esta victoria, pero aún nos quedaba una gran lucha por delante.

Canicon se enfrentaba a una acusación en Washington DC por su implicación en el ataque al consulado estadounidense. Se hicieron gestiones para extraditarlo a Estados Unidos, donde sería juzgado por los atroces atentados. Pero la burocracia es nuestro mayor enemigo y pasó el tiempo y no se produjo la extradición. Lo encarcelaron en la prisión de El Altiplano, una cárcel de máxima seguridad de Ciudad de México, donde acabó Joaquín "El Chapo" Guzmán tras permanecer huido casi quince años. El Canicón acabó siendo el vecino de celda del Chapo hasta que "El Chapo" protagonizó otra extravagante fuga y volvió a huir. Misteriosamente, poco después de que el Chapo escapara de "El Altiplano" a través de un túnel subterráneo de elaborada construcción, El Canicón falleció en prisión, a los 35 años, de lo que los funcionarios de prisiones consideraron un fallo cardíaco.

Espero que las almas de las personas a las que torturó y asesinó despiadadamente durante su reinado de terror le persigan y atormenten en la otra vida, y opino sinceramente que este mundo es un lugar mejor sin "El Canicón".

Capítulo 9: Otra trifecta

El mes de marzo fue extremadamente exitoso, pero abril ya estaba encima y queríamos seguir golpeando. Los GOPES parecían imparables. Su estilo de operaciones bien planificado y agresivo dejaba a los Cárteles sin solución. Además, los GOPES estaban formados por individuos altamente entrenados, y aunque los Zeta originales eran antiguos soldados de las Fuerzas Especiales con un amplio entrenamiento, no todos los miembros Zeta tenían esa formación o poseían habilidades especiales. Los miembros no militares que se unían al grupo debían asistir a un régimen de entrenamiento física y mentalmente exigente antes de ser enviados a la calle para operar. La mayoría de las veces, durante las operaciones que desembocaban en tiroteos, los GOPES se enfrentaban a adversarios con un entrenamiento mínimo, lo que inclinaba las probabilidades a favor de los GOPES.

Creíamos que podríamos paralizar aún más a los Zetas si atacábamos algunos de sus campos de entrenamiento y aprehendíamos a los entrenadores, junto con cualquier otra persona que estuviera cerca. En ese sentido, habíamos recibido información sobre un posible campo de entrenamiento en Fresnillo, Zacatecas, dirigido por el miembro de los Zetas llamado Israel Nava-Cortez, alias "El Ostión" (realmente no sé cómo se les ocurren a estos tipos algunos de estos apodos; algunos son francamente cómicos). El Ostión, como la mayoría de los Jefes de Zeta Plaza, tenía fama de violento. El Ostión afirmó haber sido un antiguo miembro de Los Kaibiles, el apodo de las Fuerzas Especiales guatemaltecas, y cuando se unió inicialmente a los Zetas, le seleccionaron como jefe de los guardaespaldas de Miguel Treviño. Con el tiempo, ascendió de rango y los Zetas le concedieron las plazas de Guerrero y Oaxaca. La plaza de Guerrero incluía la lucrativa ciudad turística de Acapulco.

Los desprevenidos ciudadanos de Acapulco no tenían ni idea del terror que se había infiltrado en su, por lo demás, serena ciudad costera. En febrero de 2007, las autoridades lo identificaron como la persona que dirigió un asalto a la comisaría de policía de Acapulco, Guerrero. El asalto, perpetrado con lanzagranadas y otras armas de gran potencia, se saldó con la muerte de siete personas, entre ellas cuatro policías y tres secretarias. Como Jefe de Plaza en esa región, también era responsable del cobro de extorsiones a clubes nocturnos, restaurantes, casinos y otros prósperos negocios de esta ciudad turística. El Ostión utilizaba el mismo método de operación que Canicon había utilizado en Monterrey. Como resultado, la otrora próspera ciudad turística de Acapulco, patio de recreo de las estrellas de Hollywood y famosa por sus hermosas playas y sus temerarios clavadistas, cayó bajo el asedio de los Zetas y su campaña basada en el terror. Para agravar el problema, los Zetas no eran el único cártel que operaba en Acapulco, ya que el Chapo Guzmán y su cártel de Sinaloa tenían una poderosa presencia en la zona, al igual que el aliado de los Zetas, Arturo Beltrán Leyva.

Arturo Beltrán Leyva reconoció la importancia del puerto de Acapulco para recibir cargamentos de varias toneladas de cocaína procedentes de Colombia, y había trasladado su base de operaciones de Monterrey a Acapulco. Dio la bienvenida a los Zetas para que le ayudaran a eliminar de la zona a su principal rival, el Chapo Guzmán. Como resultado, la antaño bulliciosa ciudad turística se convirtió en un campo de batalla entre los Zetas y el cártel de Sinaloa, sumiendo a la ciudad en una espiral de miedo y desesperación. El relajante sonido de las olas del océano Pacífico golpeando la costa dio paso a disparos y explosiones de granadas a todas horas del día y de la noche.

Los disparos no fueron lo peor. Decapitaron a dos agentes de policía y colocaron sus cabezas frente a un edificio municipal como mensaje a la policía. En otra ocasión, se encontró una cabeza flotando en las aguas de un popular balneario, y se depositaron cuerpos desmembrados al azar en distintas zonas de la ciudad. Los tiroteos en las calles entre las dos facciones se hicieron cada vez más frecuentes y todo fue supervisado por El Ostión. Al igual que en Monterrey, el miedo, la desesperación y la inseguridad se apoderaron de los ciudadanos de Acapulco; temían salir de sus casas y arriesgarse a ser secuestrados o quedar atrapados en el fuego cruzado entre los dos cárteles.

El turismo disminuyó significativamente y los negocios cerraron debido al peligroso clima generado por los Zetas. Los líderes Zeta consideraban que El Ostión había cumplido su misión en Guerrero, y tenían planes mayores para él. Le eligieron para dirigir las Plazas de Zacatecas y Aguascalientes, México.

Nuestra información mostraba que El Ostión estaba estableciendo un campo de entrenamiento para reclutas zeta en Fresnillo, Zacatecas, una pequeña ciudad minera y agrícola de más de 100.000 habitantes. Zacatecas es un estado estratégicamente importante porque limita con otros seis estados: Coahuila al norte; San Luis Potosí al este; Jalisco y Aguascalientes al sur, y Nayarit y Durango al oeste. Establecer un campo de entrenamiento en Zacatecas tenía mucho sen-

tido porque, una vez que los nuevos reclutas completaran su entrenamiento, podían enviarlos fácilmente y de inmediato a cualquiera
de los seis estados circundantes. Concretamente, podrían enviarlos
a Durango, donde los Zetas estaban librando una guerra sin cuartel
contra el Chapo Guzmán y el cártel de Sinaloa.

Tradicionalmente, el Chapo Guzmán y el cártel de Sinaloa supervisaban Durango, pero los Zetas eran codiciosos, ambiciosos y,
sobre todo, intrépidos. Querían el control de Durango y su exuberante región, donde las plantaciones de marihuana y los campos de
adormidera florecían en abundancia. Así pues, el campo de entrenamiento era crucial para sus planes y para su éxito en la conquista
de Durango. Nuestra información indicaba que El Ostión vivía en
una casa en una zona bien poblada de Fresnillo y que tenía vigías
por toda la ciudad cuyo trabajo consistía en informar a El Ostión de
cualquier presencia militar en la ciudad. No le preocupaba la policía
local porque todos estaban en su nómina, e incluso actuaban como
vigías adicionales para él.

Como era habitual en la preparación de operaciones de alto nivel
como la que planeábamos para El Ostión, nuestro mayor reto era la
inserción encubierta del equipo GOPES. Las operaciones anteriores
habían tenido éxito porque la proximidad del objetivo a la frontera nos permitía utilizar las ciudades fronterizas estadounidenses
de McAllen y Brownsville, Texas como zonas de reagrupamiento
antes de la inserción en México del equipo para ejecutar la operación.
Aquí, el equipo de vigilancia de los Zetas proporcionó una protección extremadamente fuerte a Fresnillo, Zacatecas, que es una ciudad
extremadamente pequeña y céntrica. Durante mi estancia en México,
llegué a respetar el ingenio creativo de la mentalidad mexicana para
resolver problemas, y este caso pone de manifiesto ese ingenio.

Al líder del GOPES se le ocurrió la idea de fletar un autobús para viajar de Monterrey a Fresnillo, Zacatecas, con el pretexto de asistir a una convención privada en la ciudad. El plan consistía en salir de Monterrey y llegar a Fresnillo antes del amanecer, suponiendo que lo más probable es que todos los vigías Zeta estuvieran durmiendo. De no ser así, nunca sospecharían que un autobús de línea iba repleto de un equipo altamente entrenado dispuesto a eliminar a su líder.

El 8 de abril de 2009, el plan se puso en marcha y los GOPES vestidos de paisano salieron de Monterrey en el autobús fletado con un conductor civil totalmente desprevenido. Mientras tanto, otro equipo de GOPES y personal del Ejército Mexicano se apostó en Zacatecas, capital del estado, a unos 45 minutos en auto de Fresnillo, Zacatecas, para reforzar al equipo de asalto. También desplegaron dos helicópteros para proporcionar asistencia aérea y tenían un Boeing 727 listo para transportar prisioneros a Ciudad de México en caso necesario. Aproximadamente a las 3:00 a.m., el líder del GOPES ordenó al conductor del autobús que se detuviera y el equipo se vistió inmediatamente con su equipo oficial de asalto, cascos tácticos, chalecos antibalas, cinturones tácticos con granadas de fragmentación, cargadores adicionales, cuchillos tácticos y linternas, listos para luchar contra el enemigo. Los miembros del equipo aseguraron constantemente al aterrorizado conductor de autobús que todo iría bien y que le acompañarían y protegerían. Después de vestirse y prepararse, el equipo se dirigió a Fresnillo, preparado para enfrentarse a cualquier desafío el altamente entrenado Kaibil pudiera ofrecer.

El equipo esperaba lo peor y estaba preparado para ello. Aproximadamente a las 4:30 de la madrugada, nuestro equipo GOPES entró en Fresnillo bajo la luz de la luna llena, sin ser detectados, sin que su presencia fuera anunciada salvo por los ladridos de los perros callejeros del vecindario, pero nada más. Mientras se acercaban metódicamente a la residencia de Ostión, un vigía madrugador los descubrió, abrió fuego contra ellos y alertó a Ostión y al resto de sus secuaces.

Después se desató el infierno, mientras la gente de Ostión luchaba furiosamente intentando escapar. Varios miembros del equipo recurrió a saltar a los tejados de las casas de los vecinos de Ostión para conseguir una ventaja táctica sobre él, mientras estallaban los disparos y el caos en la pequeña ciudad dormida. Fue una intensa guerra urbana, ya que tanto los GOPES como los Zetas se lanzaron granadas mutuamente. El tiroteo duró más de una hora, con más de mil disparos antes de que saliera el sol por la mañana temprano, en la aterrorizada y adormecida ciudad de Fresnillo.

Al final, Ostión y dos de sus guardaespaldas encontraron la muerte, y las fuerzas del orden detuvieron a otras dos personas dentro de la casa. Ostión había sufrido una herida mortal de bala que le penetró en el cráneo a través del ojo derecho. Nueve miembros del GOPES resultaron heridos por una granada de fragmentación lanzada contra el equipo por Ostión y sus compañeros ya muertos. Afortunadamente, las heridas sufridas por los GOPES no ponían en peligro su vida, pero era la primera vez que sufrían heridas en cualquiera de nuestras operaciones planificadas. Ostión fue eliminado en esta operación, pero el inconveniente fue que nunca encontramos el campo de entrenamiento. Aun así, estábamos contentos de que nuestro equipo hubiera eliminado a un valioso miembro de la estructura Zeta; uno que sería difícil de reemplazar: uno que nunca más entrenaría a otro recluta Zeta ni volvería a aterrorizar a nadie. Quizás, el resultado más satisfactorio de la operación fue que dio lugar a más especulaciones por parte de los dirigentes Zeta sobre la procedencia de la información que alimentaba nuestras operaciones. Se cuestionaban, desconfiaban y dudaban de sí mismos. Nuestras acciones estaban provocando el caos y el malestar entre sus miembros. Estaban furiosos y querían respuestas. Habíamos conseguido desbaratar sus planes en Zacatecas, y su inquietud y sus especulaciones sobre nuestro próximo movimiento nos producían una gran satisfacción.

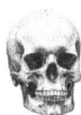

En diciembre de 2008, se produjo un incidente en el vecino estado de Coahuila que conmocionó a toda la comunidad estadounidense en México y enfureció a nuestro Equipo de Aplicación de la Ley estadounidense. El 10 de diciembre de 2008, un ciudadano estadounidense, Félix Battista, empleado como consultor de seguridad especializado en casos de secuestro y negociaciones, fue él mismo secuestrado en la capital del estado, Saltillo.

Los Zetas habían invadido el estado de Coahuila, como muchos estados y ciudades de todo México. La diferencia en Coahuila era que la vorágine de corrupción que existía a todos los niveles dentro del gobierno estatal de Coahuila daba poder a los Zetas. Desde mi punto de vista, el gobierno del estado de Coahuila estaba bajo el control de los Zetas, y el gobernador Humberto Moreira y otros cargos electos eran meras marionetas. Cuando secuestraron a Battista, el gobierno del estado de Coahuila no tenía información sobre la identidad del secuestrador ni sobre los motivos del secuestro. Parecían apáticos, sin mostrar preocupación alguna. El Fiscal General de Coahuila ni siquiera lo clasificó como secuestro, sino que lo consideró un caso de persona desaparecida.

El Sr. Battista fue invitado a Coahuila para dar una presentación a ejecutivos de empresas, compartiendo su experiencia en técnicas de evasión de secuestros y proporcionando orientación sobre cómo manejar el hecho de ser víctima de un secuestro. También hizo otra presentación ante miembros de la policía estatal de Coahuila. La noche del 10 de diciembre, Battista se encontraba en un restaurante local cenando con unos amigos cuando recibió una llamada telefónica. Battista estaba negociando con unos secuestradores que habían secuestrado a su amigo Pilar Valdez esa misma mañana, ya había recibido numerosas llamadas en relación con el secuestro durante la cena. En un momento dado, se levantó, dejó su otro teléfono, su ordenador portátil y su tarjeta de crédito sobre la mesa y dijo a sus amigos que llamaran a un número determinado si no volvía. Se le vio por última vez entrando en un vehículo ocupado por cuatro varones y no se volvió a saber de él.

Pilar Valdez fue puesto en libertad una hora después.

Pasaron los días y esos días se convirtieron en semanas y el Procurador General de Justicia del estado de Coahuila, Jesús Torres Charles, no tenía respuestas, a pesar de las súplicas del Cónsul General de Estados Unidos para que actuara. Ostensiblemente, la razón de la falta de interés del Procurador era que, según la legislación mexicana, si nadie exige un rescate, las autoridades no pueden clasificar el caso como secuestro. El equipo estadounidense preguntó sobre la posibilidad de que el gobierno federal mexicano se hiciera cargo del caso, y las autoridades les informaron de que la familia de Battista tenía que presentar una denuncia. Pero la esposa de Battista presentó una denuncia en el Consulado de México en Miami, y le aseguraron que remitirían la denuncia al personal adecuado.

El 9 de enero de 2009, durante la reunión entre el cónsul general y funcionarios del estado de Coahuila, se reveló que el informe no había sido remitido a las autoridades federales competentes. Este retraso se atribuyó a que la mayoría del personal estaba de vacaciones navideñas. Parece que realmente no les preocupaba el bienestar de Battista. Estábamos recibiendo la misma frialdad que recibieron nuestros agentes en Guadalajara, Jalisco, cuando secuestraron, torturaron y asesinaron al agente Enrique Camarena. A pesar de nuestra frustración, tuvimos que mantener la compostura durante la reunión para garantizar la cooperación de las autoridades de Coahuila. El Gobernador Moreira se comprometió de forma ostentosa a garantizar que el caso recibiera prioridad e instruyó al fiscal general Torres Charles para que cooperara plenamente con el FBI. Más tarde, el fiscal general Torres Charles proporcionó a nuestro Agregado del FBI el ordenador portátil, las memorias USB y las notas de Battista. Sin que el fiscal general lo supiera, nuestro agregado del FBI, por iniciativa propia, ya había entrevistado a muchos testigos que estaban con Battista en la cena, testigos que las autoridades de Coahuila no habrían facilitado de otro modo.

En la DEA, nuestra prioridad era instar a nuestros informadores a que descubrieran todos y cada uno de los detalles, independientemente de lo improbables que pudieran parecer. Además, nuestras oficinas fronterizas instruyeron diligentemente a sus informadores para que recopilaran todos los detalles relativos al caso Battista. Por desgracia, como ha ocurrido con miles de casos similares en México, el caso se enfrió. La falta de pistas y el desinterés de la Policía Estatal de Coahuila nos dejaron estupefactos. Pero continuamos nuestra investigación de todos modos, y poco a poco empezamos a recoger piezas de información de nuestras fuentes. El principal dato que obtuvimos fue la identidad del Jefe de Plaza de Saltillo, Germán Torres Jiménez, alias "Z-25", alias "El Tatanka".

El Tatanka, un Zeta original, era un antiguo miembro de las Fuerzas Especiales que había desertado de su unidad. Fue reclutado por Heriberto Lazcano por sus excepcionales habilidades en tácticas, logística y secuestro. Originalmente, le asignaron a la plaza de Veracruz, un bullicioso campo de entrenamiento donde instruía a los nuevos reclutas en tácticas y manejo de armas de fuego. Se cree que los Zetas tenían más de cuatro campos de entrenamiento en el estado de Veracruz. Tras prestar un buen servicio en Veracruz, fue reasignado a la ciudad fronteriza mexicana de Comales, Tamaulipas, situada al sur del condado de Starr, Texas, puerta de entrada del flujo de narcóticos a Estados Unidos y hogar de narcotraficantes de alto nivel asociados con el cártel del Golfo y los Zetas. Mientras estuvo en Comales, El Tatanka supervisó la organización y el movimiento de envíos masivos de cocaína a Estados Unidos, concretamente a través de ciudades como Rio Grande City, Roma y Garciasville, Texas. Tras prestar un buen servicio en este puesto fue ascendido al nivel de Jefe de Plaza de la ciudad de Saltillo, Coahuila.

Saltillo, Coahuila, fundada en 1577, está aproximadamente a 160 millas al sur de la frontera con Texas y es una ciudad industrial clave, con muchas empresas manufactureras estadounidenses establecidas en la ciudad y en las zonas circundantes. La ciudad se ganó el apodo del Detroit de México por la importancia de su industria automovilística, con plantas de montaje de empresas como Chrysler, General Motors, Mercedes Benz y Delphi ubicadas allí. La población de Saltillo es de aproximadamente 825.000 habitantes, lo que la convierte en una de las ciudades más grandes de México. En su día, Saltillo fue el Capitolio de Saltillo y Tejas, que abarcaba la región de lo que hoy es Texas, hasta la Guerra de Independencia de Texas y la fundación de la república independiente de Texas. Uno puede pasarse días recorriendo los museos de Saltillo, explorando y admirando los edificios de su centro histórico colonial, o disfrutando del clima fresco y contemplando la impresionante vista de la ciudad encaramada sobre el mirador. Abundan los restaurantes que sirven el plato local favorito, cabrito, o gruesos y jugosos filetes de ganado criado en la zona, servidos con guacamole y tortillas de maíz o harina hechas a mano, acompañados del vino producido en los viñedos locales, o los vinos de manzana producidos en los manzanares locales; por toda la ciudad hay vendedores que ofrecen sus mercancías, como plata, artículos de cuero, mantas de lana, melocotones, manzanas, uvas y los famosos sarapes de producción local, mientras los sonidos de los mariachis y la música norteña se dejan oír en la fresca brisa procedente de la Sierra Madre.

Por su diversidad única y su rica historia cultural, Saltillo es una de las ciudades más interesantes de todo México. Fue una pena que los Zetas convirtieran esta hermosa ciudad en una zona de guerra y aterrorizaran a sus ciudadanos. Parte de lo que nos motivó a perseguir implacablemente a los Zetas y a sus líderes fue restaurar la paz en ciudades como Saltillo, Monterrey, Acapulco y muchas otras ciudades de todo México. Esto permitiría a los ciudadanos locales y a los turistas de todo el mundo venir y ser testigos de primera mano de la belleza que ofrecía México. Por ejemplo, siempre soñé con llevar a mis hijos al Museo del Desierto de Saltillo, un museo que expone esqueletos de dinosaurios y fósiles antiguos. Por desgracia, nunca tuve la oportunidad debido al ambiente inseguro creado por los Zetas.

Tatanka era ahora el Jefe de Plaza y nuestras fuentes nos dijeron que era el responsable directo del secuestro de Battista, y que Lazcano y Miguel Treviño no estaban contentos con él por llevar a cabo el secuestro sin su autorización. Se encontraba en la poca envidiable posición de estar tanto en el radar de los Zetas como en el nuestro. Treviño estaba furioso porque, una vez más, la atencion del Gobierno de Estados Unidos estaba sobre él debido a las acciones de Tatanka. Su plan era cazarle y matarle personalmente. Esto nos preocupaba porque sabíamos que Treviño podía encontrarle fácilmente con su vasta red de Zetas que operaba en todo el país y queríamos encontrarle y mantenerle con vida para poder entrevistarle sobre el destino de Battista.

La carrera para localizar a Tatanka estaba en marcha entre Treviño y nuestro equipo. Trevino tenía ventaja porque hizo correr la voz entre los Zetas de que cualquiera de la organización que ayudara a ocultar a Tatanka se enfrentaría también a la tortura y la muerte. Nuestro equipo solo necesitaba un golpe de suerte, que recibimos cuando nuestra fuente nos proporcionó un número de teléfono que utilizaba Tatanka. Nos pusimos a trabajar inmediatamente y empezamos a rastrear el teléfono. Gracias a la inteligencia de señales (SIGINT) proporcionada por la actividad telefónica, determinamos que Tatanka se encontraba en Poza Rica Veracruz, en una casa de un fraccionamiento llamado Colonia Los Laureles.

Proporcionamos la información al equipo GOPES, que movilizó un equipo de Ciudad de México a Veracruz. El 24 de abril de 2009, aproximadamente a las 3 de la madrugada, el equipo se acercó cautelosamente a la residencia, plenamente consciente de las habilidades tácticas de Tatanka, pero sin saber cuántas personas había dentro de la residencia, ni qué armas tenían a su disposición. Cuando los GOPES se acercaron a la residencia, fueron recibidos con disparos. En respuesta, entraron en la residencia y se abalanzaron sobre un Tatanka herido y cuatro cómplices. Tatanka sufrió heridas no mortales en las nalgas. Tras proporcionarle atención médica y estabilizarlo, sacaron inmediatamente a los cinco de la residencia, los subieron a dos helicópteros y los llevaron a Ciudad de México.

La operación se llevó a cabo sin el conocimiento de las autoridades locales de Veracruz debido a la influencia que Tatanka ejercía sobre ellas desde su anterior destino en Veracruz. Después de que los medios de comunicación presentaran a Tatanka en Ciudad de México, lo llevaron a un hospital local donde fue operado de sus heridas. Ahora estaba bajo custodia federal y nos moríamos de ganas de ir a entrevistarle. Uno de los miembros de nuestro equipo de la DEA y el Agregado Jurídico del FBI volaron a Ciudad de México para entrevistarle, pero los resultados no fueron los que esperábamos. La anestesia que le administraron durante la operación le dejó desorientado y se quejaba de dolor en el abdomen. Mostró una cicatriz quirúrgica reciente en el estómago a los miembros de nuestro equipo y exigió una explicación de por qué le habían abierto el abdomen cuando le habían disparado en las nalgas. Era una pregunta legítima, para la que no teníamos respuesta. A veces la justicia se reparte de forma misteriosa.

Tatanka negó tener nada que ver con el secuestro de Battista. Los miembros de nuestro equipo lo describieron como brusco, inculto y poco sofisticado, hasta el punto de que resultaba difícil creer que aquel tipo hubiera sido una vez soldado de las Fuerzas Especiales y líder dentro de la organización Zeta. Estábamos contentos de haber llegado a él antes que Treviño, pero era un trago amargo no haber avanzado nada en la investigación sobre Battista, ya que queríamos aportar algún sentido de cierre a la familia del Sr. Battista.

En entrevistas con fuentes, supimos que Treviño y los Zetas creían que todo el personal de la DEA, FBI, ICE y el personal del Consulado tenían chips con localizadores GPS implantados secretamente en sus cuerpos en caso de secuestro. Así pues, la teoría que nos trajeron fue que Battista fue asesinado, y su cuerpo desintegrado después en un barril de ácido para destruir el chip y frustrar los esfuerzos de rescate. Lamentablemente, nunca se ha encontrado rastro alguno del cuerpo del Sr. Battista, lo que deja su destino sin resolver. Lamentablemente, casos como éste son demasiado frecuentes en México. Mis oraciones están con la familia del Sr. Battista, y espero que encuentren paz y consuelo y sepan que hicimos todo lo posible por resolver su desaparición.

Por si la logística de ambas operaciones no fuera ya estresante, Monterrey se enfrentaba también a un brote generalizado de gripe porcina. La gente estaba muriendo a causa de este virus, y causaba pánico en todo México y en el resto del mundo. El Consulado estaba preparado para evacuar al personal en caso de que la epidemia empeorara. La situación se agravó por la escasez del medicamento antiviral Tamiflu, lo que la hizo aún más grave. Las escuelas cerraban, los negocios echaban el cierre, se cancelaban vuelos, la gente se quedaba en casa, lo que afectaba a los restaurantes y a otros lugares de ocio. Los que se aventuraban a salir llevaban mascarillas quirúrgicas estériles que añadían un elemento surrealista a la vida cotidiana. La gente llevaba máscaras en todas partes: en el supermercado, en los bancos, en la iglesia, ¡incluso mientras conducía o dentro de los bares! Esto, unido al terror que generaban los Zetas, produjo una sensación de fatalidad. Parecía que el mundo se acababa.

Sin embargo, eso no impidió que mis homólogos de Matamoros completaran el mes asestando otro duro golpe al cártel del Golfo. Como mencioné en un capítulo anterior, el hermano de El Karis, Gregorio Sauceda Gamboa, alias "El Goyo", había sido en su día el segundo al mando del jefe del cártel del Golfo, Osiel Cárdenas Guillén, y gozaba de un inmenso poder dentro de la organización, llegando a supervisar las Plazas de Nuevo Laredo, Reynosa y Matamoros. Sin embargo, su salud empeoró a causa de su adicción a la cocaína y su alcoholismo. Debido a su adicción, perdió su capacidad para dirigir y tomar decisiones firmes y, finalmente, fue despojado de todo poder y desterrado a su ciudad natal de Matamoros.

El Goyo había sido policía judicial del estado y en sus mejores tiempos supervisó el contrabando de entre 10 y 30 toneladas de cocaína al mes para el cártel del Golfo y ordenó la muerte de muchos rivales y presuntos rivales. Cuando Osiel Cárdenas fue capturado, asumió temporalmente el papel de jefe del cártel. Había una recompensa de 30 millones de pesos por su captura y era uno de los hombres más buscados de todo México. A pesar de esta notoriedad, vivía pacífica y tranquilamente en Matamoros, Tamaulipas, sin ser molestado por ninguna autoridad policial. Todo cambió cuando mi homólogo de la DEA en Matamoros descubrió información procesable sobre él. El Goyo pensó que ya había salido con la suya y se había retirado sin tener que responder por sus delitos, pero como ocurre con todos los traficantes, por muy poderosos que sean, había llegado su hora y el 30 de abril de 2009, los GOPES, todos ellos con cubrebocas estériles, llevaron a cabo una operación y capturaron a El Goyo en su residencia de Matamoros, junto con su esposa y su guardaespaldas.

También se incautaron de un arsenal de armas que no le sirvieron de nada a Goyo, ya que ni siquiera disparó una bala de las 4500 incautadas.

El Goyo se sorprendió de que ocurriera, pero debería haberlo previsto tras la muerte de su hermano Karis, sobre todo teniendo en cuenta su estatura como uno de los hombres más buscados de México. El Goyo, su esposa y su guardaespaldas fueron trasladados a Ciudad de México con cubrebocas estériles para protegerse de la gripe porcina. Por segundo mes consecutivo, en un despliegue sin precedentes de trabajo en equipo del GOPES, la DEA, el FBI y el ICE, se había capturado y retirado del negocio a tres importantes líderes de cárteles. Aunque el caos reinó en México durante este periodo, nos sobrepusimos y completamos otra trifecta.

Capítulo 10: Vórtice de corrupción

La arraigada corrupción de México ha persistido durante siglos: generaciones de traiciones, sobornos, promesas incumplidas y mentiras han dejado un rastro de sueños rotos, familias fracturadas, fortunas perdidas y vidas arruinadas. Todos los aspectos de la vida cotidiana en México se entrelazan con la corrupción, y la gente la perpetúa a diario, desde el tipo que engrasa las palmas de la mano del maître de un buen restaurante para conseguir una mesa sin reserva, hasta el miembro del cártel que soborna a funcionarios del gobierno para obtener favores especiales. La gente espera que le engrasen las palmas de las manos y todo el mundo lo sabe, desde el rico empresario con traje de Armani hasta el mendigo de la calle. Así, los que tienen los medios para hacerlo siguen disfrutando de los beneficios adicionales derivados de su generosidad y los que no tienen los medios básicamente se joden y se quedan fuera mirando hacia dentro. En el caso de la corrupción política, es el público el que sufre, obligado a presenciar cómo los políticos disfrutan de los beneficios de su servicio público. Es un círculo vicioso. En México, los policías de la calle luchan por llegar a fin de mes, y a menudo recurren a extorsionar al público solo para llevar comida a sus mesas, una práctica conocida como "mordida". Todo el mundo lo sabe, pero nadie hace nada al respecto. A los gobernadores de los estados no les importa, mientras reciban su mordida. A los alcaldes no les importa, mientras no interfiera con su mordida. Así sigue y sigue, el público en general se ve continuamente jodido a medida que avanza la vida y lo peor es que todo el mundo agacha la cabeza aceptándolo.

En Monterrey, los Zetas explotaron la situación y ofrecieron importantes sumas de dinero a funcionarios del gobierno y policías de todos los municipios. Buscaban información sobre posibles operaciones militares que pudieran afectar a sus negocios, posibles víctimas de secuestros, miembros de cárteles rivales, y también solicitaban protección siempre que era necesario. Los tentáculos de la organización de los Zetas de corrupción eran extensos y de gran alcance, atrapando a cientos de funcionarios e infectando la red social como un crecimiento maligno.

Nuestra recién formada relación con el Ejército estaba dando grandes dividendos en forma de información de inteligencia sobre la estructura de liderazgo local de los Zetas. Nuestra inteligencia indicaba que un Zeta, cuyo nombre en clave era "El Colosio", supervisaba el suburbio de San Nicolás de los Garza, en Monterrey, y tenía a la mayor parte de la policía en el bolsillo. Tenía sentido que los Zetas se aseguraran la policía de San Nicolás. Después de todo, con una población de al menos quinientas mil personas, San Nicolás era la tercera ciudad más grande de Nuevo León. Es sede de la Universidad Autónoma de Nuevo León (UANL) y de varias fábricas importantes, como Cemex, una de las mayores productoras de materiales de construcción del mundo; y Vitro, el mayor fabricante de vidrio de México y líderes en la industria vidriera mundial; y también es sede de los Tigres, un equipo de fútbol profesional asociado a la UANL y uno de los equipos más populares de México. También es sede de la Cuarta Región del Ejército Mexicano.

El Ejército Mexicano está dividido en doce regiones en todo el país, y cada región tiene una zona de responsabilidad. Hay cuarenta y cinco zonas en todo el país. Nuestro equipo, bajo el mando de la Cuarta Región, operaba en la séptima zona. Las razones tácticas para que los Zetas inundaran San Nicolás eran muy claras para nosotros. Como tercera ciudad más grande de Nuevo León, San Nicolás tenía un departamento de policía considerable que estaba muy mal pagado, por lo que era muy susceptible a la corrupción. Con más de varios cientos de policías a su disposición, los Zetas podían vigilar fácilmente el ir y venir del tráfico dentro y fuera de la base militar de la Cuarta Región, lo que incluía nuestros vehículos, ya que éramos visitantes frecuentes de la Cuarta Zona.

Juan Daniel Carranco Salazar, alias "El Colosio" no era un Zeta original ni tenía experiencia militar. Originario de Nuevo Laredo, era soldador de profesión y en una época trabajó para la ciudad de Nuevo Laredo como policía de tráfico. Dejó el departamento de policía en 2002 e intentó encontrar trabajo como soldador. Sin embargo, como le fallaba la vista, los trabajos escaseaban. Las facturas se acumulaban. Su matrimonio se tambaleaba y su madre padecía una enfermedad cardiaca que requería un costoso tratamiento médico que él no podía pagar. Tocó fondo cuando el banco le embargó la casa y su mujer le dejó solo, para cuidar de su madre enferma. Fue entonces cuando un viejo amigo del departamento de policía le reclutó para trabajar para los Zetas. Un trabajo que aceptó de buen grado, pues le pagaban 3.000 pesos al mes, no mucho, pero más de lo que ganaba como soldador.

El Colosio empezó como vigía (halcón) en las calles de Nuevo Laredo, informando de cualquier movimiento del Ejército o la Policía Federal. Ascendió en el escalafón, trabajando en ciudades como Matamoros, Ciudad Guerrero, Reynosa y Río Bravo. Finalmente, llegó a Nuevo León y recibió la asignación como guardaespaldas principal del Jefe de Plaza en Cadereyta, conocido como "El Animal", que más tarde fue asesinado en Durango, Durango, México. Después le asignaron como guardaespaldas principal de "El Rambo", el Jefe de Plaza de San Nicolás. Con el tiempo, reasignaron a El Rambo, y "El Colosio" se convirtió en el nuevo Jefe de Plaza de los Zetas en San Nicolás. Poco sabía que, al aceptar el puesto, también se había ganado una gran diana en la espalda.

Por lo que respecta al Ejército, todos los Zetas desempeñaron un papel en la muerte de sus nueve compañeros asesinados por Canicon, especialmente los Zetas que desempeñaban funciones de liderazgo. En la mentalidad del Ejército, todos los Zetas tenían conocimiento de las órdenes de secuestrar a personal militar y entregarlo a Canicon, por lo que todos y cada uno de los Zetas debían ser considerados responsables. La inteligencia que la DEA y la SEDENA desarrollaron sobre Colosio era altamente procesable. Sabíamos que programaba reuniones semanales con miembros de la policía para repartirse el pago por sus servicios. La novia de Colosio, una miembro del cuerpo de policía de San Nicolás a la que conocíamos como Aida alias "La Güera" o "la rubia ", organizaba las reuniones en zonas apartadas y desoladas de San Nicolás. Habíamos recibido información valiosa de que El Colosio iba a organizar una reunión con algunos de sus hombres de mayor confianza en una Quinta, una casa de campo, para celebrar El Cinco de Mayo y estábamos salivando ante la perspectiva de detenerle durante esta asamblea.

Sin embargo, tuvimos que esperar el momento adecuado para asegurar su captura, y esperar era algo que todos aborrecíamos. La peor parte de cualquier operación es la espera previa a la acción. El miedo a lo desconocido se intensifica durante este tiempo de espera. Uno puede oír realmente cómo pasan los segundos con cada latido del corazón, mientras el tiempo se aleja lentamente hacia el infinito, como humo en el viento. Los segundos parecen horas, las horas parecen semanas. Todo parece ralentizarse mientras la eternidad se afloja hasta casi detenerse por completo. Para empeorar las cosas, el mes de mayo marcó el comienzo del verano y del calor extremo en el clima de Monterrey. Las montañas, que parecen atrapar todo el calor radiante de la región e impiden que cualquier brisa proporcione alivio a las resecas almas abrasadas por el sol que viven en su interior, rodean el lugar.

Hoy no ha sido una excepción. Los rigores del verano se abatieron sobre la región con un calor candente y sofocante, cercano a los cien grados fahrenheit. Para contrarrestar el calor y la ansiedad, el equipo de la SEDENA aprovechó el tiempo de espera para comprobar una y otra vez sus armas, equipo, munición, botiquines, presión de los neumáticos, niveles de aceite y combustible. Cuando terminaron, comprobaron el equipo de sus compañeros para asegurarse de que todos estaban preparados para lo que fuera que trajeran los Zetas. Nadie dijo una palabra y una mirada de calma y determinación controlada adornó los rostros manchados de sudor de cada soldado mientras esperaban la llamada. Esperar es un arte. Uno puede montar en cólera sin sentido esperando el resultado, o puede estar tranquilo y ser paciente y pensar metódicamente en cada escenario. Solo los pescadores y cazadores más pacientes son recompensados con las mejores capturas del mar o animales de caza y nosotros esperábamos ser recompensados también por nuestra paciencia, por muy difícil que fuera la espera para nosotros. Fuimos pacientes. Estábamos preparados.

Nos vimos recompensados por nuestra paciencia, ya que la llamada se produjo justo cuando el crepúsculo se asentaba sobre la ciudad, bañando el cielo con una inquietante mezcla de tonos anaranjados, rosas y violetas, mientras los coyotes salvajes aullaban en la lejana sierra. Según la fuente, se esperaba que Colosio asistiera a la fiesta del Cinco de Mayo, fuertemente vigilada, en la Quinta El Mezquital, posiblemente con la ayuda de unidades de la policía de San Nicolás. La fuente mencionó que habría abundante comida, cocaína, marihuana, licor, cerveza y música. Afirmaron que alrededor de las 23 .00 horas, se llevaría a la Quinta un desfile de prostitutas. Colosio seleccionaría a dos o quizá tres para él y luego partiría hacia un hotel desconocido de Monterrey. La fuente dijo que Colosio se encontraba ahora en la Quinta y estaba de fiesta con los demás mientras esperaba a las prostitutas.

Entregamos la información al equipo, que inmediatamente buscó las coordenadas de la Quinta y planeó la operación mientras aún teníamos algo de tiempo de nuestra parte. Convenientemente, la Quinta estaba en Apodaca, Nuevo León, en la misma ciudad y relativamente cerca de la base del Ejército, lo que facilitó un poco las cosas al equipo.

Decidimos que cuatro camiones, cada uno con ocho hombres, saldrían de la base a intervalos escalonados por si los vigías de los Zetas observaban la base en busca de actividad. No queríamos levantar sospechas enviando los cuatro camiones al mismo tiempo. Una vez fuera de la base, recibieron instrucciones de establecerse en zonas tácticas cerca de la Quinta y esperar al equipo de asalto, que viajaba en un camión separado. Era poco probable que los Zetas tuvieran vigilantes preparados un domingo, el día de una gran fiesta, pero no nos arriesgamos. Esperamos a que salieran los cuatro camiones e informamos de que estaban en posición y listos para partir.

Nuestras venas palpitaban con el conocido subidón de adrenalina cuando el último equipo se presentó, confirmando que estaba preparado. Hice la señal de la cruz y recé por la seguridad del equipo mientras les dábamos luz verde. Con el factor sorpresa de su lado, el equipo de asalto cargó hacia la Quinta. Al acercarse a la Quinta, vieron a varios hombres, claramente armados, que se arremolinaban despreocupadamente, supuestamente vigilando la entrada. Sus ojos se abrieron de par en par con incredulidad y luego se llenaron de horror al ver al equipo de asalto cargando hacia ellos y su grupo.

—¡Guachos! —gritó el vigía principal a los demás e inmediatamente abrió fuego contra el equipo que se acercaba. Los demás se unieron a él y empezaron a abrir fuego contra el equipo mientras se desataba el caos.

—¡Guachos! ¡Corran pendejos saquen al jefe de aquí!

Un aluvión de disparos acribilló la Quinta cuando la gente empezó a correr en todas direcciones, disparando ráfagas contra el equipo para huir o simplemente sobrevivir. A medida que el equipo avanzaba lenta y metódicamente hacia la entrada de la Quinta, les salieron al encuentro disparos desde el flanco trasero. Unas luces azules y rojas que atravesaban el humo de las armas como una gigantesca discoteca al aire libre iluminaron la noche mientras las balas zumbaban junto al equipo de asalto. Las luces procedían de una unidad de policía de Apodaca marcada y ocupada por cuatro agentes que ahora estaban enzarzados en un tiroteo con nuestro equipo. Cuando el equipo devolvió el fuego, el chirriante sonido de goma quemada llenó el aire mientras los cuatro agentes intentaban frenéticamente huir marcha atrás, chocando contra un remolque aparcado. Los cuatro salieron y corrieron hacia la oscuridad vestidos con el uniforme completo. Mientras tanto, el tiroteo continuó hasta que el equipo abrió una brecha en la entrada y las personas que quedaban en la Quinta se rindieron.

Sin embargo, Colosio no estaba en ninguna parte. Había escapado.

La pregunta del millón era, ¿cómo? ¿Cómo demonios se había escapado aquel tipo? No había tiempo para pensar en la pregunta obvia ni para esperar a que se disipara el humo. Había trabajo que hacer, así que el equipo realizó un registro metódico de todos los rincones del edificio principal, mientras otra parte del equipo empezaba a recoger pruebas. El equipo efectuó seis detenciones en el lugar de los hechos, de las cuales cinco eran agentes de la Policía de San Nicolás. El equipo llevó a todos los acusados a la base militar para procesarlos e interrogarlos. Una vez recogidas todas las pruebas, el equipo se incautó de 24 vehículos, uno de ellos totalmente blindado; 25 armas de fuego, entre ellas AK-47, AR-15 y pistolas de 5,7 mm, famosamente conocidas como "mata-policías", 7 granadas, 76 kilos de marihuana, 1 kilo de cocaína, 5 juegos de esposas y 1 de las famosas tablas. Sin embargo, las mejores pruebas incautadas fueron varios teléfonos móviles que se dejaron o se cayeron en el caos del asalto. Los interrogatorios de los acusados ofrecieron una imagen más clara de lo que ocurrió durante el asalto. Según uno de los acusados, cuando se produjo el asalto, se hizo una llamada por radio Nextel a la mano derecha y jefe de seguridad de Colosio, El Tiburón, también policía de San Nicolás. Colosio había sido alcanzado y herido durante el asalto y uno de los Zetas lo había sacado por la parte trasera de la Quinta. Corrieron para salvar sus vidas hasta que Tiburón se encontró con ellos y los rescató. La información sobre la huida y la implicación de Tiburón nos animaron, porque el número de Tiburón apareció en muchos de los teléfonos incautados junto con otros números interesantes, incluido uno de Aida, la novia policía de Colosio.

Inmediatamente empezamos a rastrear el teléfono de Tiburón, con la esperanza de obtener una localización clara, antes de que soltara el teléfono y se escondiera definitivamente. Nos llevaba una buena ventaja y estábamos seguros de que ya había huido de la zona. Al principio, nuestras esperanzas se desvanecieron al no recibir señal de su teléfono, lo que indicaba que estaba apagado o lo más probable era que lo hubiera tirado. No nos quedaba más remedio que elaborar una estrategia para nuestro próximo movimiento. A pesar de estar cansados y frustrados, seguíamos esperando encontrar algo de valor en los teléfonos que habíamos incautado. Nuestra información de inteligencia indicaba que Aida, la novia de Colosio, era el enlace entre los Zetas y todas las fuerzas policiales de San Nicolás, Apodaca y Escobedo, y se encargaba de hacerles pagos en nombre de los Zetas. Acordamos que ella sería el siguiente objetivo lógico, para presionar más a Colosio y ayudar a deshacer el enorme nudo de funcionarios policiales corruptos.

Mientras discutíamos nuestros planes para la captura de Aida, el analista militar encargado de vigilar la señal del teléfono de Tiburón interrumpió nuestra reunión y anunció sin aliento que se estaba recibiendo una señal del teléfono de Tiburón y que mostraba una dirección en San Nicolás. Estábamos extasiados, pero escépticos. Podía haberle dado el teléfono a otra persona o haberlo desechado. En cualquier caso, queríamos estar seguros de que era él antes de tomar ninguna medida coercitiva. El equipo envió a miembros de la unidad de inteligencia a vigilar la casa de donde procedía la señal, para consolidar nuestra creencia de que Tiburón estaba realmente allí.

La vigilancia era difícil de llevar a cabo porque todos los vecinos se conocían y estaban familiarizados con los vehículos que utilizaban los demás. Los vehículos y las caras extraños eran recibidos con recelo, y en éste y en muchos barrios de Monterrey, se corría la voz rápidamente cada vez que se detectaba a un extraño. Para hacer frente a este reto, decidimos que se utilizaría un taxi para entrar en el barrio, con un conductor y un pasajero y una pasajera, todos ellos parte del equipo. Si detectaban algo que indicara que Tiburón estaba en la residencia sospechosa, debían avisar a un equipo de doce soldados en tres vehículos distintos, que estarían a la espera cerca de la residencia. En el mejor de los casos, podrían pasar por la residencia al menos dos veces antes de despertar las sospechas de los residentes o vecinos, y entonces seguramente se desataría el infierno.

Se decidió que la mujer del equipo, de nombre en clave "Lolita", se dejaría caer a pie unas dos casas al sur de la casa objetivo e informaría de sus observaciones al equipo. El taxi debía conducir hacia el norte hasta el final de la calle, hacer un giro en U y recogerla mientras caminaba. Era una opción mucho mejor que pasar dos veces en auto y daba al equipo más tiempo y una mejor oportunidad de tomar la decisión correcta. Si la paraban o la interrogaban, se escudaría en que estaba buscando la casa de su tía y se había perdido. Lo bueno del Ejército es que la mayoría de los reclutas no eran de aquí, sino de otros estados y otras regiones del país, por lo que los acentos y dialectos eran diferentes, así que confiábamos en su tapadera. Aproximadamente a las 11:00 h, el plan se puso en marcha. Dejaron a Lolita, con mochila y todo, en el lugar acordado. Caminó despacio, se detuvo delante de la casa objetivo y se puso al teléfono, fingiendo estar perdida, preguntando cómo llegar, todo ello mientras observaba la casa en busca de pistas de que Tiburón estaba dentro. El equipo se mantuvo tenso, preparado para actuar de inmediato si las cosas se descontrolaban y si amenazaban a Lolita. El escaso tráfico favorecía al equipo en caso de que necesitaran una huida rápida. Al cabo de lo que pareció una hora, Lolita empezó a caminar hacia el norte por la calle, esta vez a paso ligero. El taxi salió a su encuentro cuando caminaba hacia el norte, y ella prácticamente saltó a la sección trasera del pasajero y dijo: "¡Ahí está!". Bajo la autora de la residencia, había observado un vehículo que estaba parcialmente cubierto por una lona: ¡un vehículo marcado de la policía de San Nicolás! También dijo que había visto a un hombre asomarse por la puerta de la casa, pero que no sabía si era Tiburón. Aunque no identificó positivamente a Tiburón, los hechos concordaban: El teléfono de Tiburón emitía señales desde la casa y había un vehículo de la policía de San Nicolás en la entrada. Era hora de enviar al equipo.

Cuando el equipo llegó y se acercó a la puerta principal de la residencia, se encontró con el propio El Tiburón, que tenía una pistola en la mano. Cargó rápidamente una bala en la recámara, pero se rindió sabiamente cuando se dio cuenta de que le superaban en número. El equipo lo detuvo inmediatamente sin disparar un solo tiro, lo cual fue un gran logro, sobre todo si se tiene en cuenta que el equipo le encontró un AR-15 cargado y preparado, junto con un Colt .223 y una pistola Berretta de 9 mm, 5 teléfonos móviles, 3 radios bidireccionales y numerosas bolsas de marihuana listas para su distribución en la calle.

El verdadero trabajo acababa de empezar, pues estábamos ansiosos por ver si Tiburón revelaba la localización de Colosio. En su confesión, Tiburón admitió haber rescatado a Colosio, llevándolo a un punto de encuentro en el centro de Monterrey y entregándolo a otro Zeta, Jefe de Plaza, también apodado Tiburón, que estaba a cargo de la Plaza Santiago, a las afueras de Monterrey. Dijo que no sabía adónde habían llevado después a Colosio. Dijo que estaba a cargo de todos los vigías que vigilaban las actividades del Ejército en la base de la Cuarta Región y en la base de la Séptima Zona. Tiburón se mantuvo desafiante y juró que los Zetas tomarían represalias por las acciones emprendidas contra Colosio y contra él mismo. Un discurso bastante atrevido para un tipo que está bajo la custodia de los soldados a los que acaba de disparar hace unos días y de cuyos movimientos informó a sus compañeros Zeta; o eso, ¡o simplemente es tonto!

Una cosa que el equipo extrajo de Tiburón fue el verdadero nombre de la novia de Colosio, una persona de la que sabíamos, pero de la que no teníamos ninguna pista sobre su verdadera identidad. Aurora Aida Villarreal, alias "La Güera" funcionaria activa de la policía de San Nicolás y enlace entre los Zetas y funcionarios policiales corruptos de varios departamentos de policía. También encontramos los números de teléfono de los Jefes de Plaza Tiburón 2 y Rambo, pero nuestra prioridad era La Güera. La gran pistola del Ejército mexicano y la DEA la apuntaba ahora a ella, ¡y no tenía ni idea!

Rastrear a La Güera no sería difícil, que tenía un horario de trabajo fijo, aunque se deshiciera de su teléfono tras la operación Colosio. Un rápido análisis de su antiguo teléfono reveló algunos números a los que llamaba con frecuencia que también exploramos e identificamos su nuevo número de teléfono al cabo de diez días. Una vez que tuvimos su número empezamos a analizarlo para determinar lo que llamamos un patrón de vida. La mayoría de los humanos somos criaturas de hábitos. El patrón más predecible en la mayoría de nuestras vidas es nuestra rutina de sueño. La mayoría de las veces, podemos determinar dónde vive, frecuenta o permanece una persona, porque normalmente la señal del teléfono permanecerá en una zona determinada durante un periodo prolongado, lo que nos lleva a la conclusión de que el objetivo duerme en un lugar concreto. Una vez que determinamos un buen patrón de vida, planificamos la operación.

En el caso de Aida, decidimos que el mejor momento para detenerla era mientras estaba de servicio. Como he dicho antes, no tenía ni idea de que ahora era un objetivo. Las fuentes nos dijeron que actuaba como si no hubiera pasado nada. Se creía intocable por su placa y protegida por la hermandad de policías corruptos y su lealtad a los Zetas. A veces, una sensación de invencibilidad por parte del objetivo nos resultaba ventajosa, y estábamos dispuestos a aprovecharla.

El lunes 8 de junio de 2009, cuando se disponía a empezar su turno, un equipo de diez soldados en dos vehículos distintos se dirigió a las inmediaciones de la comisaría de San Nicolás y la encontró cuando salía de su Jeep Cherokee blanco. Ella los vio e inmediatamente huyó despavorida, pero no fue rival para el equipo de soldados. Ya no había adonde huir ni donde esconderse. La mirada de terror e incredulidad desmentía sus sentidos, pero aún tuvo el estado de ánimo suficiente para enviar una llamada de socorro a través de su Nextel, tras lo cual una extraña mirada de calma y seguridad se apoderó de sus expresiones de conmoción y miedo. Entonces se desató el infierno. No había forma de predecir la oleada de caos que se desencadenó tras la detención de Aida.

La detención parecía haberse llevado a cabo en silencio y sin incidentes, pero entonces la quietud de una noche por lo demás tranquila se vio interrumpida por el ulular de una sirena solitaria en la distancia. Luego se unió otra sirena, seguida de más, hasta que pareció como si una monstruosa sinfonía de ensordecedoras sirenas policiales se hubiera apoderado de toda la ciudad. El tráfico empezó a retroceder

mientras los disparos automáticos, el chirrido de los neumáticos y
los incesantes bocinazos llenaban el aire a lo lejos. Los Zeta habían
respondido a la llamada de socorro de Aida, y acudieron con todo lo
que tenían -incluidos los policías corruptos que tenían en nómina-
para rescatarla. Acudieron en su ayuda unidades policiales de casi
todas las ciudades de los suburbios de Monterrey, incluidas la Policía
de Guadalupe, la Policía de Escobedo, la Policía de San Nicolás y
la Policía de Apodaca. Más de 100 policías armados y uniformados
acudieron en su ayuda cuando los Zetas empezaron a bloquear sistemáticamente todas las carreteras principales de la ciudad. Provocaron incendios, secuestraron autobuses, remolques de tractores y
vehículos a punta de pistola para paralizar el tráfico, dejando a los
civiles horrorizados, ansiosos e indefensos. En medio de los sonidos
de disparos lejanos, bocinazos implacables, helicópteros de la policía
estatal que sobrevolaban furiosos, el olor a humo de los neumáticos
que ardían en la calle y los gritos de los policías locales que exigían
la liberación de Aida, ésta no aparecía por ninguna parte. Por suerte
para nosotros, el equipo había llevado a Aida a la base militar antes
de que empezara la diversión, haciendo inútil el caótico intento de
rescate. El caos era tan surrealista que parecía una pesadilla, y justo
cuando uno pensaba que la situación no podía deteriorarse aún más,
lo hizo.

La policía federal y estatal llegó al lugar de los hechos para dispersar
al airado nido de más de 100 policías que protestaban, confiando
en que atenderían a razones, recogerían sus cosas y seguirían adelante. En lugar de ello, experimentaron una resistencia feroz, como
si echaran gasolina a un fuego voraz. Fue un intenso enfrentamiento
de enormes proporciones, más de 150 policías federales fuertemente
armados contra 100 policías locales. Los policías locales amenazaron

a los federales y les apuntaron con sus armas largas, con los dedos en el gatillo, listos para disparar, desafiándoles a actuar. En respuesta, los federales desenfundaron sus armas y les apuntaron también, preparados para responder si alguno recibía un disparo.

Es verdaderamente sorprendente que, en una situación tan tensa y peligrosa, ni un solo policía disparara su arma. El intenso enfrentamiento y los bloqueos de Zeta se prolongaron durante más de tres largas horas, culminando con la detención de once policías locales de San Nicolás y Escobedo que participaron en el enfrentamiento. A pesar del caos, ni un solo jefe de policía llegó al lugar para organizar a sus respectivos equipos y restablecer el orden. Además, ningún jefe se tomó la molestia de aclarar por qué sus tropas se habían aventurado tan lejos de sus jurisdicciones asignadas.

La respuesta es demasiado obvia.

Este incidente en particular dio lugar al apodo de "polizetas", término utilizado para describir a los policías corruptos que trabajan para el cártel de los Zeta. Al final del día, el equipo consiguió su objetivo de detener a Aida. Para su sorpresa, también descubrieron un tesoro de información en los once (11) teléfonos encontrados en su camión. Entre los hallazgos había una lista detallada de policías corruptos en nómina de los Zeta, con cantidades específicas pagadas a cada individuo. Había cientos de policías en la lista, incluidos jefes de policía y otros oficiales de alto rango de diferentes departamentos de policía. A raíz de este descubrimiento, el Ejército llevó a cabo una investigación exhaustiva que finalmente dio como resultado la detención de 74 agentes de la ley estatales y municipales de todo el estado, todos los cuales se descubrió que habían estado ayudando a los Zetas. Era alucinante, pero poco sabíamos que había mucho más por descubrir.

Capítulo 11: Sigan el dinero: La caza de "El Rambo"

—¡Sigan el dinero! —nuestra antigua administradora, una ex Fiscal Federal que gobernaba la DEA con puño de hierro, nos metió esta frase en la cabeza. Infundió miedo en los corazones de los endurecidos agentes de la DEA que ocupaban puestos de alta dirección en la sede central de Washington DC y se complacía en menospreciarlos a cada paso. El resultado fue una reacción instintiva: la filosofía de seguir el dinero pronto sustituyó a la de ir de incógnito y confiscar la droga. Esta nueva misión se repetía constantemente a los agentes que hacían el trabajo sucio sobre el terreno. A pesar de todos los defectos de su carácter y de todas las historias de horror que oímos sobre ella en el terreno, yo estaba de acuerdo con la filosofía.

Las organizaciones delictivas prosperan gracias al dinero, y cuando se les corta su fuente de dinero, se debilitan y enfurecen. Y cuando se cabrean, tienden a tomar decisiones irracionales, que acaban provocando su caída. Nuestro administradora acabó jubilándose, pero la filosofía perdura hasta nuestros días. Con esta filosofía en mente empezamos a planificar nuestro siguiente paso. Teníamos un montón de información con la que trabajar, procedente de los teléfonos de Aida y de la lista de narco pagos. Las cantidades pagadas a todos los funcionarios corruptos eran asombrosas, en total más de 5 millones de pesos (450.000 dólares) al mes. Después de que Colosio eludicra nuestro intento de detenerlo, lo trasladaron a Cancún, donde el

Ejército acabó aprehendiéndolo en ese estado. Las capturas de Aida, Colosio y Tiburón, acompañadas de las detenciones de 74 policías, crearon un gran vacío dentro de la dirección zeta en Monterrey. Los policías no estaban recibiendo su estipendio quincenal de los Zetas debido a su ausencia. No les habíamos confiscado nada de su dinero, pero eliminamos a las personas clave que les pagaban, y eso les perjudicó. Algunos policías dejaron de ir a trabajar.

Nos llevó un tiempo reunir la información de inteligencia que habíamos obtenido, pero pronto supimos que habian dos Zetas que ahora se encargaban del papel de Colosio, pero a un nivel mucho más alto, encargados de pagar no solo a los policías locales, sino a policías de todo el estado de Nuevo León. Se llamaban en clave Rambo y Tiburón 2. Unos auténticos cabrones. No solo encargados de los sobornos, sino también de los secuestros y extorsiones en toda la región. Rambo había estado en el destacamento de seguridad personal de Miguel Treviño Z-40, y fue recompensado con la plaza de San Nicolás para sustituir a Colosio. Tiburón 2 supervisaba la región cítrica de Nuevo León, formada por las ciudades de Santiago, Allende, Linares, General Terán, Montemorelos y Hualahuises.

El clima de esta región de Nuevo León es propicio para el cultivo de huertos de cítricos, compuestos por naranjas, toronjas, limones, limas y mandarinas que florecen en el clima ideal de la zona. Solo hay una palabra para describir esta encantadora región del estado: tranquilidad. Las impresionantes vistas del campo, enclavado en la Sierra Madre Occidental, invocan la paz, la unión con la naturaleza y la tranquilidad. Un viaje en auto por la región en primavera, con el telón de fondo de las laderas de las montañas besadas por el sol, te recompensará con el deslumbrante aroma de los cítricos en flor que flota en el aire y atrae a miles de mariposas exóticas y abejas. La industria de los cítricos coexiste con la producción de miel, ya que las abejas se sienten atraídas por las flores de los cítricos por su néctar. Las abejas producen miel, lo que convierte a la región -concretamente Allende- en el mayor productor de miel de México.

La región alberga el Río Ramos y varios arroyos y riachuelos donde los visitantes vienen a acampar, hacer senderismo y disfrutar de las magníficas puestas de sol que se reflejan en las montañas, dando las buenas noches a todos mientras el día se desvanece en remolinos de colores naranja, rosa, morado y azul, dando paso a la luz fluorescente de la luna rodeada de un telón de fondo de billones de estrellas. Es este atractivo de lo que atrajo a muchas familias adineradas de Nuevo León y los estados circundantes a comprar extensiones de tierra y construir grandes casas rancho, denominadas en México, como Quintas, que servían de respiro o alejamiento de la acelerada vida de la ciudad y permitían disfrutar de la naturaleza y de las delicias culinarias autóctonas de Nuevo León.

No hay nada mejor que el olor del cabrito asado, el borrego o la carne asada en una noche de luna y estrellas, con una cerveza fría en la mano y rodeado de amigos y familiares. Por las mañanas, no hay mejor manera de empezar el día que con un satisfactorio desayuno de machacado con huevo. La salsa picante, las alubias refritas, el queso blanco fresco y las tortillas de harina hechas a mano completan esta apetitosa comida, que se disfruta mejor con una humeante taza de café de olla. Después de desayunar, la mayoría de las familias van a la Presa de la Boca en Santiago, designada Pueblo Mágico, para hacer motonáutica, piragüismo o simplemente acampar a orillas del lago. Otra opción sería visitar la famosa Cola de Caballo, un popular lugar turístico de México. Aquí, los visitantes pueden disfrutar de paseos por la naturaleza, montar a caballo o incluso probar el puenting.

Después de participar en cualquiera de estas actividades, el día no estaría completo sin una visita a Oscar's Drinks en Santiago, donde los camareros preparan las mejores Micheladas del mundo y una amplia variedad de otras bebidas. Además de las bebidas, lo mejor de Oscar's es ver a los camareros, que deben de ser magos, preparar la bebida de uno. Es comparable a ver a un chef japonés altamente cualificado actuando y preparando tu comida justo delante de ti. Así era la vida en la Quinta. Diversión familiar tranquila y apacible, hasta que llegaron Tiburón 2 y los Zetas y descubrieron una mina de oro, un entorno rico en objetivos para secuestros y extorsiones.

Muchos propietarios de plantaciones de cítricos tenían bastante éxito y habían amasado una cantidad decente de riqueza, tierras y equipo agrícola, lo que les convertía a ellos y a los miembros de sus familias en objetivos ideales para los secuestros y la extorsión; ¿Y los ricos propietarios de la Quinta? Tiburón 2 y los Zetas salivaban en ante la perspectiva de secuestrar a uno de ellos o a un miembro de su familia o incluso a un empleado de confianza. Cualquiera que tuviera alguna relación cercana con alguien que pareciera rico era un objetivo, incluso las criadas, cocineras, jardineros y niñeras. Nadie estaba a salvo. El miedo se apoderó de la región cuando Tiburón 2 y su equipo siguieron el modelo de operaciones de los Zeta y extorsionaron a empresarios, restaurantes, propietarios e incluso vendedores ambulantes. Policías en su nómina, realizaban controles de tráfico a personas que circulaban en vehículos de lujo o de aspecto más nuevo y los entregaban a Tiburón 2 para su posible extorsión o secuestro. Era un entorno rico en objetivos para el comercio del secuestro. Esta red atrapó a muchos "juniors" (hijos de padres ricos), obligando a sus padres a pagar un alto precio, mientras que otros simplemente desaparecieron sin dejar rastro.

Al igual que El Canicón hizo con Barrio Antiguo, Tiburón arruinó la economía de la región y la vida de muchas familias. Los negocios cerraron, el turismo disminuyó y los Zetas obligaron a muchos propietarios de granjas y quintas a ceder sus propiedades, dejando atrás todo lo de valor, como maquinaria agrícola, ganado, caballos, autos, camiones, motos acuáticas, vehículos de cuatro ruedas, motocicletas y barcos. Sin embargo, esto palidece en comparación con el dolor que esto causó a muchas familias de víctimas de secuestro que sobrevivieron, y el dolor aún más inmenso de las que no sobrevivieron. ¿Lo peor de todo esto? Nadie en el Gobierno mexicano tomó ninguna medida ni mostró preocupación, excepto la SEDENA y nuestro equipo. Si al Gobierno mexicano le importaba, parecía que no tomaba ninguna medida para solucionarlo.

Tras la operación contra Colosio, Rambo pasó desapercibido, procurando no llamar la atención. Para pasar desapercibido como sucesor de Colosio, era muy consciente de la diana que tenía en la espalda. Para emular a su jefe, Miguel Treviño, se rodeó de un equipo de guardaespaldas que eran antiguos policías atraídos por la lucrativa paga que ofrecían los Zetas. Siguió con el orden del día, pagando a policías para que las operaciones de los Zeta siguieran funcionando sin problemas. Ayudó a su esfuerzo por pasar desapercibido en el hecho de que nuestros amigos del ejército mexicano fueran implacables en su persecución de todos los narcos que operaban en la zona, no solo de los Zetas.

Poco después de la Operación Colosio, centraron su atención en la organización de los Beltrán Leyva y detuvieron al nuevo Jefe de la Plaza de San Pedro, Rodolfo López-Ibarra, alias "El Nito". El Nito, originario de Guaymas Sonora se convirtió en el sucesor de Héctor Huerta, tras su detención por nuestro equipo en marzo. Nuestro equipo se aseguró de que el reinado de El Nito durara poco, ya que lo detuvieron el 18 de mayo, dos meses después de haber sido nombrado Jefe de Plaza y solo dos semanas después de la operación de Colosio.

El Nito fue detenido en el aeropuerto privado, El Aeropuerto del Norte, junto con otras doce personas, entre ellas dos prostitutas de lujo -una de ellas de 16 años- y su equipo de seguridad en tierra, tras llegar en un Cessna privado desde Acapulco. El Ejército incautó numerosas armas de fuego, varias granadas de mano, aproximadamente 30.000 dólares estadounidenses, 19 kilogramos de marihuana, 1 kilo de cocaína y 28 teléfonos móviles. Tras su detención, se descubrió que El Nito había estado residiendo en un lujoso condominio situado en un prestigioso barrio de San Pedro. El Nito informó a nuestros amigos de que, durante su estancia en Acapulco, asistió a un bautizo y tuvo un encuentro personal con Arturo Beltrán Leyva. Leyva le dio instrucciones explícitas sobre cómo quería que se ejecutaran sus operaciones en San Pedro. Afortunadamente para los ciudadanos de San Pedro, sus planes no salieron como él había previsto, pues planeaba llevar la violencia, el derramamiento de sangre y el terror a San Pedro.

Nuestro equipo siguió avanzando con información de inteligencia independiente procedente de sus propias fuentes, y el 10 de junio de 2009, dos días después de la operación Aida, volvieron a golpear a la organización de los Beltrán Leyva. Esta vez acabaron con el Jefe de Plaza más reciente, Omar Ibarra Lozano, "El 34", que solo llevaba un mes en el puesto tras sustituir a "El Nito". La detención de Ibarra Lozano fue significativa, ya que había sido agente de la policía estatal de Nuevo León asignado a una unidad SWAT de élite. Debido a sus habilidades únicas, Ibarra Lozano había estado a cargo del entrenamiento de los sicarios de los Beltrán Leyva, que llevó a cabo en la desolada sierra de Guerrero, antes de ser ascendido a Jefe de Plaza.

Nuestros servicios de inteligencia indicaron que había entrenado a más de 400 sicarios para la organización de los Beltrán Leyva, conocida como Fuerzas Especiales de Arturo, (FEDA), una imitación de los Zetas, formada por policías federales, estatales y locales deshonestos. Estos hechos eran intrigantes, pero lo que hizo verdaderamente cautivadora su detención fue la revelación de una lista de 33 policías de San Pedro que recibían pagos del cártel de los Beltrán Leyva. Según la lista, Ibarra Lozano pagaba a cada uno de estos agentes aproximadamente 5.000 pesos mensuales, lo que ascendía a un total de 165.000 pesos al mes. También afirmó en una declaración que cobraba más de 100.000 dólares mensuales en pagos de extorsión de varios restaurantes, clubes nocturnos y negocios de San Pedro. En 2009, el tipo de cambio medio de pesos a dólares era de 13,5 pesos por 1 dólar estadounidense. Los pagos mensuales de 165.000 dólares a la policía de San Pedro ascendían a unos 12.222 dólares, lo cual era una gota en el océano para el cártel de los Beltrán Leyva, una verdadera ganga a cambio de 33 policías en el bolsillo. Creo firmemente que estas estimaciones son bastante conservadoras, basándome en algunas entrevistas que mantuve con propietarios de negocios de San Pedro. Por ejemplo, un empresario de éxito con el que hablé afirmó que estaba pagando 100.000 pesos mensuales para mantener su negocio en funcionamiento. Era el costo de hacer negocios y solo podía esperar que no empezaran a pedirle más. Esto es solo un empresario entre cientos de otros que operan con éxito en San Pedro. Se podría suponer fácilmente que la cifra real se situaba más bien en torno a los dos millones de pesos mensuales, equivalentes a unos 148.000 dólares estadounidenses, y creo que incluso esa cifra es conservadora. Tanto si las cifras eran exactas como si no, la comunidad se alegró de que estos tipos se hubieran ido.

El 13 de julio, basándose en la lista encontrada a López Ibarra, en una acción sin precedentes jamás realizada en San Pedro, el Ejército mexicano detuvo a 20 policías de San Pedro por su papel en la protección de la organización de los Beltrán Leyva. Estas detenciones sumaron 94 agentes de policía detenidos en un mes en Monterrey y las ciudades circundantes. Fue un golpe devastador para la organización de los Beltrán Leyva y también para la excelente reputación de la ciudad de San Pedro, el Beverly Hills de América Latina. En tres meses, el ejército mexicano había eliminado a tres jefes de plaza de los Beltrán Leyva y detenido a sus fuerzas de protección, dejando a la organización sumida en la confusión y el desorden, y a nosotros nos encantaba cada minuto.

Julio fue un mes ajetreado, lo que permitió a Rambo moverse en secreto para llevar a cabo sus negocios. Además de las detenciones de la policía de San Pedro, el estado celebraba elecciones a gobernador, y el pueblo eligió a Rodrigo Medina como nuevo gobernador. Prometió hacer todo lo posible para acabar con la corrupción y la violencia en el estado. Hablaba mucho, a pesar de ser el gobernador más joven elegido en el estado de Nuevo León y miembro del gabinete del gobernador anterior y de su partido político, el PRI. Sin embargo, no había tomado medidas cuando los Zetas se hicieron con el control de todo el estado de Nuevo León. No nos gustaba la política. Por lo que a nosotros respecta, nada iba a cambiar.

Nos mantuvimos alerta hasta que por fin pudimos localizar un lugar viable para Rambo. Rambo y Tiburón 2 se encargaron de los pagos, pero lo que no sabíamos era dónde estaba escondido el dinero. Tenía que ser una suma considerable. ¿Lo repartirían entre varios escondites de o lo guardarían todo en un solo lugar? Una cosa sabíamos con certeza: no lo guardaban en el banco de su amistoso vecindario. Éstas eran preguntas que esperábamos que se respondieran al capturar Rambo y/o Tiburón 2. Hacia finales de julio, pensamos que teníamos una buena localización para Rambo y empezamos a planificar la operación para acabar con él. Al igual que en las operaciones anteriores, queríamos atacar a la hora adecuada y explotar al máximo el factor sorpresa. La suerte quiso que las cosas empezaran a ponerse más intensas en la ciudad, justo cuando estaban en la fase de planificación de la operación. Por ejemplo, la mañana del 9 de agosto, una abogada de alto nivel del cártel, Raquenel Villanueva, fue asesinada a plena luz del día en el populoso mercadillo conocido como la Pulga del Río, a pocas manzanas del Consulado de EE.UU, por unos asaltantes desconocidos.

La historia de su vida se desarrolló como una dramática telenovela mexicana, con giros y vueltas y un desprecio absoluto por los límites o las fronteras. Conocida como la "Abogada de Hierro", Villanueva defendió en su día a Juan García Ábrego, el jefe del cártel del Golfo ahora encarcelado de por vida en Estados Unidos. También había sido contratada recientemente para defender a Héctor Huerta Ríos, alias "La Burra", así como a su sucesor, "El Nito", ambos capturados recientemente por nuestro equipo. A lo largo de su carrera se había granjeado muchos enemigos entre jueces, compañeros abogados, agentes de policía y sus clientes, y en los últimos años había sufrido cuatro atentados contra su vida. Sin embargo, esta vez sus guardaespaldas no sirvieron de nada y no sobrevivió.

Los tiradores la habían acechado sigilosamente hasta la Pulga, se habían colado cerca de ella, sin ser detectados por sus guardaespaldas, y descargaron más de cuarenta disparos en su dirección con un rifle

AR-15 y pistolas de 9 mm, alcanzándola numerosas veces. Mientras yacía en el suelo de cemento, un pistolero se acercó a su cuerpo sangrante y le disparó una bala en la cabeza, asegurándose de que no sobreviviría a este atentado. Mi familia y yo habíamos asistido a misa no muy lejos de la Pulga del Río cuando mataron a Villanueva. Al salir de la iglesia, vimos enjambres de personas que corrían por las calles llorando y gritando en evidente estado de paranoia y desesperación, lo que nos dejó perplejos en cuanto al motivo. No me enteré hasta más tarde de que Villanueva había sido asesinada a menos de cincuenta metros de mí y de mi familia.

Cinco días después del asesinato de Villanueva, los Zetas atacaron una casa en una zona residencial acomodada de Monterrey conocida como Cumbres de Oro, la supuesta residencia de un ex policía estatal. Más de 40 Zetas armados participaron en el ataque, que duró más de noventa minutos y aterrorizó a todo el vecindario. Doce casas resultaron dañadas y acribilladas con más de 1.400 disparos de diversas armas de alto calibre, incluidas balas de calibre .50. A pesar de recibir más de 19 llamadas frenéticas de ayuda de los residentes de la zona, los agentes de la policía estatal no respondieron, lo que dañó aún más su ya empañada reputación entre la comunidad. Las autoridades estatales, municipales y federales esperaron a que terminara el tiroteo para responder a las peticiones de ayuda y no aparecieron hasta noventa minutos después de que cesara el tiroteo y todos los Zetas hubieran huido de la zona. Algo poco tranquilizador a los ojos de la comunidad, que ahora se sentía totalmente abandonada y dejada a su suerte por las autoridades.

El terror que debió de apoderarse de estos residentes durante este encuentro va más allá de mi imaginación. Imagínate el terror que se apodera de ti cuando tu apacible vida hogareña se ve destrozada a las tres de la madrugada, con balas que atraviesan tus ventanas y el ensordecedor estruendo de disparos de calibre 50, mientras tus desesperadas llamadas de auxilio quedan sin respuesta por parte de quienes se suponía que debían protegerte. La gente se sentía traicionada y abandonada por el gobierno, mientras abundaban la impotencia y la desesperación. La confianza pública en las autoridades locales, estatales y federales era prácticamente inexistente. Fue un milagro que no se produjeran víctimas durante este ataque. Solo esperábamos que Rambo no intentara pasar a la clandestinidad y abandonar su actual base de operaciones a causa de estos incidentes.

Tras el tiroteo de Cumbres, nos alegró mucho saber que Rambo no se había trasladado y había permanecido firmemente atrincherado en el lugar que habíamos determinado como su principal base de operaciones. La casa de dos plantas estaba fuertemente vigilada y se encontraba justo en medio de una zona residencial de San Nicolás de los Garza, por lo que la probabilidad de daños colaterales era alta. Estábamos decididos a evitar cualquier daño a personas inocentes en esta operación. Afortunadamente, Rambo y su tripulación eran nocturnos, y preferían dormir durante el día como cucarachas que buscan refugio de la deslumbrante luz del sol, ocultándose en las sombras. Elaboramos meticulosamente el plan para atacar la casa de Rambo durante la serena madrugada del lunes 17 de agosto, cuando confiábamos en que estaría dentro. El coronel ordenó a las tropas que descansaran bien por la noche y estuvieran listas a las 3 de la madrugada para preparar el asalto. Quería que estuvieran frescos, alerta y listos para la batalla temprano, para que cuando Rambo y su equipo se fueran a la cama en su habitual estado de embriaguez, nuestros muchachos en un alto estado de preparación.

Por encima del estruendo de los jeeps del ejército que surcaban las calles, solo había un silencio espeluznante. La humedad ya pesaba en la oscuridad del nuevo amanecer. El equipo comprobó el equipo, la munición y los botiquines de primeros auxilios, y suministró pilas nuevas a las radios, sin dejar nada más que hablar o hacer, salvo concentrarse en la operación. Debido a la elevada población del barrio, sería casi imposible detenerse justo delante de la casa debido a los numerosos autos aparcados en el arcén, que impedían a los vehículos del Ejército maniobrar con eficacia en la zona. El plan consistía en que un equipo inicial de soldados se introdujera en el barrio, a una manzana de distancia, y avanzara a pie hasta la casa objetivo. Allí, tomarían posiciones tácticas alrededor del perímetro de la casa y esperarían a que el equipo de entrada irrumpiera en la residencia. Todo iba bien, la mayor parte del equipo inicial del perímetro estaba establecido y esperaban a que los últimos elementos del equipo se colocaran en su sitio cuando el fuego automático procedente del segundo piso de la casa rompió la inquietante tranquilidad de la mañana, haciendo que el equipo del perímetro se pusiera a cubierto.

Esta vez la sorpresa nos la llevamos nosotros.

No esperábamos que estuvieran despiertos a esas horas, pero lo estaban, y disparaban con malas intenciones. Justo cuando parecíamos recuperar cierto control sobre la situación, alguien lanzó una granada de fragmentación en dirección al equipo situado cerca de la valla más próxima a la casa. El destello iluminó la oscuridad y el efecto de la explosión sacudió el suelo, haciendo añicos las ventanillas de varios vehículos aparcados en la acera y dando comienzo a una cacofónica orquesta de estridentes alarmas de auto. Fragmentos de metralla perforante caliente rociaron la zona inmediata, alcanzando a tres de nuestros chicos, dejándolos retorciéndose de dolor sobre el asfalto, mientras llovían balas desde la ventana del segundo piso en un intento de acabar con ellos. Nuestro equipo respondió inmediatamente al fuego y un grupo de compañeros se apresuró a socorrer a nuestros compañeros caídos y los puso a salvo.

El tiroteo se intensificó cuando nuestro equipo empezó a tomar posiciones en los tejados de las casas vecinas para tener una visión más precisa del segundo nivel de la casa objetivo. El tiroteo se detuvo un momento mientras el equipo de Rambo se reagrupaba y recargaba. Sin embargo, nuestro equipo no cejó en su empeño y, en ese momento, uno de sus miembros se colocó frente a la casa y efectuó un disparo perfecto con su lanzagranadas justo en la ventana del segundo piso, creando una explosión infernal que pareció sacudir el tejado de sus vigas y sacudir los cimientos de las casas vecinas. De la casa emanaron gritos caóticos, mientras una nube negra de humo procedente de un incendio provocado por la explosión se extendía por el aire fresco de la mañana.

Ahora estábamos a la ofensiva.

Nuestro equipo siguió acribillando a tiros la casa, mientras se acercaba, en un esfuerzo por entrar en el infierno. Un grupo de tres Zetas abandonó la lucha y huyó de la casa en llamas desde el tejado. Saltaron a los tejados de varias casas vecinas y se refugiaron en una de ellas para hacer su última guardia. Cuando el equipo se acercó, oyó gritos de mujeres desde el interior de la residencia, y la voz de un hombre les dijo que retrocedieran porque tenían a dos mujeres como rehenes.

—¡No sean cobardes! ¡Suelten a las mujeres! Son inocentes y no tienen nada que ver con esta situación. Están completamente rodeados y no tienen adónde ir.

—¡Váyanse a la mierda, imbéciles! Saldremos vivos de esto y nos las llevaremos con nosotros.

—¡No seas estúpido! ¡No tienes salida! ¡No dejes que mueran por tu decisión! ¡Deja que vuelvan con sus familias!

Las mujeres gritaban histéricamente. Tres miembros del equipo se acercaron a la casa por la parte trasera y entraron por la puerta abierta del garaje, lo que permitió al hombre clave ver claramente al secuestrador. Hizo una señal a sus compañeros y apuntó de cerca. Por encima de los lamentos de los rehenes, sonó un único disparo que atravesó al secuestrador por la cuenca del ojo derecho y esparció sangre, sesos y materia ósea por toda la casa. A continuación, el equipo lanzó una granada de concusión contra la casa, haciendo que los Zetas restantes salieran corriendo, disparando sus armas en un vano intento de escapar.

Fueron recibidos con una descarga de disparos, que puso fin a la situación de los rehenes, al horrible tiroteo y a la vida de El Rambo.

Tras el tiroteo, nuestro equipo recibió información de uno de los cinco detenidos de que Rambo tenía una casa de seguridad en Guadalupe, Nuevo León. Nuestro equipo atacó también esa casa y detuvo a otras ocho personas tras un breve tiroteo. En total, la operación se saldó con la detención de trece personas y los forenses confirmaron que uno de los cuatro muertos en el tiroteo era efectivamente El Rambo, cuyo verdadero nombre era Refugio Garza Pescador. Entre las pruebas documentales recogidas, nuestro equipo encontró un cuaderno con anotaciones en las que se detallaban los movimientos de las tropas y de la Policía Federal y un plan para fugarse y rescatar de la cárcel a su antigua amiga Aida, alias "La Güera". En ambas casas se incautaron muchos rifles de alto calibre, granadas de fragmentación, seis vehículos blindados, camisetas con la inscripción Fuerzas Especiales de Sierra Nectar, (Sierra Nectar es un apodo de San Nicolás), más camisetas con la insignia AFI (Policía Federal) y muchos teléfonos móviles.

En el tiroteo resultaron heridos cinco de nuestros muchachos, dos de ellos de gravedad, pero se esperaba que sobrevivieran. Todo el tiroteo duró más de dos horas, dejando el barrio circundante con el aspecto de una zona de combate de la Segunda Guerra Mundial. Milagrosamente, el tiroteo no causó ningún daño a los civiles. Aunque nos decepcionó no haber encontrado el alijo de dinero que esperábamos que guardara Rambo, lo eliminamos con éxito, junto con la mayoría de sus secuaces, uno de los cuales fue identificado más tarde como antiguo miembro del equipo SWAT de la policía estatal de Nuevo León.

Sentíamos que estábamos ganando terreno tras el éxito de la operación Rambo y teníamos fe en que, si manteníamos la presión, pronto atraparíamos a Miguel Treviño alias el Z-40. Aún nos quedaba mucho trabajo por hacer, y en cuanto plantamos a Rambo en el suelo, empezamos a planear nuestra próxima operación en El Tiburón 2, con la esperanza de encontrar el escurridizo dinero Zeta.

Capítulo 12: La caza del Tiburón

Saúl Bonifacio Martínez, alias "El Tiburón", era un antiguo agente de policía que se volvió corrupto y empezó a trabajar para los Zetas cuando aún era miembro activo del Departamento de Policía de Santa Catarina. En 2007, cuando aún trabajaba como agente de policía de Santa Catarina, Tiburón y otro agente fueron detenidos por su implicación en el secuestro de dos personas. No es sorprendente que el tribunal desestimara su caso y lo pusiera en libertad poco después por falta de pruebas. ¿Es sorprendente? El secuestro con ánimo de lucro era su especialidad y por mal que suene, su pasión. No hay forma de contar a cuántas personas victimizó, torturó y asesinó. Su apodo encajaba a la perfección: El Tiburón. Se cebaba con ciudadanos inocentes, utilizando la fuerza y la intimidación contra cualquiera que se interpusiera en su camino. Una táctica que probablemente utilizó para que desestimaran su caso.

El Tiburón se sentía invencible, y las fuentes nos dijeron que se burlaba rutinariamente de la SEDENA durante las reuniones de los Zeta, gritándoles con frecuencia improperios como "¡¡¡SEDENA me la pela!!!". Sin duda, estábamos preparados para el desafío, y sabíamos que capturar a Tiburón podría darnos pistas valiosas que necesitábamos para llegar hasta Heriberto Lazcano, Miguel Treviño y su hermano Omar o conducirnos hasta su siempre escurridizo alijo de dinero.

Cada caso presenta retos únicos que requieren una consideración cuidadosa. En esta situación, la dificultad surgió de la movilidad casi constante de Tiburón. Siempre que decidía permanecer en un lugar, un radio de seguridad le rodeaba constantemente, asegurándose de que estaba advertido de cualquier amenaza potencial de aplicación de la ley. Habiendo observado el descuido de sus predecesores, adoptó una mentalidad precavida y consciente de la seguridad. Pasaba la mayor parte del tiempo cerca del lago de Santiago, donde antes los lugareños disfrutaban del tiempo en familia, los paseos en barca, la natación y otras actividades acuáticas, antes de que Tiburón y Rambo se apoderaran de la zona. Como empezaba a ser habitual, tras la invasión de los Zetas, estas actividades disminuyeron considerablemente. Los visitantes escaseaban y el tráfico era más lento, lo que facilitaba la detección de vehículos de vigilancia o individuos que no encajaban en la zona. Nuestro equipo se enfrentó al desalentador reto de infiltrarse en los anillos de seguridad de El Tiburón sin ser detectado, lanzar la operación de vigilancia de forma rápida y eficaz, y salir de la zona antes de que pudieran llegar los refuerzos de los Zetas.

Cualquier operación de este tipo parecía una tarea casi imposible, en la que necesitaríamos los servicios de Sir James Bond o quizá de Ethan Hunt y su equipo de Misión Imposible. Desgraciadamente, en ese momento, Hunt y Bond no estaban disponibles, así que nada de Martinis agitados, no revueltos ni de Jack Harmon proporcionando material tecnológico genial para nuestra misión. El perímetro de seguridad de Tiburón constaba de tres anillos, a los que nos referíamos como un circo de tres pistas. El anillo más exterior podía estar tan lejos como a tres kilómetros del jefe, dependiendo de la zona; el segundo anillo estaría en una zona más estrecha, quizá a un kilómetro o medio kilómetro del jefe; y el tercer anillo estaba físicamente con el jefe y en contacto visual con él.

El primer y más exterior anillo del perímetro, operado por halcones (vigías), compuesto por policías municipales, taxistas y vagabundos, proporcionaba información primaria sobre posibles amenazas directamente al líder del segundo anillo. Cualquier actividad sospechosa o fuera de lugar se comunicaba inmediatamente al líder del segundo anillo. El segundo anillo estaba formado por las llamadas estacas, que incluían unos seis hombres fuertemente armados por vehículo, normalmente en cuatro camionetas o vehículos todoterreno tipo Suburban: un total de veinticuatro hombres. Las estacas eran miembros probados de los Zetas que se habían abierto camino en el escalafón mediante muestras de valor y fiabilidad en la batalla, ya fuera contra las fuerzas del orden o contra cárteles rivales. El líder del segundo anillo es el jefe de toda la fuerza de seguridad, ya que sus decisiones afectan a las acciones de todo el equipo de seguridad. Una vez que recibía información de inteligencia sobre una amenaza potencial, informaba inmediatamente al tercer anillo para alertarles de la amenaza y, a continuación, decidía si se enfrentaba a la amenaza o emitía la orden de retirar o sacar al Jefe de Plaza de la zona. El tercer anillo era la última línea de defensa del Jefe de Plaza y estaba formado por las estacas de mayor confianza. Eran su guardia pretoriana y tenían su vida en sus manos. La función del anillo interior era doble: proteger al jefe a toda costa y extraerlo con seguridad de un enfrentamiento violento. Cuando se diera la orden de extracción, debían dividir el equipo en dos mitades. Una mitad del equipo debía desplegarse para apoyar al segundo anillo en caso de enfrentamiento, mientras que la otra mitad del equipo debía extraer al Jefe de Plaza de la zona y llevarlo a un piso franco. Estaban bien organizados y muy vigilantes. Para empeorar las cosas, Tiburón era paranoico y apenas utilizaba el teléfono, apagándolo con frecuencia, lo que nos dificultaba el seguimiento y el establecimiento de un patrón de vida. La única constante en la ecuación era que le gustaba merodear por una zona concreta del lago los viernes por la noche y los fines de semana.

Era uno de nuestros casos más difíciles, y nuestro equipo se reunía con frecuencia para intercambiar ideas sobre la estrategia operativa. Los fines de semana en el lago parecían ser la única oportunidad que tendríamos de ejecutar alguna acción contra él. Tiburón estaba paranoico debido al éxito de las operaciones contra sus compinches, Colosio, Aida y Rambo. Sabía que tenía una diana en la espalda y no quería que le ocurriera lo mismo, así que debíamos tener un plan perfecto. Consideramos un asalto aéreo con helicópteros y el equipo repeliendo en una zona de lanzamiento, pero el riesgo superaba las ganancias, los helicópteros serían descubiertos y Tiburón sería llevado inmediatamente, y nuestros chicos se verían sometidos a un enfrentamiento innecesario, con escaso apoyo terrestre. Consideramos la posibilidad de lanzar varios barcos desde un discreto muelle de botadura en el lago, pero esa medida sería demasiado notoria, y nuestro equipo sería descubierto antes de que desembarcaran para lanzar la operación, exponiéndose a un gran riesgo. Nuestras reuniones de intercambio de ideas eran volátiles y tensas porque queríamos eliminarlo lo antes posible, pero también queríamos llevar a cabo la operación con las probabilidades a nuestro favor o, como mínimo, al cincuenta por ciento. Pasamos muchas horas discutiendo sobre estrategia, seguridad y eficacia. Por muy tensas y polémicas que fueran estas reuniones, todos teníamos un objetivo común. Capturar Tiburón y traer a nuestros chicos sanos y salvos. Lanzamos la idea de la estrategia del caballo de Troya para discutirla, y me recordó mis días de joven agente encubierto en McAllen, Texas, cuando la utilizábamos eficazmente en operaciones encubiertas. En McAllen, muchas veces en funciones encubiertas, nos hacíamos pasar por proveedores de marihuana con compradores de Houston, Luisiana o Dallas. Una vez que los compradores nos demostraban que tenían el dinero para comprar la carga, nos acercábamos en una vieja furgoneta Chevy que supuestamente contenía su pedido de marihuana, pero que estaba tripulada por un equipo de arresto de seis agentes de la DEA ¡Sorpresa! ¡Sorpresa!

La estrategia del caballo de Troya podría funcionar si se planifica de forma creativa. Pensamos en remolques de tractores o furgonetas de mudanzas, pero esos vehículos parecerían fuera de lugar en Santiago y sin duda llamarían la atención de los anillos de seguridad. Contemplamos la posibilidad de organizar un cortejo fúnebre simulado, pero el gran número de vehículos necesarios y la falta de viabilidad nos impidieron llevarlo a cabo. Afortunadamente para nosotros, teníamos en nuestro equipo a un joven y brillante teniente que era muy ingenioso. Al día siguiente de la discusión que mantuvimos toda la noche sobre la estrategia y la infiltración en el anillo de seguridad de Tiburón, al teniente se le ocurrió una idea increíble. Resulta que el teniente había convencido a su iglesia, "La Fuerza de Cristo", para que le prestara tres furgonetas de doce plazas para una supuesta salida. ¿Cómo convenció al pastor para que le prestara las furgonetas? No lo sé ni me importa saberlo. En cada furgoneta cabrían diez soldados, un conductor y un jefe de equipo, que irían de copilotos. Así podríamos infiltrarnos en los anillos de seguridad de Tiburón sin ningún problema; siempre que la seguridad de Tiburón creyera realmente que los ocupantes eran un grupo, que salían de excursión de fin de semana al lago de Santiago, estaríamos listos.

El único otro problema táctico era la extracción del equipo, si es que conseguía infiltrarse en los anillos de seguridad y llegar hasta El Tiburón. Todos sabíamos que si el equipo de entrada tenía éxito, se desataría el infierno y los anillos exteriores entrarían inmediatamente para ayudar al Tiburón, lo que expondría a nuestro equipo a más riesgos. Pero pensamos que treinta hombres de las fuerzas especiales en tres furgonetas, con el elemento sorpresa, podrían resistir hasta que llegaran los refuerzos. La geografía también jugaba a nuestro favor. Solo había una carretera principal que entrara o saliera de Santiago y era la Carretera Nacional, que fluía de este a oeste desde Ciudad Victoria, Tamaulipas, hasta San Pedro Garza García, Nuevo León, ambos extremos cubiertos por pequeños equipos de avanzada. Al norte, cualquier ruta de escape se veía obstaculizada naturalmente por el voluminoso Lago de Santiago y una escarpada cadena montañosa más allá del lago, y cualquier intento de ruta de escape hacia el sur a través de la ciudad de Santiago se vería gravemente obstaculizada por las brutales e implacables montañas de la Sierra Madre. Tiburón y su equipo de seguridad habían cometido involuntariamente un error táctico crítico al elegir este lugar como su refugio seguro, que era básicamente una pequeña franja de tierra cerca del lago. Al hacerlo, se había situado en un punto de estrangulamiento ideal, dejándoles a él y a su equipo vulnerables a un ataque medido y calculado. Tácticamente, utilizaríamos su propia zona de confort en nuestro beneficio.

Posicionada en el aeropuerto, la SEDENA tenía un par de helicópteros en estado de alerta. En solo cinco minutos podrían llegar al lugar objetivo, preparados para ofrecer potencia de fuego e impedir cualquier posible huida. La SEDENA también tenía un equipo de cuarenta soldados más apostados en un lugar lo bastante alejado de la operación como para que la seguridad de Tiburón no lo considerara una amenaza, pero lo bastante cerca como para llegar al lugar en un máximo de quince minutos. Quince minutos parecen toda una vida cuando se desata el infierno, pero en este caso no había otra opción. Nos sentimos seguros con el plan y esperamos a ponerlo en marcha cuando supimos que Tiburón estaba en su aparente lugar favorito de los viernes, totalmente relajado y sintiéndose seguro en su zona de confort.

Como ocurre con cualquier plan, siempre hay algo que puede salir mal. Tras idear el plan inicial, consideramos detenidamente todos los posibles escollos y desafíos que podrían surgir. Tras revisar las fotos aéreas de la ubicación del objetivo sospechoso, nos inquietó la perspectiva de dejar vulnerable al equipo de entrada durante quince minutos sin los refuerzos adecuados. Nos preocupaba que, si el equipo de entrada quedaba atrapado de algún modo entre los dos anillos de seguridad iniciales, sufriríamos graves bajas. Para garantizar la seguridad del equipo de entrada, hicimos un rápido ajuste en nuestro plan. En cuanto el equipo de entrada nos notificó que se encontraba a menos de cinco minutos del primer anillo de seguridad, coordinamos que el equipo de refuerzo de cuarenta soldados y helicópteros empezara a avanzar hacia la zona del objetivo confirmado. Eso reduciría la exposición del equipo de entrada una vez que las balas empezaran a volar, y sabíamos que lo harían. Como en cualquier operación táctica, queríamos inclinar las probabilidades a nuestro favor. Todos nos sentíamos cómodos con el plan revisado. Ahora solo teníamos que esperar la confirmación de que Tiburón se presentaría en su lugar favorito de los viernes, una popular marisquería conocida como La Playa, que tenía una hermosa vista junto al lago.

Durante días, no pude dormir, pensando y dándole vueltas al plan. Nunca he sido fumador, pero durante ese periodo de tiempo, creo que me permití unos cuantos cigarrillos y más de un par de tequilas y cervezas para calmar los nervios y mantener la cordura. Al final, confiábamos en nuestro equipo. Eran Fuerzas Especiales de la SEDENA, lo mejor de lo mejor, comprometidos y dedicados a vengar la muerte de sus nueve compañeros, asesinados a manos de los Zetas. El viernes 4 de septiembre de 2009, aproximadamente a las 21:30, el teléfono de Tiburón sonó en su lugar favorito de los viernes y el plan se puso en marcha.

Nuestra primera llamada fue a los pilotos para informarles de que se prepararan para el vuelo. La misión era inminente necesitaban tiempo para revisar sus protocolos antes de despegar. Para dar una apariencia de normalidad y rutina, los cuarenta soldados del equipo de tierra llevaban varios días esperando la llamada cerca del punto de encuentro. Estaban preparados y listos para dirigirse al objetivo cuando se les llamara. El equipo de entrada recibió luz verde y se dirigió al lugar. Nos pusimos al día regularmente sobre el paradero de Tiburón, y la señal se mantuvo estable todo el tiempo. Permaneció en su sitio en La Playa: ¡Juego en marcha! Todo listo. Recé varias Ave Marías mientras se desarrollaba el plan. Aproximadamente a las 22:30, el equipo de entrada en las "Furgonetas Fuerza de Cristo" anunció con entusiasmo su proximidad al primer anillo exclamando: "¡Estamos a cinco!". Estamos a cinco minutos.

Conscientes de que los Zetas y los policías potencialmente corruptos vigilaban las frecuencias de la SEDENA, redujimos al mínimo nuestro tráfico de radio. Y, en las sesiones informativas previas a la operación, "Estamos a cinco" era un código que establecimos para informar a los pilotos y al equipo de refuerzo de cuarenta miembros de que era hora de desplazarse al lugar objetivo. Tras lo que pareció una eternidad, el equipo de entrada anunció: "¡uno logrado!", nuestro código para indicar que habían penetrado el primer anillo de seguridad. "Enterado", respondieron el equipo del helicóptero y el equipo de apoyo de cuarenta miembros. El silencio por radio y el uso del código eran una parte fundamental del plan para mantener encubierto al equipo de entrada. Mientras tanto, la ubicación de Tiburón era fija en La Playa. Probablemente se lo estaba pasando en grande, completamente inconsciente de lo que se avecinaba, disfrutando del momento, riéndose y emborrachándose sin ninguna preocupación. Después de todo, a su modo de ver, tenía el mejor equipo de seguridad de México. "Segundo logrado". El segundo anillo de seguridad se había infiltrado sin problemas. Ahora todo dependía de la gracia de Dios para mantener a salvo a nuestros muchachos mientras entraban en la zona de combate, donde seguramente esperaba la muerte.

Durante la Operación Tormenta del Desierto, las tropas de la coalición estadounidense aplicaron un principio táctico conocido como "conmoción y pavor" para derrotar a las fuerzas iraquíes. Como explican los autores Harlan K. Ullman y James P. Wade en su libro *Shock and Awe-Achieving Rapid Dominance* "el objetivo del principio de conmoción y pavor es hacerse con el control del entorno y paralizar o sobrecargar de tal modo las percepciones y la comprensión de los acontecimientos del adversario que éste sea incapaz de oponer resistencia a nivel táctico y estratégico, inutilizando eficazmente la capacidad de lucha del enemigo y, lo que es más importante, destruyendo su voluntad de luchar." A medida que el equipo se acercaba al último anillo de seguridad, todos tenían en mente este concepto: ¡velocidad, sorpresa y violencia de acción! El concepto había funcionado en Irak y estábamos a punto de utilizarlo con los Zetas.

El equipo de Tiburón nunca supo qué les golpeó. El equipo de seguridad de Tiburón tardó unos valiosos segundos en darse cuenta de lo que estaba ocurriendo, cuando nuestro equipo se detuvo en el bar La Playa y saltó de las furgonetas de la iglesia, armados hasta los dientes. Cuando se dieron cuenta de lo que ocurría, dos de ellos ya estaban muertos en el suelo y otro salió corriendo para ponerse a cubierto, abandonando por completo la lucha. Se desató el caos cuando los dos helicópteros, habiendo sincronizado perfectamente el asalto, zumbaron la zona como avispones enloquecidos en busca de rezagados huidos y para impedir un asalto por la retaguardia por parte del segundo anillo de nuestro equipo, el zumbido de las palas de los rotores creaba un estruendo ensordecedor. La situación se volvió difícil de manejar mientras los aterrorizados transeúntes inocentes corrían a cubrirse creando una confusión masiva.

Tiburón y uno de sus guardaespaldas aprovecharon la confusión para intentar escapar del asalto, saltaron a una camioneta GMC blanca y la aceleraron marcha atrás en un intento desesperado de huir. La camioneta dio una vuelta de campana en el lecho de grava y se descontroló, chocando violentamente contra un gran roble. Nuestro equipo convergió en el camión mientras el guardaespaldas de Tiburón saltaba y empezaba a disparar indiscriminadamente contra nuestro equipo, adoptando una última postura desesperada por su jefe, pero no era rival para las Fuerzas Especiales, ya que tanto él como Tiburón pasaron sus últimos segundos de vida en la tierra en un estado de horrorizada incredulidad, antes de morir bajo la lluvia de balas de las Fuerzas Especiales. Cuando cesó el tiroteo, cuatro de los guardaespaldas de Tiburón yacían muertos en el suelo y otro fue hallado encogido, herido bajo una camioneta en el lugar de los hechos, y otro había huido, mezclándose con éxito entre la multitud de curiosos y desaparecido. Nuestros chicos diezmaron a toda la estaca de Tiburón antes de que se dieran cuenta de lo que estaba ocurriendo. Dos de nuestros muchachos también resultaron heridos, pero no recibieron lesiones que pusieran en peligro su vida. El shock y el pavor habían funcionado a la perfección. El segundo anillo ni siquiera intentó acudir al rescate de Tiburón. O estaban muy intimidados por la demostración de fuerza, o estaban demasiado avergonzados para enfrentarse a sus compañeros después de no haber detectado al equipo de asalto. ¡Perdieron claramente las ganas de luchar!

La victoria sobre el equipo de Tiburón duró poco y fue agridulce, porque una bala perdida alcanzó y mató a un transeúnte inocente. En un desinteresado acto de heroísmo, el joven, para proteger a su hermano pequeño de los disparos, lo había protegido tirándolo al suelo y tumbándose encima de él mientras se producía el tiroteo. Desgraciadamente, fue alcanzado y falleció, completando así su misión de salvar la vida de su hermano pequeño y murió como un héroe.

El Zeta herido proporcionó a nuestro equipo información crucial que requería una acción inmediata. El cobarde dio a nuestro equipo la dirección del piso franco que Tiburón había estado utilizando. Queriendo presionar nuestra ventaja, y mantener el impulso, nuestro equipo se desplegó inmediatamente en la casa para buscar pruebas o más asociados de Tiburón. Pero la casa estaba vacía, salvo por una víctima de secuestro a la que Tiburón y su banda habían mantenido cautiva durante más de un mes. Fingiendo ser un Zeta, este ejecutivo local había estado extorsionando a otros empresarios de la zona. Lo mantuvieron cautivo como castigo por hacerse pasar por un Zeta y lo sometieron a palizas diarias con la famosa tabla. Aquel día se alegró mucho de ver a nuestro equipo.

La casa era la versión de Tiburón de la Casa del Infierno. Nuestro equipo encontró cadenas, tablas ensangrentadas y mazos utilizados para torturar a víctimas de secuestro, prendas ensangrentadas, 6 AR-15, pistolas, granadas de fragmentación, chalecos antibalas, más de 2000 cartuchos de munición y numerosos teléfonos móviles y radios Nextel. Y lo que es más importante, encontraron 10 libretas que contenían una lista de nombres de policías corruptos en nómina, pagos cubiertos a policías de 9 municipios diferentes de la región cítrica de Nuevo León, incluido el jefe de policía de Santiago y su máximo comandante. Encontrar narco listas de esta magnitud se convirtió en la norma durante las operaciones y los registros posteriores. Era alucinante.

Mientras estábamos ocupados rebuscando entre las pruebas, el equipo que interrogaba al cobarde guardaespaldas revisaba meticulosamente las actividades de su difunto jefe, centrándose en las transacciones en efectivo. Aunque no dijo mucho, dio el nombre de un contable al que solo conocía como El Jorge y con el que Tiburón hablaba con frecuencia. Eso era todo lo que necesitábamos. Nuestro equipo comenzó inmediatamente la ardua tarea de revisar cada teléfono utilizado por Tiburón, Rambo, Colosio y Aida en busca de todos y cada uno de los Jorge que pudiéramos encontrar. Fue como montar un rompecabezas gigante, ya que cada uno de estos jefes tenía varios teléfonos y utilizaba palabras clave para personas concretas. Jorge es un nombre muy común y el tiempo que invertimos en intentar conseguir una opción viable fue un reto extremadamente difícil, un reto resuelto con la aplicación de la tecnología.

Tras encontrar más de veinte Jorges en varios teléfonos móviles y examinar los datos de las torres de telefonía móvil, se hizo evidente que las llamadas a J1 y Jota1 se originaban sistemáticamente en una torre de telefonía móvil específica del exclusivo barrio de Cumbres, en Monterrey. Tras examinar los historiales de llamadas de estos teléfonos móviles, nuestros analistas identificaron un posible nuevo número para Jota1. Inmediatamente empezamos a rastrear el teléfono, aunque no sabíamos quién lo tenía. Tras rastrear diligentemente el teléfono durante varios días, habíamos acumulado una gran cantidad de datos sobre sus movimientos y su historial de llamadas. Era evidente que Jota1 estaba llamando a algunos de los mismos números desde el teléfono incautado.

El patrón de vida que desarrollamos puso el teléfono en una casa grande en el 6627 de Cuidad de Málaga, Colonia Cumbres, Monterrey. La casa era una lujosa mansión de dos plantas, con un césped bien cuidado. Nuestros dispositivos de rastreo mostraron que el teléfono de interés estaba dentro. Llegamos a la casa y el 23 de septiembre de 2009, aproximadamente a las 5:00 am. Nuestro equipo entró sin efectuar un solo disparo. Lo que descubrimos en la residencia nos dejó conmocionados, superando a la mayoría de las incautaciones que habíamos encontrado hasta entonces.

Dimos con la casa madre en lo que se refiere al escurridizo dinero de los Zetas. La casa estaba llena de pilas de sobres, cada uno de ellos repleto de dinero en efectivo, destinados a funcionarios policiales de todos los niveles del estado de Nuevo León. Descubrimos una nueva lista del narco que contenía los nombres de más de 500 influyentes funcionarios policiales y gubernamentales. Entre ellos había miembros de la Unidad de Homicidios de la Policía Estatal, de la renombrada Unidad Antisecuestros, así como policías municipales y federales, todos ellos implicados en la recepción de sobornos de los Zetas.

El descubrimiento me hizo girar la cabeza ante el tamaño y el alcance de la operación. Entonces me di cuenta de que no podíamos confiar en nadie. Todo el mundo parecía llevarse una parte del dinero de los Zeta. Dispusieron contadores de dinero por toda la casa para un recuento eficaz y el desembolso de las ganancias de los Zeta a las autoridades competentes. Acabábamos de dejar fuera de servicio a uno de los principales departamentos de contabilidad de los Zeta. Una vez hecho todo el recuento, la cantidad total de dinero incautado ascendía a 73 millones de pesos -el equivalente en EE.UU de unos 5.455.904 dólares-, de los cuales 3,7 millones eran en dólares y el resto en pesos mexicanos. Miguel Treviño, donde quiera que estuviera ahora, se iba a molestar. Por mucho dinero de protección que repartiera, no parecía surtir efecto. En el plazo de un mes, eliminamos con éxito a Rambo, Tiburón y toda su célula contable paralizando su operación. También confiscamos una cantidad sustancial de sus fondos ilícitos y descubrimos a muchos funcionarios corruptos en su nómina por todo Nuevo León. Hubiera dado cualquier cosa por ver la reacción de su cara cuando se enteró de que le incautamos más de 5 millones de dólares. Estoy convencido de que esa noche ordenó la ejecución de varias personas, lo merecieran o no.

Al final, la corrupción había perdido en estos días concretos. Miguel Treviño y los Zetas tenían que estar dándose cuenta de que ninguna cantidad de dinero pagada a policías o funcionarios corruptos podría disuadirnos. Estábamos decididos a localizarle y eliminarle. Íbamos a atraparle más pronto que tarde y, al igual que sus compañeros, sería cuando menos se lo esperara.

Capítulo 13: Se Cambia El Juego

A Geoffrey Chaucer se le atribuye la cita "todo lo bueno llega a su fin". En marcado contraste con la cita de Chaucer, una vez tuve un jefe que, como joven agente de la DEA, me dio un consejo inolvidable y lleno de colorido. Yo había formado parte de un exitoso grupo operativo, en el que me permití el lujo de elegir mis casos durante muchos años. Sin embargo, nuestra oficina se estaba ampliando, y ahora me encomendaban la tarea de tutelar a los agentes menos experimentados de los Grupos de Ejecución. No quería abandonar mi antiguo grupo de confianza y que me arrojaran al papel de mentor, así que expresé inmediatamente a mi jefe mi disgusto por la decisión.

Nunca olvidaré su respuesta mientras hablaba en tono inexpresivo desde detrás de su enorme escritorio de roble, pareciéndose en cierto modo al Gran y Poderoso OZ. Dijo, con acento neoyorquino : "Leo, trabajar para la DEA es como trabajar para un puticlub, cuanto mejor eres más te joden".

No respondí a su explicación y me limité a aceptar mi destino. Salí de su despacho riendo. Su cita sigue conmigo más de 25 años después, y probablemente siga sonando a verdad. A medida que avanzábamos en nuestro objetivo de capturar a Miguel Treviño, los dichos de Chaucer y de mi antiguo jefe nos seguían sonando a verdad. Los GOPES empezaron con fuerza y llevaron a cabo varias misiones con éxito sobre los objetivos que les proporcionamos. Tuvieron tanto éxito que alguien con un alto cargo les puso freno y disolvió el equipo, ascendiendo a varios miembros clave a distintas regiones del país. Lo mismo ocurría con nuestro equipo de la SEDENA. El éxito de sus operaciones captó el interés de miembros de alto rango de la SEDENA en Ciudad de México y, a sabiendas o no, los desmantelaron. El coronel a cargo de nuestro equipo fue ascendido a general de brigada en Ciudad de México. El teniente, del que nos habíamos hecho amigos y que se había convertido en nuestro mayor aliado también recibió un ascenso y fue reasignado como instructor al Colegio Militar de Ciudad de México. Sus sustitutos no tenían los mismos objetivos ni el mismo entusiasmo que nuestros amigos, y nos dimos cuenta del cambio en cuanto se fueron.

Al igual que un equipo deportivo, Los Zetas tienen una política de "siguiente hombre". Su siguiente hombre en Monterrey hizo que uno se preguntara dónde podían Treviño y sus socios encontrar personajes tan viles con tanta facilidad. Ricardo Almanza-Morales era uno de los cuatro hermanos apodados "Los Goris". La cultura mexicana es famosa por encontrar el humor en los temas más oscuros, y quienquiera que apodara a estos cuatro hermanos dio en el clavo, porque su parecido con los gorilas era asombroso, sin ánimo de ofender a los gorilas salvajes. Los cuatro hermanos ascendieron en la estructura de liderazgo Zeta por su lealtad a Treviño y sobre todo por su naturaleza intrépida y su propensión a la violencia.

Cada uno de los hermanos Gori tenía su indicativo específico: Ricardo Almanza-Morales Gori-1; Raymundo Almanza-Morales, Gori-2; Eduardo Almanza-Morales, Gori-3; y Octavio Almanza-Morales, Gori-4. Que los cuatro hermanos se dedicaran a una vida de crimen y violencia es intrigante. ¿Cómo les educaron sus padres y qué valores les inculcaron, si es que les inculcaron alguno? No hay mucha información sobre sus antecedentes, pero todos ellos resultaron ser delincuentes empedernidos. La mayoría de los niños de México con recursos limitados aprenden a sobrevivir en las calles a una edad muy temprana, o de lo contrario pasan hambre. Su única esperanza son sus habilidades de supervivencia. A menudo, la única forma de sobrevivir en la calle es tomar lo que quieres de los demás. Me imagino las reuniones familiares o las celebraciones de cumpleaños en casa de los hermanos Gori: ¿quizá una víctima viva de un secuestro como piñata para los niños? ¿Y las conversaciones durante la cena? Quizá fueran algo así:

Gori-4: "Sí, hoy le he cortado los dedos a este tipo. ¿Qué has hecho hoy, hermano?"

Gori-3: "¿Eso es todo? Le corté la lengua a este tipo, la eché a la parrilla y se la hice comer".

Gori-2: "Le corté las piernas a un tipo y luego le di una paliza a su hermano con una de sus piernas".

Gori-1: "Bueno a éste le corté los globos oculares y se los hice comer".

Dejaré el resto de la hipotética conversación a tu imaginación. La cuestión es que estos tipos no solo eran malos, sino que además eran auténticos psicópatas. Ni uno solo de ellos mostraba emoción o empatía alguna. Yo diría que ése es un rasgo genético extremadamente poderoso y que Miguel Treviño, el mejor ojeador de los Zeta, tenía buen ojo para reconocer y reclutar a este tipo de individuos.

Los hermanos Gori ya llevaban tiempo en nuestro radar, pero estábamos ocupados y enfocados con otras operaciones. Sin embargo, tras la operación Tiburón, se convirtieron en el centro de nuestra atención, especialmente Gori-1, Ricardo Almanza-Morales, que acababa de heredar la Plaza Monterrey tras las muertes de Rambo y El Tiburón. En cuanto llegó al poder, empezó a restablecer el método de gobierno y control por el miedo que los Zetas habían dominado a lo largo de los años, y el 4 de noviembre asesinó rápidamente al General de Brigada Juan Arturo Esparza Cantú.

El General acababa de recibir su nombramiento como Jefe de Policía de García, Nuevo León, solo cuatro días antes de su asesinato. El Gori estaba enviando un mensaje a la comunidad de que los Zetas seguían en el poder y no permitirían que un revés a su organización les disuadiera de llevar a cabo sus nefastos planes en la región. El Gori-1 seguía un plan diseñado por su hermano, el Gori-4, que anteriormente había asesinado al General de Brigada Mauro Enrique Tello Quinones en Cancún Quintana Roo, poco después de su nombramiento como Jefe de la Policía de Cancún, a principios de año.

Fiel a su forma, la SEDENA es una hermandad, y sus miembros son muy leales y nunca dejarán impune un ataque contra uno de los suyos. Seis días después del asesinato del general Tello, SEDENA capturó Gori-4. Un hermano abatido, faltan tres. Nuestros servicios de inteligencia revelaron que Gori 2 fue puesto a cargo de las operaciones de los Zetas en Guatemala y Belice para supervisar los envíos de toneladas de cocaína que llegaban a Centroamérica desde Colombia y Perú y proporcionar un paso seguro para esos cargamentos hasta México. Creemos que le nombraron Jefe de Plaza de la región poco después de la operación de Colosio. Nunca pudo disfrutar de su reinado porque la SEDENA lo capturó el 20 de mayo, poco después de llegar a Monterrey.

Dos hermanos menos. Faltan dos.

Nos centramos principalmente en Gori-1, ya que era el nuevo Jefe de Plaza de la zona. Tras el asesinato del general Esparza-Cantú recibimos información de que Gori-1 había huido a la ciudad fronteriza de Reynosa, Tamaulipas, para esconderse durante un tiempo. Seguía mandando en Monterrey, y era extremadamente cauto, sobre todo después de que la SEDENA o la Policía Federal hubieran capturado o matado a sus hermanos y a tantos de sus compinches. Cuando no estaba escondido, viajaba en convoyes de más de treinta vehículos -la mayoría todoterrenos- de Monterrey a Reynosa.

A pesar de todas sus precauciones, localizamos un rancho donde solía alojarse cuando estaba en Monterrey. Era un gran rancho de caballos, utilizado antiguamente por Miguel Treviño para entrenar y mantener a sus preciados caballos. El rancho era difícil de localizar desde la carretera, estaba bien escondido del tráfico y muy vigilado. Afortunadamente, se encontraba a unos quince kilómetros de la base de operaciones de la SEDENA en Escobedo. Estábamos extasiados porque si determinábamos que estaba allí, el tiempo de reacción sería rápido... o eso creíamos.

Recibimos información de que Gori-1 estaba definitivamente en el rancho y que había permanecido inmóvil durante un buen rato. Como mencioné al principio de este capítulo, el equipo que estábamos utilizando estaba formado por personal y dirigentes diferentes, que tenían filosofías distintas a las de nuestro equipo básico original. Cuando transmitimos la información al nuevo equipo, mostraron una total falta de entusiasmo. Gori-1 permaneció en el rancho durante tres días seguidos, y no se hizo nada.

Cuando preguntamos por sus dudas, el comandante nos dijo que la operación era demasiado peligrosa porque la gente de Gori estaba fuertemente armada, y que no quería asumir el riesgo. ¿El comandante de las Fuerzas Especiales nos decía que no querían arriesgarse con un objetivo que había matado a un antiguo general? ¿Fuerzas

Especiales? ¿En serio? Estábamos muy decepcionados y estupefactos
por la lógica, pero no podíamos hacer nada. Era su decisión, no la
nuestra. Realmente tenía que respetar su decisión. Ambos sabíamos
que si lo planeábamos bien, podríamos minimizar o incluso evitar
las bajas. Pero él no quería la responsabilidad ni correr el riesgo de
sufrir bajas, y yo no podía estar en desacuerdo, pero como dije antes
era su decisión; eran sus tropas, su país y, aunque decepcionado, lo
comprendí.

Estábamos en un buen aprieto. Ni siquiera podíamos decir que
habíamos vuelto a la casilla de salida porque, en realidad, todas las
casillas habían desaparecido del juego. La Policía Federal no lo haría,
y ahora la SEDENA, nuestro equipo de confianza, no quería correr el riesgo. Ni siquiera se nos ocurría mencionar nada de nuestra
inteligencia a la policía estatal porque muchos de ellos estaban en
la nómina de los Zetas. Nuestra situación era más que frustrante;
era un calvario enloquecedor, agravado por el implacable tic-tac del
reloj. Gori-1 prefería la movilidad y nunca permanecía demasiado
tiempo en un mismo lugar, y el reloj agotó nuestra oportunidad.
Tras pasar cinco días en el rancho, Gori-1 desapareció, dejándonos
completamente desorientados sobre su paradero.

Era realmente descorazonador que hubiéramos desperdiciado una
oportunidad de oro para capturar a un individuo tan villano. Un
asesino despiadado vagaba por las calles en busca de más víctimas
mientras nosotros nos quedábamos de brazos cruzados, intentando
encontrar una solución. Me molestaba sentirme tan impotente y
abatido, pero ni yo ni nadie de la DEA podíamos hacer nada. Fue un
mal día. Parecía que todo el mundo, todas las situaciones y todas las
circunstancias conspiraban contra nosotros. Sintiéndonos abatidos,
frustrados y molestos, nos distrajimos de nuestro apuro dedicán-

donos a lo que la mayoría de los agentes de la DEA destacaban: ¡desenvolvernos con unas copas! Al fin y al cabo, era viernes por la noche.

Monterrey es una de las ciudades más sofisticadas y cosmopolitas de México, y ofrece muchas opciones de entretenimiento para turistas y lugareños. Para un equipo de agentes de la DEA molestos, encontramos nuestro consuelo en una vieja y rancia cantina del centro, El Rancho, que contaba con una banda en directo que tocaba rock clásico. Era el lugar perfecto para distraernos de nuestras frustraciones.

Cubos de cerveza helada fluían suavemente mientras degustábamos algunas de las mejores comidas de bar del planeta, como el "Atropellado", que consiste en carne de res, seca y salteada en aceite ligero, mezclada con chile serrano, cebolla y ajo, todo ello bañado en salsa a base de tomate. El plato se sirve con rodajas de aguacate aparte y tortillas de harina suaves y esponjosas recién hechas, con la cantidad justa de picante para que sigas pidiendo cerveza toda la noche. También sirvieron "Frijoles con Veneno", que consiste en frijoles refritos mezclados con asado de cerdo desmenuzado y salsa picante al molcajete que se come con tortillas fritas recién hechas. Como el crack, el plato es sencillamente adictivo, irresistible y hace que uno pida sin pensar cubo tras cubo de cerveza fría.

El grupo aporreó la famosa canción de The Hollies, "Long cool woman in a Black Dress"; "Have you ever seen the rain", de Creedence Clearwater Revival; "Time of the Season", de The Zombies, así como canciones de los Eagles, Santana y Van Halen, entre otros. Para aumentar el ambiente del bar y como recordatorio de que uno seguía en México, un grupo de mariachis tocaba canciones tradicionales mexicanas cada vez que el grupo de rock se tomaba un descanso.

Canciones como "México Lindo", "Guadalajara" y "La Feria de las Flores" nos inspiraron para pedir ronda tras ronda de chupitos de tequila, mientras los gritos de "¡Viva México!" se fundían en el fondo con la vibrante música de los mariachis. La noche transcurrió lentamente hasta las primeras horas de la mañana del día siguiente.

Por fin se acabó la fiesta, dejándonos con fuertes dolores de cabeza y el peso persistente de nuestro problema. No disponíamos de un equipo de acción para la operación Gori. Para agravar nuestro dilema, el paradero de Gori seguía siendo un completo misterio para nosotros. Nos habíamos quedado sin opciones.

Llamé a uno de los miembros de mi equipo y nos reunimos en un restaurante cerca del Consulado de EE.UU, especializado en menudo, el santo grial para todas las resacas. No has experimentado realmente la dicha culinaria hasta que saboreas un tazón de menudo bien caliente del Menudo Don Luis de Monterrey. Acompáñalo con unos tacos de barbacoa, generosamente cubiertos con una ardiente salsa de habanero que despertará tus papilas gustativas. Para refrescar el calor, apaga la sed con una refrescante limonada hecha con sabrosas limas exprimidas a mano y agua mineral con gas. No hay nada mejor.

El local estaba abarrotado, como de costumbre, más aún en este frío y sombrío día de noviembre. Mi compañero y yo comimos en silencio mientras contemplábamos nuestra situación y esperábamos a que la brumosa niebla se despejara del espacio de nuestras mentes y devolviera un sentido de funcionalidad a nuestro razonamiento. Pagamos nuestra cuenta y recorrimos la corta distancia que nos separaba del Consulado de EE.UU para reflexionar sobre la operación, recogiendo por el camino un poco de café y unas empanadas de cajeta recién hechas y calientes (masa horneada recubierta de azúcar y canela y rellena de caramelo) de un alegre vendedor ambulante. Era joven y lleno de espíritu, embarcado en su primera aventura empresarial, totalmente ajeno a los peligros que los Zetas traían a las calles de Monterrey.

Mientras nos alejábamos, pensé en que este joven solo intentaba poner comida en la mesa para su familia y en lo inconcebible que era que los Zetas entraran y se la quitaran. Monterrey no tiene comparación; la calidad de vida debería ser de primera clase. Pero los Zetas crearon un ambiente en el que los habitantes de Monterrey vivían aterrorizados, con miedo de salir a sus restaurantes, bares, parques o lugares de reunión favoritos. Los despiadados Lazcano, Z-40, Gori, Canicon, El Tiburón y otros lo perpetuaron. Peor aún, la policía no hizo nada al respecto, tan parte del problema como los propios Zetas. Quería a Gori-1 fuera de la calle. Pero por mucho que nos pusiéramos a pensar, el hecho es que no sabíamos dónde estaba. Incluso si lo encontrábamos, no teníamos equipo para ir tras él.

Al no tener otra opción razonable, le dimos un par de días para ver si volvía a aparecer. El tiempo era nuestro enemigo. La semana siguiente era para nosotros la semana de Acción de Gracias y, después, llegarían las vacaciones de Navidad. En México, las vacaciones de Navidad empiezan oficialmente el 12 de diciembre, día de la Virgen de Guadalupe, y terminan oficialmente el 6 de enero, conocido como Día de los Reyes. Los mexicanos suelen referirse a este largo periodo de vacaciones como "Lupe-Reyes". Pronto todo el mundo se iría de vacaciones "Lupe-Reyes", incluidos los malos. Mientras tanto, nuestras opciones eran mínimas.

Teníamos tres opciones: convencer al comandante de que llevara a cabo la operación, buscar otro equipo capaz de entrar en acción o esperar un milagro antes de que empezara "Lupe-Reyes". Yo también quería ir de vacaciones a "Lupe-Reyes". Pero quería hacerlo con la seguridad de que Gori estaba fuera de las calles para siempre. De momento, iba a volver a Texas, disfrutar de las vacaciones de Acción de Gracias, pasar un buen rato con la familia y rezar por un milagro.

Acción de Gracias, una de mis fiestas favoritas, es un momento para reflexionar sobre nuestras bendiciones y expresar gratitud. Personalmente, sirve como momento de introspección y autoevaluación. Me da la oportunidad de reconectar conmigo misma espiritualmente, y también de volver a conectar con la familia y los viejos amigos. Una mañana, de repente, recibí una llamada de un colega que era supervisor de la DEA en McAllen, Texas. Quedamos para comer, hablar de los viejos tiempos y ponernos al día de las últimas noticias. No me gustan los tópicos, pero tampoco creo en las coincidencias. Todavía oigo resonar en mi mente las palabras de mi antiguo compañero, Mario Álvarez: "Es mejor tener suerte que ser bueno". Hoy, ese tópico -coincidencia, si prefieres ese término- estaba de plena actualidad. Resulta que mi amigo tenía una estrecha relación con un capitán de la SEMAR que estaba destinado en Matamoros, Tamaulipas.

SEMAR es el acrónimo de Secretaría de la Marina, los marines mexicanos. Según mi amigo, el capitán comandaba una unidad de fuerzas especiales de cuarenta marines, que habían sido desplegados en Matamoros. Estaban ansiosos por entrar en acción contra cualquier miembro del cártel que se considerara valioso. En todo el tiempo que pasé en la DEA, nunca había oído que los marines mexicanos formaran parte de ninguna operación antidroga en el interior, así que me mostré escéptico. Cuando estuve destinado en Guadalajara, México, colaborábamos con una unidad de los Marines, pero solo para operaciones marítimas. Mi amigo me aseguró que esta unidad de Fuerzas Especiales de la SEMAR estaba altamente capacitada para realizar operaciones terrestres y que la mayor parte de la unidad había recibido entrenamiento de los SEALS de la Marina estadounidense, la unidad militar de élite más importante del mundo. Lo mejor de este equipo de Fuerzas Especiales de la SEMAR es que todos los miembros del equipo eran de fuera del estado. Ningún miembro del equipo era de Nuevo León o Tamaulipas, y no tenían lazos familiares en ninguno de los dos estados, por lo que no podían ser extorsionados con amenazas a familiares o socios. Realmente no teníamos nada que perder. No podríamos haber pedido un escenario mejor.

Lanzaríamos un ataque sorpresa contra los Zetas utilizando un equipo de las Fuerzas Especiales que recibió entrenamiento directo de los US Navy SEALS, pillándoles completamente desprevenidos. Esta relación podría resultar revolucionaria. Fue todo lo que pude hacer para mantener la compostura y evitar saltar de la silla y estrujar a mi amigo hasta la muerte en un abrazo de oso. Ésta era la respuesta que habíamos estado buscando desesperadamente, y parecía demasiado perfecta para ser mera casualidad. Le dije que en Monterrey estábamos interesados en trabajar con ellos. Puso al capitán al teléfono e hicimos planes para reunirnos en Monterrey cuando yo regresara de las vacaciones de Acción de Gracias. Esto tuvo que ser una intervención divina, o una suerte tonta. En cualquier caso, suerte o intervención divina, daba igual. Fuera lo que fuese, iba a tomar la pelota y correr con ella. Siempre que la suerte se ponga a tu favor, ¡tómala! ¡Los malos siempre lo hacían! ¡Era hora de que nosotros también empezáramos a tomarla!

La excitación en el gélido aire de diciembre era como un día de apertura de la temporada de fútbol americano en Texas y era difícil contener nuestra emoción y entusiasmo. Un cierto elemento de electricidad llenaba el frío gélido del aire de diciembre y nuestras expectativas eran altas. Cautelosas, pero altas. Una especie de optimismo cauteloso. Esta unidad, aunque altamente entrenada y capaz, no había sido puesta a prueba. A nuestro favor, sin embargo, estaba que los Zetas no tenían ni idea de lo que se avecinaba y, en el pasado, siempre existía el peligro de que se filtrara información. Esta vez no. El equipo estaba trabajando en esta operación en solitario. Sin Policía Federal. Ni Ejército local. Ni siquiera nos dijeron a qué hora tendría lugar la operación. Lo único que nos pidieron fue que les siguiéramos informando sobre la situación de Gori.

Nuestros servicios de inteligencia indicaron que Gori estaba escondido en una quinta aislada, rodeado de la tranquila belleza del emblemático Cerro de la Silla de Monterrey. El Cerro de la Silla, que forma parte de la Sierra Madre Occidental, es un hito icónico sinónimo de Monterrey y del estado de Nuevo León. Con su impresionante altitud de casi 2000 metros, la montaña se puede divisar y apreciar desde diferentes lugares del Estado de Nuevo León. El Cerro de la Silla ha sido objeto de infinidad de fotografías, con la salida del sol y la luna como telón de fondo, homenaje a su inmensa belleza. Casualmente, la Quinta de Gori estaba situada cerca de la Quinta donde las autoridades detuvieron al antiguo jefe del Cártel del Golfo, Juan García Abrego, en 1996. La Quinta estaba en una zona extremadamente apartada, rodeada de impresionantes vistas del Cerro de la Silla, aunque dudo mucho que El Gori se tomara tiempo para admirar la vista del Cerro y el amanecer desde su escondite. Lo curioso es que debería haberlo hecho. También debería haber prestado atención a otro cliché que yo había llegado a abrazar: "Vive la vida como si fuera tu último día en la tierra".

En su caso, sería su último día en la Tierra, el último amanecer que llegaría a ver y su última oportunidad de apreciar la majestuosa belleza de El Cerro de la Silla.

En las primeras horas de la mañana de un frío 4 de diciembre, un equipo de ocho marines fue transportado en helicóptero a la gélida y selvática ladera de la montaña de El Cerro de la Silla. Caminaron sigilosamente varios kilómetros a través de un terreno densamente arbolado hasta el perímetro del escondite aislado de El Gori.

El plan consistía en escalar la valla de hormigón de dos metros y medio que rodeaba la casa por la parte trasera y entrar, mientras Gori y sus secuaces dormían profundamente. Pero ningún plan es perfecto, y a veces hay que adaptarse sobre la marcha. Los marines no esperaban que Gori y sus secuaces siguieran de fiesta y de juerga a las cuatro de la madrugada, con la música a todo volumen, pero así era. Más tarde nos enteramos de que el segundo de Gori y nuevo jefe de la plaza de Monterrey, conocido como "El Flaco", estaba celebrando su reciente ascenso en la Quinta con Gori y sus chicos y adelantándose a la próxima celebración de Lupe-Reyes.

El equipo no tuvo más remedio que esperarlos.

El retraso imprevisto nos benefició, ya que permitió al equipo recuperarse de la larga caminata y recobrar la energía que tanto necesitaban, mientras Gori, Flaco y sus chicos se divertían y se emborrachaban cada vez más. El inconveniente era que pronto amanecería y perderíamos el amparo de la oscuridad. Pero al menos nuestros chicos estaban sobrios, alerta y bien descansados. El espeso bosque proporcionaba una cobertura excelente en la oscuridad del amanecer invernal. Por el momento, manteníamos la ventaja táctica y aún teníamos el factor sorpresa a nuestro favor. Decidimos dejar que se enfrentaran por sí mismos, una estrategia táctica de "Rope-a-Dope", como la que Ali utilizó con Foreman en su famoso combate "Rumble in the Jungle" en Zaire. Para cuando Gori y sus chicos hubieran acabado, estarían incapacitados y totalmente superados, igual que Foreman.

Sin inmutarse por el gélido aire de la montaña, la música a todo volumen continuó hasta mucho después del amanecer. El equipo, escondido en la espesura boscosa detrás de la Quinta, soportó pacientemente la gélida temperatura y esperó hasta que los últimos sonidos de la vida festiva se desvanecieron en la niebla helada y las nubes que envolvían el Cerro de La Silla. El radiante sol de la mañana proporcionó un breve respiro del frío cortante mientras el equipo comprobaba el equipo de cada uno por última vez antes de la hora del espectáculo. La adrenalina estaba a flor de piel, pero entre el equipo reinaba un aire de autocontrol y confianza a medida que se acercaban a la valla de hormigón situada detrás de la Quinta.

El miembro principal del equipo empleó la escalera táctica, y el primer miembro del equipo la escaló rápidamente. Al llegar arriba, sacó un gran martillo de su cinturón y rompió los afilados fragmentos de cristal incrustados en el hormigón para disuadir a los ladrones. Ladrones, no agentes militares altamente entrenados. Con suavidad y rapidez, cada miembro cruzó la valla y entró en la propiedad de Gori. Se dirigieron lentamente hacia la casa y se dividieron, enviando un equipo de cinco a la parte delantera de la casa mientras tres permanecían en la parte trasera para cubrir la puerta trasera. El equipo serpenteó lentamente desde el lado norte de la casa para afectar a la entrada orientada al este desde la parte delantera. Al girar la esquina para acercarse a la pared este, un miembro del equipo de Goris dobló la esquina y casi chocó con el primer miembro del equipo. Se quedó con la boca abierta mientras miraba con incredulidad antes de darse la vuelta y correr hacia la puerta principal gritando:

—¡Wachos! ¡Aquí están los Wachos!

El equipo mantuvo la calma y avanzó lenta y metódicamente hacia la puerta principal. El corredor se detuvo de repente en la puerta principal, sacó una pistola de debajo de la camisa y empezó a disparar contra el equipo y a advertir a sus compañeros Zetas. Fue su última acción antes de que una bala marine le atravesara el cráneo.

Se desató el infierno.

Los disparos se dispersaron indiscriminadamente mientras los Zeta se apresuraban a escapar o ponerse a cubierto. Como cucarachas que se esconden de las luces brillantes, salieron corriendo en tropel de la casa por las puertas delantera y trasera, disparando al azar. No eran rivales para los marines altamente entrenados, que no desperdiciaban balas en disparos indiscriminados. Los gritos espeluznantes de desesperación y agonía de los heridos y de los que intentaban escapar perforaron la quietud de la crujiente mañana montañesa. Unos Zetas arrancaron un Chevy Suburban gris y se largaron de allí, derribando la verja de la entrada en el proceso y arrancando fuera del alcance del fuego de los marines. El jefe del equipo de marines dio la descripción del Suburban al equipo de refuerzo que se acercaba para que estuvieran alerta por si Gori había escapado en la furgoneta.

Tras lo que pareció una eternidad, cesó el tiroteo. El olor a sangre y pólvora se mezcló con el aire fresco de la montaña mientras el equipo aseguraba a los prisioneros -nueve en total- y procesaba la carnicería del lugar. Era poco menos que surrealista. Parecía como si te hubieran metido en medio de una historia de terror de Stephen King. Había charcos de sangre, fragmentos de cráneo y restos de masa encefálica por todas partes. Los marines reunieron a los prisioneros en el patio trasero, les ataron las manos con bridas y les cubrieron la cabeza con chaquetas o camisas para impedir que identificaran sus rostros. Estaban tan sorprendidos que ni siquiera se habían puesto los pantalones cuando se desató la operación. Los prisioneros se acurrucaron en el patio trasero, tiritando en calzoncillos y con un frío cortante, literalmente muertos de frío.

Esperábamos ansiosamente la noticia de que Gori estaba detenido o muerto. Dentro del recinto, el jefe del equipo miró fijamente a los ojos sin vida del otrora temido Gori -que irónicamente murió en ropa interior con una expresión de incredulidad y horror en el rostro- y luego llamó para confirmar que lo habían eliminado. Cuando todo el humo se hubo disipado, ocho Zetas perdieron la vida en la Quinta aquella mañana, incluidos Gori y El Flaco: dos pájaros de un tiro. No podríamos haber pedido un escenario mejor. Y en el tiroteo no resultó herido ni un solo marine.

Pero el día aún no había terminado.

El Suburban gris retumbaba por las carreteras secundarias de la Colonia Bosques de la Silla, dejando un tornado de polvo a su paso. Intentaban desesperadamente llegar a la vía principal para poder mezclarse en el tráfico principal y salir limpios.

—¿Qué hacemos si nos encontramos con más de ellos? No podemos huir de ellos en esta mierda —dijo el pasajero.

—¡Cierra el pico! ¡No seas maricón y prepárate para pelearte con ellos si volvemos a verlos! —ladró el conductor conocido como "El Gonzo".

El Gonzo era el Zeta más veterano en la escena y, por defecto, se hizo cargo del pequeño grupo de siete Zetas que habían escapado de la operación de los marines en la Quinta, junto con dos víctimas de secuestro que habían pasado la noche esposadas en la parte trasera del camión. Aferrándose a sus dementes convenciones de apodos, los Zetas le llamaron Gonzo porque tenía los ojos caídos y una nariz de gancho curvada muy parecida a la de los Teleñecos de Plaza Sésamo.

Alguien del departamento de apodos en los recursos humanos de los Zetas tenía un sentido del humor retorcido y desquiciado. Gonzo juró que no le atraparían vivo. No es que escapar fuera mucho mejor para él. Si escapaba con vida, Miguel Treviño se encargaría de asegurarse de que sufriera una muerte peor y más dolorosa que la de los compañeros que había dejado atrás en la Quinta. Las dos víctimas del secuestro que tenían en la parte trasera de la furgoneta lloraban y suplicaban que las dejaran salir del vehículo, pero a Gonzo no le importó. Siguió pisando a fondo el acelerador, decidido a llegar a la carretera principal. Aquellos cabrones llorones habían sido secuestrados porque decían ser Zetas y estaban extorsionando a la gente en la calle, así que a él le importaban un carajo aquellos melancólicos llorones. No se quejaban cuando recibían enormes cantidades de dinero de extorsión que pertenecían legítimamente a los Zetas, no a ellos. No se quejaban cuando se gastaban todo el dinero de la extorsión bebiendo botella tras botella de Tequila Don Julio o tirándose a las putas más guapas de Monterrey. Por lo que respecta a Gonzo, fuera cual fuera su destino, se lo merecían. No, Gonzo no sentía ni un ápice de piedad por esos gilipollas. ¿Querían ser Zetas? Bueno, ahora tenían un asiento en primera fila en el viaje, en cuanto a cómo era la verdadera vida Zeta, incluso si ese viaje iba directo al infierno.

Gonzo ya había pedido refuerzos en cuanto salieron de la Quinta. Los refuerzos les esperarían cerca de la carretera principal, donde podrían tomar la autopista a Reynosa y pasar desapercibidos hasta que las cosas se calmaran.

Ya pensaría después qué hacer con los quejicas.

Aunque era un día frío, el sudor corría por las sienes y la frente de Gonzo. Hizo oídos sordos a los quejumbrosos ruidos procedentes de los secuestrados y siguió de largo. Ya podía ver el tráfico que subía y bajaba por la carretera principal, pero no esperaba que otras personas estuvieran delante de él, intentando también acceder a la autopista de Reynosa. El tráfico retrocedió casi treinta metros hasta la intersección principal. Ocho camiones repletos de refuerzos Zeta les esperaban en la intersección y Gonzo no iba a sentarse pacientemente en el tráfico a esperar su turno.

—¡A la mierda! ¡Agárrense cabrones!

Se apartó violentamente del carril en dirección norte, saltó el bordillo, con los neumáticos chirriando y echando humo, y cruzó al carril en dirección sur en contra del tráfico.

—¡Tengo que conseguirlo! —murmuró en voz baja y siguió adelante, directo hacia el camino del equipo de refuerzo de los marines que se aproximaba.

—¡A la verga!! ¡¡Los Wachos disparen cabrones disparen!!

Gonzo prácticamente empotró el vehículo contra el camión militar, esquivándolo por poco mientras su pasajero disparaba a ciegas contra los vehículos militares que se aproximaban, iniciando el segundo tiroteo del día con los marines. Los pasajeros de Gonzo salieron del Suburban y se enfrentaron a los marines con temerario abandono. Gonzo disparó su AK-47 a través del parabrisas del monovolumen, con la esperanza de que pudiera proporcionarle suficiente cobertura para intentar escapar y marcharse con los refuerzos de los Zeta. Se ajustó y saltó al asiento vacío del lado del pasajero para conseguir un mejor ángulo de disparo.

El tiempo parecía haberse detenido para Gonzo mientras lanzaba plomo caliente a distancia, cuando de repente vio movimiento por el rabillo del ojo y se volvió para ver la fuente del movimiento: un marine solitario en posición agachada que apuntaba un lanzagranadas en su dirección. Vio que los labios del marine se movían, pero era imposible que hubiera oído las palabras "¡Fuego!". Luego un fuerte golpe.

Lo último que Gonzo vería sería la bala de 40 mm que salía del cañón del lanzagranadas M203, lanzando una estela de humo hacia él antes de que todo se oscureciera para el mundo de Gonzo.

¡Boom!

La fuerza de la ensordecedora explosión elevó la furgoneta por los aires, destrozó las ventanillas de los vehículos circundantes y dejó a los Zetas restantes conmocionados y dispersos en busca de refugio. Las llamas envolvieron el Suburban, quemando a Gonzo y a los secuestrados hasta dejarlos irreconocibles.

El caos estalló en proporciones apocalípticas. Las llamas humeaban hacia el cielo. Los adornos navideños colgaban precariamente tras ser destruidos por los disparos. Los muñecos de nieve inflados y los Papá Noel no fueron inmunes a la destrucción, ya que las balas de gran calibre atravesaron su piel de plástico. Los transeúntes inocentes gritaban, aterrorizados, mientras corrían a refugiarse bajo la lluvia torrencial de disparos. Los vendedores de frutas y verduras se acurrucaron bajo sus puestos improvisados, recitando repetidamente el Ave María y esperando sobrevivir para ver el final del día.

Los Zetas y sus refuerzos no eran rivales para la artillería pesada utilizada por los marines. Una segunda explosión provocada por el M203 convenció a los Zetas de que era hora de largarse de allí y vivir para luchar otro día. Pero los Zetas que huían dejaron atrás a un grupo de sus camaradas para que se las arreglaran solos. Algunos de ellos se apoderaron de un taxi y huyeron a toda velocidad, dejando atrás a varios miembros. Los últimos Zetas se rindieron sabiamente. Cuando por fin terminó, las autoridades detuvieron a siete Zetas en el lugar de los hechos. Cuatro más estaban muertos, entre ellos Gonzo, las dos víctimas del secuestro y un Zeta no identificado. Por desgracia, los Zetas mataron a un transeúnte inocente con una bala perdida de su errático, indisciplinado y desordenado tiroteo.

Eliminamos a doce Zetas ese día, incluidos dos importantes líderes Zeta en Gori y El Flaco. Detuvimos a dieciséis más, con lo que el número total de Zetas eliminados en un día ascendió a veintiocho. Los Marines también retiraron de las calles 36 armas de fuego junto con 11 granadas y 13 vehículos. Los Marines hicieron notar su presencia. Nuestra inteligencia revelaría que esta operación dejó a los Zetas sumidos en la confusión y el desconcierto.

Miguel Treviño se encontró lidiando con una nueva fuerza formidable en la SEMAR, lo que le dejó inseguro sobre cómo manejar la situación. Nos sentimos satisfechos al saber que las tornas habían cambiado. Trevino temía ahora por su destino. Nuestros servicios de inteligencia revelaron que, básicamente, pasó a la clandestinidad detrás de esta operación y adoptó medidas extremas de seguridad. Nuestra determinación aumentó a medida que estrechábamos la distancia que nos separaba de él, y no podíamos permitirnos perder impulso. Definitivamente, esta operación resultó ser un punto de inflexión para la guerra contra el crimen organizado en México gracias a la pericia de la SEMAR y a la atención al detalle en su planificación operativa. Dos semanas después, el equipo de la SEMAR llevó a cabo otra operación en Cuernavaca, Morelos. Eliminaron con éxito a Arturo Beltrán Leyva, también conocido como "El jefe de los jefes", y a cinco de sus socios en medio de un feroz intercambio de disparos. Se filtraron a los medios de comunicación imágenes de un Arturo

Beltrán Leyva fallecido, parecido a un queso suizo, con montones de billetes de dólar sobre su cuerpo sin vida. Era un mensaje sutil para todos los delincuentes. Ninguna cantidad de dinero iba a comprar tu salida de lo inevitable. Por toda la mierda mala que hagas y toda la mierda mala que hayas hecho a gente inocente, no temas a la parca cuando llame a tu puerta, porque al final oirás cómo llama.

Solo tienes que preguntar a Gori, Flaco, Gonzo y al antiguo Jefe de jefes: todos ellos tienen las respuestas.

Las tropas de SEMAR corren a ponerse a cubierto durante un tiroteo con la banda de El Gori.
(Foto cortesía de Grupo Reforma / El Norte)

Capítulo 14: Agentes caídos en 2011

2011 quedará grabado para siempre en nuestra memoria como un año tanto de profundas tragedias como de momentos inolvidables. Si hubiera un año que pudiera retroceder en el tiempo y borrar de la existencia, sería éste. Nunca creí que las cosas pudieran empeorar más de lo que ya estaban, pero increíblemente lo hicieron. Los acontecimientos que se desarrollaron aquel año se cobraron un alto precio en el espíritu, la mente y el alma. Con más de 2000 homicidios, de los cuales 139 fueron víctimas inocentes, 2011 pasó a la historia como el año más violento en la historia de Nuevo León y fue uno de los primeros años que recuerdo haber cuestionado mi fe. Fue sin duda uno de los años más estresantes y difíciles de mi vida. Todo el año fue borroso para mí. Sé que muchos de mis compañeros de la DEA han pasado por muchos momentos estresantes, pero apostaría dinero a que lo que nosotros, como equipo, pasamos ese año entero, estaría a la altura de los momentos más duros en cualquier lugar y en cualquier momento.

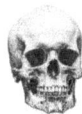

La realidad de ser agente en un país extranjero suele distar mucho de las escenas glamurosas y llenas de acción que muestran las películas. Las películas no suelen mostrar la realidad de que a veces hay un trabajo tedioso y desagradable que no se puede evitar. Todos tenemos nuestra parte de trabajo de mierda, especialmente si eres supervisor. Durante la semana del 13 de febrero de 2011, estuve hasta arriba de trabajo de mierda, mientras preparaba nuestra oficina para nuestra inspección anual. Si yo iba a estar hasta arriba de trabajo de mierda, mi personal también iba a estar hasta el cuello. Desde luego, no iba a ahogarme en mierda yo solo. En un consulado de EE.UU., las fuerzas de seguridad federales están representadas por una pequeña plantilla de agentes y personal administrativo. El ICE, el FBI, la ATF y el USCIS tienen cada uno sus propias oficinas, y cada uno tiene su propia lista de trabajo de mierda que hacer de vez en cuando. Esta semana, aparte de nuestra oficina, los agentes del ICE Víctor Ávila y Jaime Zapata recibieron una importante asignación de mierda. Tenían que conducir desde su puesto asignado en Ciudad de México hasta San Luis Potosí, recoger en un equipo importante de los agentes del ICE asignados a Monterrey, y regresar rápidamente a Ciudad de México: un viaje de ida y vuelta de diez horas en total, sin contar las horas para ir al baño o repostar, posiblemente doce horas en la carretera. Normalmente, un viaje por carretera como éste sería un respiro agradable de estar encerrado en la oficina todo el día, pero en 2010, el Departamento de Estado emitió una advertencia de viaje a todos los ciudadanos estadounidenses y a los empleados de embajadas y consulados debido al peligroso entorno creado por la guerra entre los Zetas y el cártel del Golfo.

La advertencia de viaje afirmaba específicamente que

A partir del 15 de julio de 2010, los empleados de la Misión no po-
drán viajar en vehículo a través de la frontera entre EE.UU. y México
hacia o desde ningún puesto en México. La advertencia también afir-
ma que 'los delincuentes parecen tener como objetivo especial los SUV y
las camionetas pick-up de tamaño completo para robar y asaltar.

Irónicamente, son justo el tipo de vehículos que conducen los
empleados de las Fuerzas de Seguridad de EE.UU: Chevy Suburbans,
Toyota Landcruisers o Ford Expeditions totalmente blindados, también los vehículos preferidos de los narcotraficantes.

Víctor Ávila, desde el principio, tuvo un mal presentimiento sobre esta misión, y abordó la cuestión con su jefe. ¿El equipo que
había que recoger era lo bastante importante como para arriesgar la
seguridad de dos agentes de Ciudad de México y dos de Monterrey?
Estos agentes tuvieron que viajar a Laredo, Texas, recoger el valioso
equipo y entregárselo a Víctor y Jaime en San Luis Potosí, todo ello
en flagrante violación de la restricción de viajes del Departamento de
Estado. A nuestros agentes en Monterrey no se les permitió conducir
hasta la frontera, que estaba a solo dos horas en auto. Sin embargo,
Jaime y Víctor recibieron instrucciones de hacer un viaje por carretera
de doce horas en un territorio que estaba bien documentado como
peligroso, todo por una pieza de equipo no especificada. No tenía
ningún sentido. Lo peor del plan de la dirección del ICE era que
ninguna otra agencia sabía nada del viaje. Al menos, la DEA de Monterrey no lo sabía. Nuestros homólogos del ICE no nos informaron
en absoluto.

Así que, el 15 de febrero de 2011, me centré en ultimar los preparativos para la próxima inspección anual de la oficina. Trabajo de
mierda, mucho trabajo. Pero era imperativo que lo terminara. No
tenía ni idea de que agentes del ICE de Ciudad de México estaban

viajando a San Luis Potosí, nuestra área de responsabilidad. Tampoco sabía que agentes del ICE de Monterrey también estaban en San Luis Potosí para entregar el supuesto equipo importante.

Era completamente ajeno al tsunami de tormenta de mierda que estaba a punto de sacudir nuestros mundos.

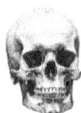

A primera hora de la mañana, Víctor Ávila y Jaime Zapata abandonaron la burbuja de la Embajada de EE.UU y el enjambre de turbulencias que era Ciudad de México. Las calles estaban inusualmente tranquilas a las 5 de la mañana mientras se dirigían al norte, hacia San Luis Potosí. Ninguno de los dos agentes conocía al otro hasta el día anterior, pero congeniaron como si fueran amigos de toda la vida. No dijeron nada mientras tomaban la carretera 57 hacia el norte, cada uno sorbiendo su café Starbucks mientras en la radio sonaba algún narcocorrido mundano, una balada que glorificaba la vida de los narcotraficantes. Parecía que ésa era la única música que sonaba en las emisoras de radio. Sabiendo que el viaje sería largo, ambos optaron por disfrutar del silencio por el momento, en una especie de estado meditativo. Ya habría mucho de qué hablar más tarde. Jaime aprovechó este tiempo para rezar una oración silenciosa por el éxito de la misión, y pidió a Dios que cuidara de sus padres, de sus hermanos, de su prometida, del resto de su familia. Por último, pidió un regreso rápido y seguro para él y Víctor.

Hizo la señal de la cruz, tomó un sorbo de su café y preguntó:

—¿Qué tal tu San Valentín, hermano?

—Fue tranquilo hermano, realmente no hicimos mucho debido a este viaje, ¿sabes? Tener que madrugar y todo eso. No te da muchas opciones. Mi mujer y yo cenamos tranquilos y nos acostamos pronto. ¿Y tú?

—Lo mismo digo. Me quedé en el hotel y hablé con mi novia por teléfono. No quería ser un idiota y levantarme tarde para esta misión —se rio al decirlo.

Víctor asintió con una sonrisa y dijo:

—Sí, es una mierda. Pero, ¿qué vas a hacer? Tienes que aguantarte, ¿no?

—No me digas.

—¿Qué te parece Ciudad de México hasta ahora? ¿Te diviertes aquí?

—Por el poco tiempo que llevo aquí, de momento me gusta mucho. No me importaría trabajar aquí permanentemente. Es completamente diferente a lo que estoy acostumbrado.

—Bueno, aprovecha el tiempo cara a cara que tengas con los mandamases mientras estés aquí de misión, hermano. Una vez que te conozcan y hagas bien tu trabajo, puede que consigas un puesto permanente aquí en Ciudad de México, hermano.

—Ya veremos. Hay muchas cosas que tengo que considerar antes de tomar una decisión que me cambie la vida, hermano.

—¡Es una gran decisión! Pero tienes que sopesar los pros y los contras. Si te seleccionan para una plaza aquí arriba, el G te paga la vivienda y los servicios. Cosas como el cable e Internet corren de tu cuenta, pero es barato. Además, ¡aquí nos pagan por peligrosidad! Así que tienes muchas ventajas. En cuanto a la carrera, te mezclarás con gente de alto rango de todas las agencias federales con sede en Ciudad de México que pueden ayudarte a avanzar en tu carrera. Solo lo digo amigo para que lo tengas en cuenta si tomas tu decisión. Es mejor que Laredo, Texas, hermano.

Jaime se quedó sumido en sus pensamientos, contemplando el consejo de Víctor, mirando por la ventanilla del Suburban blindado mientras el extenso paisaje urbano daba paso a la campiña mexicana bordeada de cactus. Se preguntó cómo sería su vida si se trasladara a una de las mayores ciudades del mundo. Éstas eran las ligas mayores para un agente de la ley. Las posibilidades eran infinitas. Pero ¿sería feliz su prometida? ¿Y sus padres? Se estaban haciendo mayores y él no sería tan accesible como en Estados Unidos. Había tantos factores que considerar.

—Oye Víctor. Déjame preguntarte algo.

—Claro cualquier cosa hermano. ¿Qué pasa?

—Si decido trasladarme y me destinan aquí, ¿puedo ver de alguna manera los partidos de los Dallas Cowboys aquí durante la temporada? ¿Tienen todos televisión por cable aquí arriba?

Víctor, que era un gran aficionado a los Cowboys, soltó una carcajada y miró a Jaime, que lo miraba solemnemente, muy serio, preocupado por la respuesta de Víctor.

—¡Sí, hombre! Aquí puedes ver el partido de la NFL que quieras. ¡Esto no es un país del tercer mundo, hermano! Tenemos televisión por cable, e incluso tenemos un grupo de seguidores de los Cowboys que se reúnen para hacer carnes asadas y ver los partidos de vez en cuando. Todo está bien —se rio entre dientes mientras extendía el puño para chocar con el de Jaime.

—Te pondrás bien, hermano —ambos compartieron una larga carcajada.

En cuanto Victor mencionó la carne asada, Jaime se enzarzó en un largo discurso sobre su amor por la parrilla y la miríada de técnicas de ahumado utilizadas para preparar falda de ternera, costillas de ternera, costillas de cerdo, venado, pavo, pollo, pescado y salchichas para la mejor experiencia gastronómica que uno pueda vivir. Habló con entusiasmo de las innumerables tradiciones familiares pasadas en torno a una parrilla humeante en Brownsville (Texas), de su pasión por la caza de ciervos de cola blanca y jabalíes en los ranchos ricos en mezquite de del condado de Starr y de su amor por la pesca en agua salada a lo largo de las numerosas ensenadas de la Laguna Madre y el tremendo pero gratificante desafío de la pesca de altura en las profundas aguas azules del Golfo de México. La calidad realista de la conversación hizo que el largo viaje a San Luis Potosí resultara menos tedioso para ambos agentes. El tiempo parecía evaporarse con la conversación, aunque hicieron un par de paradas en el camino para repostar y para ir al baño.

Víctor desarrolló un auténtico respeto por el agente más joven que acababa de conocer 24 horas antes y juró ayudarle en todo lo que pudiera, tanto si lo trasladaban a Ciudad de México en el futuro como si no. El viaje abrió el camino a un vínculo inquebrantable de hermandad que muchos agentes de las Fuerzas de Seguridad desarrollan durante las misiones y el tiempo que pasan juntos. Llegaron a San Luis Potosí aproximadamente a las 11:30 de la mañana, hambrientos y cansados de estar sentados.

Se reunieron con los agentes de Monterrey en una famosa parada de camiones conocida como "Parador El Potosino", y cargaron en su vehículo 12 cajas que contenían el valioso equipo. Los agentes de ambas oficinas se saludaron y siguieron su camino.

—No sé tú, hermano, pero yo me muero de hambre. Me vendría bien un torta bien grande ahora mismo —dijo Jaime, señalando el cartel de tortas Subway. Aún estaba acostumbrado al horario de

Estados Unidos, que significaba almorzar a mediodía. En México, la comida empieza a las 14.00 y suele durar hasta las 16.00.

—Me vendría bien algo de comida hermano, entremos a echar un vistazo.

El Parador El Potosino presume de ser la mayor parada de camiones de toda la República Mexicana. Un extenso centro comercial de una sola parada que acoge a cientos de miles de viajeros al año. Los viajeros cansados pueden saciar su apetito en una gran variedad de restaurantes dentro del centro comercial, desde la típica cocina regional mexicana hasta Church's Fried Chicken, Subway, Papa John's Pizza, pasando por sabrosas tiendas de yogures y helados. Hay una zona de juegos para los inquietos niños, una zona lounge con cómodos sofás, donde uno puede sentarse a ver la televisión o simplemente relajarse y echarse una siesta rápida, una sala de billar, un gimnasio con varias cintas de correr, bicicletas estáticas y pesas, una gran tienda de conveniencia que vende todo tipo de aperitivos o bebidas frías que uno pueda imaginar, incluidas curiosidades artesanales, típicas de San Luis Potosí. Esta monstruosidad de 60.000 pies cuadrados se alza en pleno desierto de San Luis Potosí, rodeada de cactus agave, cactus chumbera, palmeras yucas con racimos de flores blancas nacaradas y la ladera de la montaña potosina, donde halcones de cola roja, halcones de las praderas y águilas reales flotan entre las nubes, recorriendo el desierto en busca de zarigüeyas, armadillos, conejos, perritos de las praderas y ardillas. Sin embargo, los halcones y águilas no son los únicos que buscan presas en el desierto potosino.

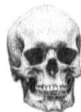

Los Zetas tienen apodos para todo el mundo. Al igual que Gonzo, a veces utilizan estos apodos para referirse cómicamente a un defecto físico concreto de alguien. En el caso de "La Mosca", dos defectos físicos eran la razón de ser de su apodo Zeta. Era un hombre muy pequeño con unos enormes ojos redondos, como los faros de un escarabajo Volkswagen antiguo. Nunca le tomaron en serio debido a su tamaño, alrededor de 1,20 m, y nunca le aceptaron como un verdadero miembro de los Zeta.

Su misión consistía en pasar el rato en El Potosino e informar de cualquier actividad sospechosa que observara. Por ello, recibía una mísera suma de cuatrocientos pesos a la semana. El equivalente a veinte dólares estadounidenses, apenas suficiente para sobrevivir. Ansiaba ganarse el favor de sus jefes para poder ser algún día un miembro respetado de los temibles Zetas, ganar fajos de billetes, conducir vehículos caros y ganarse la adoración de mujeres hermosas. Buscando una transformación de su empobrecida y desafortunada vida, rezaba constantemente a la Santa Muerte. Solía merodear por los surtidores de gasolina, mendigando y esperando ganar lo suficiente para comprar algo de comer o beber más tarde. Acababa de sacarle veinte pesos a una familia en los surtidores y se dirigía a la tienda cuando vio que el Chevy Suburban azul brillante se detenía delante del restaurante Subway. Dos hombres bien vestidos bajaron del vehículo y entraron. Hablaban en un idioma que él no entendía y que nunca había oído antes. El vehículo llevaba una matrícula con letras azules que él no había visto nunca. Se escondió detrás del vehículo por el lado del copiloto y toco la ventanilla. Era sólida como el granito en un gélido día de invierno. Sabía lo suficiente sobre estos vehículos como para deducir que se trataba de un vehículo blindado. Un vehículo que no solía verse por las calles de San Luis, salvo los que conducían sus jefes. ¿Podría ser que la huesudita, (Santa Muerte), hubiera respondido por fin a sus plegarias? Se escabulló excitado hacia las sombras de la inmensa parada de camiones, sacó su Nextel y llamó a su jefe.

El Piolin había dado por terminada la noche a las 5 de la mañana del 15 de febrero. Llevaba de juerga toda la noche desde las 2 de la tarde del día anterior, San Valentín. Por desgracia, el Piolin no tenía un verdadero San Valentín. Utilizaba su posición de líder de una Zeta estaca (equipo de 6 a 8 miembros) para obligar a cualquier chica que deseara a ser su Valentín el 14 de febrero -o cualquier otro día, para el caso- si así lo deseaba. Sé mi Valentín o muere perra era su forma de pensar, todos los días, todos los meses, todos los años. Con solo tres años de educación, Piolon solo había conocido la violencia. En su mente, la fuerza significaba el derecho, y con la cocaína y el alcohol fluyendo constantemente por sus venas, su nivel de violencia llamó la atención del líder Zeta de alto rango y Jefe de Plaza de San Luis Potosí, Jesús Rejón alias "El Mamito", que lo convirtió en líder estaca.

Hoy estaba de mal humor, con una cruda monstruosa, y no tenía paciencia para atender una llamada de "La Mosca". Le pasó el teléfono a uno de sus hombres, un tipo conocido como "El Safado".

—¡A ver qué quiere este pendejo!

El Safado tomó el teléfono y contestó.

—¿Qué chingados quieres pinche Mosca? ¡Siempre molestando!

—¡Dile al jefe que hay algo raro por aquí!

—¡¡Pos explicate pendejo!! ¡Déjate de chingaderas!

—¡Hay dos bueyes que no son de aquí! ¡Están en una camioneta blindada! ¡Con placas muy raras!

El Safado miró a Piolin y repitió la información facilitada por La Mosca.

—¿Dónde están ahora? —ladró Piolin.

—¡Dónde están ahorita pendejo!

Emocionado por la oportunidad y por la importancia de lo que podría significar para su futuro, el tono de voz de La Mosca se elevó en un cómico tono de falsete.

—¡Ya se van! ¡Ya se van!

Gritó frenéticamente al teléfono, dando saltos de emoción mientras el Chevy Suburban salía del aparcamiento de El Parador Potosino y se incorporaba al tráfico fluido de la carretera 57 en dirección a Ciudad de México.

—¡Dice que ya se van! ¡¡¡Se subieron a la Carretera rumbo a Ciudad de Mexico!!!

—¡Dile a todo el equipo que busquen a estos cabrones sobre la carretera! ¡Diles que vamos en camino!

El Safado se centró en la carretera y pisó a fondo el acelerador en busca de los desprevenidos agentes del ICE, que estaban ansiosos por volver a la normalidad en su zona de confort de Ciudad de México.

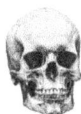

Jaime se ofreció voluntario para conducir el Suburban de vuelta a Ciudad de México, sintiendo que tenía que aportar algo más que ser un mero acompañante. Nunca había conducido un vehículo blindado en su vida y estaba ansioso por saber cómo sería conducir uno de esos monstruos. Víctor agradeció el alivio y aprovechó la pausa para llamar a su supervisor e informarle de la situación. Le informó de que habían recibido el equipo y se dirigían a Ciudad de México, donde probablemente llegarían sobre las 18.00 horas. Justo a tiempo para la hora pico, pensó Víctor.

Llevaban una hora en la carretera cuando Jaime vio dos vehículos detrás de ellos, acercándose rápidamente a su Suburban. No pudo evitar fijarse en el cañón de un arma larga que asomaba por la ventanilla trasera del lado del conductor. Su corazón empezó a latir con fuerza.

—¡Tenemos compañía, hermano! Hay un arma larga asomando por la ventanilla del asiento trasero. ¿La ves?

Víctor se dio la vuelta para ver bien los vehículos que tenían detrás y enseguida se dio cuenta de que estaban totalmente ocupados por individuos armados. Se le cayó el corazón a las rodillas e inmediatamente se dio la vuelta y gritó a Jaime:

—¡Pase lo que pase, no te detengas! ¡Sigue adelante!

La adrenalina subió hasta el cielo. Jaime aceleró a fondo. Pero el peso del suburban blindado era demasiada carga para el motor, que respondió a regañadientes mientras el equipo de sicarios de Piolin se acercaba a ellos.

—¡Esos son! Ya los tenemos alcánzalos pendejo —gritó Piolin a El Safado.

Safado pisó el acelerador y adelantó fácilmente al Suburban, mucho más pesado.

El maldito Mosca por fin hizo algo bien, pensó para sí. Todos se pusieron en marcha, la adrenalina les salía por las orejas cuando se detuvieron junto al vehículo. Todos empezaron a gritar a la vez a los desconocidos del Suburban azul.

—¡Oríllense cabrones! ¡oríllense hijos de su puta madre!

—¡No te detengas, hermano! ¡Sigue adelante! —gritó Víctor.

Ambos estaban paralizados por la angustia y el miedo mientras el sueño más terroríficamente horrible se materializaba ante sus ojos. Un vehículo corrió velozmente delante de ellos, se desvió a la derecha y se detuvo justo delante de su suburban. El segundo vehículo se detuvo a toda velocidad justo detrás de ellos, acorralándolos. Jaime, sintiendo que no tenía elección, aparcó el vehículo. Víctor contó al menos ocho pistoleros fuertemente armados que salían de sus vehículos, gritando obscenidades y apuntando con sus armas directamente a él y a Jaime.

La situación era surrealista. Todo pareció ralentizarse cuando los pistoleros les gritaron que salieran del vehículo. Uno de ellos se acercó a la puerta del conductor y la abrió de un tirón. Es increíble cómo damos por sentados los pequeños detalles hasta que dejan de serlo. Cuando Jaime aparcó el vehículo, las puertas se desbloquearon automáticamente, una función de serie en todos los vehículos GMC. Jaime forcejeó con el pistolero para volver a cerrar la puerta y tiró tan fuerte como pudo. Finalmente, la cerró y aguantó como pudo mientras el pistolero intentaba hacer palanca para abrir la puerta.

—¡Cierra las puertas! ¡Cierra las puertas! —gritó desesperado.

Víctor buscó frenéticamente el botón de bloqueo de la puerta y, sin darse cuenta, pulsó el botón de la ventanilla. La ventanilla del lado del pasajero bajó automáticamente unos cinco centímetros. Dos pistoleros aprovecharon inmediatamente este hecho e introdujeron sus armas en el vehículo. Víctor reconoció las armas como un AK-47 y un revólver del calibre 45, ambas a escasos centímetros de su cara.

—¡Somos diplomáticos estadounidenses de la Embajada de EE.UU!

Víctor gritó a los pistoleros. Podía estar hablando en chino, porque ninguno de ellos hablaba inglés ni tenía la menor idea de lo que era un diplomático. Querían sangre. Su mirada colectiva proyectaba pura maldad homicida. Era el mayor miedo que ninguno de los agentes había experimentado en su vida. Víctor se reclinó en su asiento mientras buscaba ansiosamente el botón de la ventanilla.

—¡Somos diplomáticos! ¡Esto es un vehículo diplomático! —suplicó impotente.

Miró directamente a los ojos de El Piolin cuando dio la orden de disparar.

—¡Acábenlos a esos cabrones!

El Safado sonrió mientras él y su cohorte apretaban el gatillo contra los extraños que se atrevían a invadir su territorio.

El estruendoso rugido de las armas les destrozó los tímpanos cuando Víctor encontró milagrosamente el botón de la ventanilla y lo pulsó. El pistolero había sacado sus armas del interior del vehículo justo cuando se subió la ventanilla. Pero ya era demasiado tarde. Víctor fue alcanzado, pero Jaime se llevó la peor parte. El humo de las armas impregnó la cabina de sus vehículos mientras ambos gritaban de dolor.

—¡Están vivos todavía pendejos! ¡Mátenlos ya! —ladró Piolin al resto del grupo. Hicieron lo que se les ordenó y dispararon una salva de disparos contra el vehículo.

—¡Me han dado! ¡Me han dado! —gritó Jaime agonizante.

—¡Larguémonos, vamos! ¡Vámonos de aquí!

—¡Voy a morir, hermano! ¡Me voy a morir!

—¡Escúchame! ¡No morirás! ¿Me oyes? ¡Ahora larguémonos de aquí! —gritó Víctor.

Jaime no reaccionaba y se desvanecía rápidamente. La sangre brotaba de su arteria femoral mientras su cabeza se inclinaba lentamente hacia un lado. Por el rabillo del ojo, Víctor vio que los vehículos del pistolero se alejaban a toda velocidad por la autopista. No pudo hacer nada para detener la hemorragia de Jaime. Le dolían las tres heridas, una en la pierna, otra en el brazo y otra en el torso, pero sabía que tenía que actuar con rapidez si es que querían sobrevivir.

Con la mano izquierda metió la palanca de cambios en la marcha, se inclinó y empujó la pierna de Jaime sobre el pedal del acelerador, pero el motor del Suburban también había sufrido graves daños y no tenía potencia. El vehículo rodó lentamente por la autopista hasta detenerse en la mediana. La suerte parecía haberse escabullido y escondido aquel día, porque justo cuando el camión se detuvo, Víctor vio al equipo de asalto de Piolin volviendo al lugar de los hechos.

Jaime ya estaba inconsciente. Un humano podía desangrarse en cuestión de minutos si sufría una herida grave en la arteria femoral, y Víctor tanteó la cabaña en busca de su teléfono para pedir ayuda. Todo ocurrió tan deprisa que no supo dónde había ido a parar el teléfono. Le temblaban las manos en mientras observaba cómo el equipo de asalto se acercaba cada vez más a su vehículo. Tenía que enviar un mensaje a la Embajada antes de que acabaran con él y con Jaime.

Cuando el equipo de asalto se acercó y se detuvo delante de su vehículo, su ritmo cardíaco se aceleró y su respiración se entrecortó. No encontraba el teléfono por ninguna parte. La suerte no estaba repartiendo favores aquel día, especialmente para ellos. Observó lo que consideraba los últimos momentos de su vida, mientras dos pistoleros salían del vehículo. Se miraron a los ojos mientras apuntaban con sus armas al parabrisas delantero del suburbano y abrían fuego.

—¡Por favor, Dios, ¡cuida de mi familia! —gritó, cerrando los ojos, mientras las balas destrozaban el silencio y el parabrisas del suburbano.

Al cabo de unos segundos, Víctor abrió los ojos. El Suburban blindado había hecho su trabajo e impedía que las balas penetraran en el parabrisas. Cuando el humo se disipó, los asaltantes volvieron al vehículo y huyeron a toda velocidad. Víctor luchó contra la conmoción causada por el caos y encontró su teléfono Blackberry. Entonces llamó a la oficina de la Dirección Regional de Seguridad de la Embajada y explicó frenéticamente que Jaime y él habían sufrido una emboscada y les habían disparado. Hizo la siguiente llamada a uno de sus contactos de mayor confianza, un comandante de alto rango de la Policía Federal, y volvió a explicarle que Jaime y él habían sufrido una emboscada en la carretera, estaban gravemente heridos y necesitaban desesperadamente refuerzos. Aproximadamente cuarenta minutos después de la llamada al comandante, un helicóptero Blackhawk de la Policía Federal aterrizó en la carretera y trasladó a ambos agentes al hospital de San Luis Potosí.

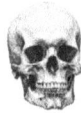

Estaba en la hora de comida cuando recibí la llamada del responsable de Seguridad Regional. Siempre que me llamaba, sabía que algo tenía que ir mal. Se me heló la sangre en las venas cuando contesté a la llamada. Me explicó, sin aliento, que habían disparado a dos agentes del ICE en San Luis Potosí y me ordenó que regresara inmediatamente al Consulado para una reunión de Acción de Emergencia. Dejé el almuerzo sobre la mesa, salí corriendo por la puerta y me dirigí al Consulado. La adrenalina corría por mis venas mientras sorteaba el tráfico de la hora de comer para llegar al Consulado. Todo el personal de las fuerzas de seguridad se reunió en la sala de conferencias del cónsul general, y me uní a ellos para recibir información sobre lo ocurrido. Un agente del ICE de Monterrey estaba presente en la reunión y nos informó de lo que sabía. Estaba claramente conmocionado y emocionado.

—Esta tarde, aproximadamente a las 14:00 horas, dos de nuestros agentes de la Ciudad de México fueron emboscados en la carretera 57 en San Luis Potosí. Uno de los agentes ha fallecido y el otro está gravemente herido y hospitalizado en San Luis Potosí. Al parecer, fueron emboscados en la carretera por varios pistoleros, que creemos que son los Zetas, porque todos sabemos que controlan ese corredor. No sabemos cuál puede haber sido el motivo. La Policía Federal se encuentra en el lugar de los hechos y está informando de los acontecimientos según sea necesario.

La sala estaba en silencio. No teníamos palabras para describir nuestros sentimientos. Otra tragedia se había abatido sobre nosotros y otro de nuestros compañeros de las fuerzas del orden se había ido. Pero en realidad no teníamos tiempo para lamentar su fallecimiento. Había un agente en un hospital de San Luis Potosí que necesitaba atención inmediata, no en un hospital mexicano, sino en un hospital de Estados Unidos.

El RSO (Oficial de Seguridad Regional) se hizo cargo de la reunión y dijo que él y su ayudante iban a prestar apoyo en San Luis Potosí y que necesitaban voluntarios para el viaje. Fue un momento tenso. Todos queríamos ir, pero no podíamos ir todos. El agente del ICE de Monterrey había recibido instrucciones de sus superiores en Monterrey de quedarse en Monterrey y no participar en la respuesta de apoyo. Yo mismo y el agente más veterano de mi personal debíamos quedarnos para atender al equipo de inspección que llegara. Se tomó la decisión de que el RSO, su ayudante, dos de mis agentes y un agente del FBI fueran de viaje a San Luis Potosí. Si por mí fuera, todos habríamos ido a ayudar en lo que pudiéramos, pero alguien tenía que quedarse.

La oscuridad y la noche se habían apoderado de la ciudad de San Luis Potosí cuando llegó nuestro equipo. Las calles estaban inquietantemente silenciosas, lo que aumentaba la intensidad de la misión del equipo. Había asignado a dos agentes muy experimentados, Stan Hartman y Fred Gómez, para que hicieran el viaje y me informaran en todo momento. Cuando hablé con Hartman más tarde aquella noche, me describió con todo detalle su bienvenida al Estado de San Luis.

Al llegar allí, se dieron cuenta de que había un enjambre de Policías Federales pululando por el exterior del Hospital, tirándose los trastos a la cabeza y riéndose como si estuvieran en una carne asada o una fiesta en el patio trasero. Entraron inmediatamente en el hospital y fueron recibidos por uno de los comandantes de la Policía Federal, que se presentó a nuestro RSO, Mark Mitchel. Tras las superficiales presentaciones, le dijo a Mitchel que, por motivos de seguridad, tendrían que registrar todas las bolsas antes de dejarles entrar a ver a Víctor Ávila. De ninguna manera iban a permitir que ni él ni sus subordinados registraran sus respectivos equipajes, y Mitchel insistió en que todos estaban bajo protección diplomática y que cualquier solicitud de ese tipo debía ser presentada al embajador de EE.UU. y aprobada por éste. El comandante se echó atrás y explicó a Mitchel que solo cumplía órdenes. Desde luego, los agentes no querían que la Policía Federal localizara armas, que se suponía que no tenían en primer lugar, y empeorara aún más lo que ya era una situación terrible.

La prioridad era ayudar a Víctor en lo que pudieran, de la mejor manera posible. El comandante les dio el número de habitación de Víctor, unas someras indicaciones para llegar hasta allí y desapareció en la oscuridad. Los pasillos estaban escasamente iluminados, acompañados de un inquietante silencio muy poco habitual en la mayoría de los hospitales. El teléfono de la enfermería sonaba incesantemente en mientras se acercaban a la habitación de Víctor. El único otro sonido audible era el de sus pasos repiqueteando y resonando en el suelo del hospital.

—Esperaban ver a la policía federal montando guardia fuera de la habitación de Víctor, pero no había nadie, en ninguna parte. Víctor estaba solo en la habitación, aterrorizado y traumatizado por el tiroteo. Se negó rotundamente a que le administraran analgésicos y funcionaba a pura adrenalina. La escena era similar a la de El Padrino, cuando todos los guardaespaldas de Don Corleone habían sido expulsados, dejando a Don Corleone solo en su habitación. Hartman le dijo a Víctor que estaban con la DEA en el Consulado de EE.UU en Monterrey y que estaban allí para protegerle y exfiltrarle de vuelta a un lugar seguro en EE.UU. La única forma de conseguirlo era con un avión de la DEA.

Tras hablar con Hartman, se produjeron muchas llamadas acaloradas entre nuestra oficina y la Embajada de EE.UU, discutiendo sobre las numerosas excusas por las que nuestro avión, un avión de la DEA, no podía ser enviado inmediatamente. Excusas que iban desde que el hangar y la torre de control estaban cerrados hasta que no había nadie disponible para abrir el Operador de Base Fija (FBO), o tripular la torre: todas excusas de mierda.

En una conferencia telefónica con mis jefes en México y el embajador Carlos Pascual escuchando, expresé mi frustración por la situación y les recordé la vez que Juan García Ábrego envió un equipo de sicarios a un hospital en un intento de acabar con un rival. Los Zetas tienen un equipo de limpieza que acude a las escenas del crimen para acabar con las víctimas que sobreviven a un ataque. Tienen a mucha gente en nómina, posiblemente incluso personas que pueden facilitar el acceso al hospital. ¡He dicho que esta situación es urgente! Jefe, ya tenemos un agente muerto; no quiero ser responsable de la muerte de otro, sabiendo que podríamos haber hecho algo. Llama a quien tengas que llamar a al Gobierno Mexicano para que ponga en funcionamiento la maldita torre y saquemos a Víctor de ahí lo antes posible antes de que los Zetas vuelvan para acabar con él.

No sé quién llamó a quién, pero en menos de una hora, abrieron el FBO y aparecieron varios controladores aéreos para poner en marcha las ruedas de nuestro avión y llevarlo a San Luis Potosí. Aproximadamente a las 03.00 horas, sacaron a Víctor del hospital, literalmente solo con la bata de hospital que llevaba puesta, lo llevaron al aeropuerto, lo subieron al avión de la DEA y lo llevaron sano y salvo a Houston, Texas, donde su vida, la de sus familiares y la de la familia de Zapata nunca volvería a ser la misma. La familia de Víctor fue evacuada de Ciudad de México inmediatamente después del tiroteo. Solo se llevaron una maleta con artículos de primera necesidad, dejando todo lo que poseían, incluso la cafetera, en su residencia de Ciudad de México. Lo único que Víctor tenía de ropa era la bata de hospital que le dieron en México. Ni siquiera tenía cepillo de dientes. Se reunieron en Houston, Texas, y tuvieron que reiniciar sus vidas desde cero, mientras lidiaban con el trauma del incidente.

Fue necesario un esfuerzo coordinado y persistentemente intenso entre la DEA, el FBI, los US Marshalls, la CIA y la SEMAR durante aproximadamente un mes de trabajo incansable y noches sin dormir para capturar a El Piolin y a otros asociados con el asesinato de Zapata, y el casi asesinato de Ávila. Nuestra inteligencia indicó que Miguel Treviño estaba furioso con toda la tripulación de la Plaza de San Luis y ordenó al Jefe Regional de la Plaza, Jesús Rejón Aguilar, alias "El Mamito" alias "Z-7", que se entregara a las autoridades o se enfrentaría a la ejecución de toda su familia, mujeres y niños incluidos. Lo último que quería Treviño era más presión del gobierno de Estados Unidos y las decisiones tomadas por la banda de El Mamito provocaron un infierno de presión que no se veía desde el secuestro del agente de la DEA Enrique Camarena en 1985. El Mamito, antiguo agente de las Fuerzas Especiales y miembro fundador de los Zetas, era muy respetado entre sus compañeros. Esto importaba poco a Treviño en estas circunstancias, y quería a El Mamito muerto o en la cárcel.

Poco después del tiroteo, "El Mamito" se escondió en Ciudad de México, pero cuando te persiguen las fuerzas armadas de todo tu país y un jefe de cártel despiadadamente sanguinario, no puedes esconderte durante mucho tiempo. La policía federal capturó a "El Mamito" en Ciudad de México en julio de 2011, sin que se disparara un solo tiro. Las autoridades lo extraditaron a Estados Unidos en septiembre de 2012 para enfrentarse a cargos de narcotráfico. Se declaró culpable y ahora se enfrenta a una pena máxima de cadena perpetua.

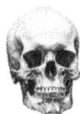

Las vidas de muchas familias cambiaron aquel fatídico día de 2011. No importaba a cuántos miembros de los Zeta detuviéramos, Jaime Zapata nunca volvería. Víctor Ávila cargaría para siempre con el trauma que le infligió el ataque y la posterior muerte de Jaime. Pero lo que podría haberle ofrecido algún consuelo eran las respuestas a varias preguntas que hasta el día de hoy no se han abordado. ¿Qué pieza del equipo era tan importante que exigía arriesgar innecesariamente la vida de varios agentes? Ese riesgo acabó costando la vida a un joven y prometedor agente que empezaba a despuntar en la vida.

En aquel momento, el jefe de Víctor informó de que el objeto especial que había que recoger era un equipo importante, necesario para mejorar la misión del ICE en México. Si ése era el caso, ¿por qué el contenido del suburbano de Víctor y Jaime estaba repleto de cajas de cartón, si solo se trataba de una pieza o un equipo? ¿Todo esto por un solo equipo? He visto muchos equipos utilizados en investigaciones. Y, en mis 28 años como agente de la ley, nunca he visto un equipo que requiriera ser embalado en tantas cajas de cartón como para llenar un suburbano entero. ¿Por qué no se menciona en ninguna parte el contenido de esas cajas de cartón? ¿Por qué no hay inventario de los objetos recuperados del suburbano acribillado a balazos? ¿Quién dispone de esta información? ¿El FBI, el ICE? Desde luego, la DEA no la tiene. La prioridad de la DEA en era sacar a Víctor sano y salvo del hospital y localizar a los miembros de los Zeta responsables del ataque.

Otro punto para considerar es que los aviones de la DEA realizan regularmente varios viajes a la frontera de Estados Unidos desde Ciudad de México. Seguramente, podrían haber planeado un viaje especial para lo que se consideró "equipo especial" y utilizar el avión para recoger y entregar el "equipo especial" sin riesgo para los agentes sobre el terreno. ¿Se consideró siquiera esta opción? Si no fue así, debería haberlo sido. Las oficinas del Director Regional de la DEA y del agregado del ICE están en el mismo edificio, a menos de un minuto de distancia una de otra. De un modo u otro, sin duda habrían atendido una petición como ésta. La mayor incoherencia es que, de hecho, se había emitido una advertencia de viaje por el embajador a todas las agencias y oficinas de México en la que se prohibía estrictamente viajar por tierra dentro de México a la frontera o a las oficinas situadas en estados de alerta máxima como Nuevo León, San Luis, Coahuila y Tamaulipas. El gobierno envía estos avisos a todos los jefes de oficina del país, exigiéndoles que los reconozcan y firmen. Estos jefes de oficina son entonces responsables de concienciar a sus empleados de tales peligros. Entonces, ¿cómo es posible que el jefe de Víctor dijera que desconocía los peligros de la zona, cuando todos los empleados, desde un archivero hasta un empleado del Servicio Ejecutivo Superior y el propio embajador, conocían el peligro? ¿Por qué el embajador, su agencia o los muchos políticos que siempre buscan un hacha que afilar o un cuero cabelludo que añadir a su larga lista de asesinatos políticos no exigieron contabilidad del jefe de Víctor? Hay demasiadas preguntas sin respuesta. Preguntas que nadie quiere responder o que directamente se niegan a responder.

Hoy en día, trece años después del asesinato de Jaime Zapata y del intento de asesinato de Víctor Ávila, las respuestas a estas preguntas siguen sin respuesta, pero alguien, en algún lugar, las tiene y probablemente se las llevará a la tumba consigo. Me resulta difícil comprender cómo alguien de las fuerzas del orden puede mirarse al espejo sabiendo las respuestas a estas preguntas y seguir viviendo como si nunca hubiera pasado nada. Algún día, sin embargo, deberán responder a esas preguntas ante un poder superior cuando llegue el momento. Y ese momento nos llega a todos, tarde o temprano.

Capítulo 15: El peor día

Julio de 2011 fue un mes extremadamente caluroso y húmedo, incluso para los estándares de Monterrey. Las temperaturas superaron regularmente los 38 grados. Como equipo, seguimos adelante con la investigación sobre Jaime Zapata, intentando localizar y detener a los restos de los Zetas implicados en su muerte. Estábamos experimentando una ralentización a raíz del asesinato de Jaime Zapata, pero seguíamos centrados en el premio de detener al líder zeta Miguel Treviño, también conocido como Z-40.

Como seres humanos, nos refugiamos en la distracción entre el caos, y los dos equipos de fútbol profesional de la ciudad, los Rayados y los Tigres de Monterrey, enfrentaban el fin de semana del 23 de julio de 2011. El clásico duelo del año, el "Clásico", valga la redundancia, es comparable al de los Vaqueros de Dallas contra los Pieles Rojas de Washington el Día de Acción de Gracias, el de los Yankees contra los Medias Rojas o el de los Celtics contra los Lakers. Fue realmente uno de los enfrentamientos clásicos entre rivales en Mexico.

Como puedes imaginar, toda la ciudad se vuelve loca cada vez que ambos equipos se enfrentan, y este año no fue diferente. De hecho, fue aún más intenso porque los Rayados venían de una temporada de campeonato y los Tigres estaban motivados para derrotarlos y reafirmar su lugar entre los equipos de élite del fútbol mexicano. En México, la gente siente pasión por su familia, los equipos de fútbol, la

comida, la música, la política, la religión y el amor, y este fin de semana se preparó el escenario para que todas esas pasiones se fundieran
en una grandiosa celebración. El fin de semana estaba preparado para
ser emocionante, y todo el mundo en la ciudad, incluidos nosotros
y los empleados del Consulado de EE.UU., no podíamos dejar de
hablar del partido. Nuestras familias se vieron obligadas a abandonar
el puesto de Monterrey en 2010, y nosotros mismos nos habíamos
unido como familia. Así que estas fiestas las pasaríamos con nuestras
nuevas familias de facto en el consulado. Al fin y al cabo, éramos
la única familia que nos quedaba: nuestras familias reales estaban a
miles de kilómetros.

El viernes 22 de julio de 2011 empezó como un día normal. Llegar
al trabajo por la mañana y que casi todo el mundo me saludara con un
"Buenos días, jefe" fue refrescante. Normalmente, antes de entrar en
el edificio, me encontraba con los guardaespaldas del Cónsul General
(CG y alto funcionario del Departamento de Estado), preparados,
impecablemente vestidos con sus trajes negros y sus zapatos recién
lustrados junto al Suburban blindado del CG, listos para llevárselo a
su próxima reunión. Se trataba de individuos avispados y altamente
entrenados, elegidos específicamente por la Policía Estatal de Nuevo
León para proteger al CG.

Me gustó hablar con los guardias. Eran un equipo de unos ocho.
Empecé a bromear con ellos acerca de que los Rayados iban a ganar
contundentemente a los Tigres y que no quería verlos llorar por ello
el lunes. Todos nos reímos y disfrutamos de un amistoso intercambio
de opiniones sobre el resultado del partido. Todo fue muy divertido.
Al fin y al cabo, la risa es la mejor medicina, sobre todo en momentos
de tensión. La investigación sobre Zapata había sido un momento
extremadamente tenso para todos nosotros. Así que la emoción y

la expectación del Clásico fueron una distracción bienvenida de la aparentemente interminable tarea de localizar a los Zetas.

La comidilla de la ciudad y del Consulado de EE.UU se centraba en los planes para el fin de semana del partido y en las predicciones sobre quién ganaría. Las barbacoas familiares, beber cerveza viendo el partido, escuchar música y bailar después del partido parecían ser los planes de todos. El lunes tenía programado un viaje a Washington D.C. para asistir a una formación continua, y me centré en planificar los preparativos del viaje y asegurarme de que ciertas tareas de la oficina las llevaría a cabo mi supervisor de apoyo durante mi ausencia de una semana. Sin embargo, estaba deseando disfrutar del partido con algunos miembros del Equipo de Fuerzas de Seguridad en el restaurante de mi amigo, el Lil New York, por su menú americano de hamburguesas, perritos calientes, alitas y un surtido de cerveza fría. El CG también estaba de viaje y tenía programada una salida esa tarde para pasar una semana de vacaciones. Era un día tranquilo, y todo el personal del consulado se apresuró a cerrar los cabos sueltos antes del fin de semana del gran partido.

Mi jefe, el CG Nace Crawford, pasó por mi despacho para saludarme antes de salir hacia el aeropuerto y ambos nos deseamos un buen viaje. Un agente temporal de Corpus Christi, Texas, que nos había estado ayudando en el caso Zapata, también se marchaba ese día después de habernos ayudado durante tres semanas. Era el viernes federal perfecto, todo el mundo cerrando, preparándose y ansioso por empezar el fin de semana. El CG se marchó al aeropuerto sobre las 14.30 h con su equipo de guardaespaldas y el resto nos preparamos para el fin de semana que nos esperaba. Otros miembros del Equipo de Cumplimiento de la Ley y yo estábamos pensando dónde íbamos a pasar el resto del viernes, bebiendo Tecate Light heladas para protegernos de los efectos del calor veraniego y del inmenso estrés al que nos habíamos visto sometidos. Yo, como miembro más veterano del Equipo de Cumplimiento de la Ley, tenía muchas sugerencias, pero lo dejé en manos del resto del equipo; mientras la cerveza estuviera fría, no me importaba.

Justo cuando nos disponíamos a salir de la oficina hacia las 16.30 h, el Ayudante del Oficial de Seguridad Regional (ARSO) entró en mi despacho con una expresión de horror y conmoción en el rostro. Su rostro se puso blanco como una sábana, prácticamente hiperventilando, pero soltó entre profundas respiraciones que unos asaltantes desconocidos acababan de atacar y matar a dos guardaespaldas de CG Crawford en la vecina ciudad de Guadalupe, poco después de que salieran del Consulado de EE.UU.

No podíamos creer lo que decía y lo confirmamos con él varias veces. Entonces movilizamos a nuestro personal para que acudiera al lugar y prestara ayuda. Pero nuestros superiores nos aconsejaron que nos retiráramos por si los autores tenían como objetivo al personal del Consulado. No nos importó y estábamos preparados para hacer frente a cualquier hostilidad. Pero nuestros superiores volvieron a exigirnos que nos retiráramos, y accedimos a regañadientes. Mientras esperábamos información adicional, nos sentíamos como leones enjaulados, desesperados por entrar en acción. Nos apresuramos a volver a nuestros despachos, la urgencia de nuestras acciones coincidía con la tensión que se respiraba en el aire. Tomamos nuestras armas largas, preparándonos para la posibilidad de ser desplegados o de defender el Consulado.

La ansiedad y la desesperación nos consumían mientras el espectro del miedo a lo desconocido impregnaba nuestra psique. A los empleados del Consulado que seguían en el edificio a esa hora se les aconsejó que permanecieran en él por razones de seguridad, lo que aumentó la ansiedad, el miedo y la psicosis. Teniendo en cuenta todas las acciones violentas que los Zetas habían emprendido contra el personal del Consulado, no podíamos estar seguros de si se trataba de un acto dirigido contra nuestros empleados y no íbamos a correr ningún riesgo. Personal de la oficina del RSO acudió al lugar y confirmó que se trataba de los muchachos del Sr. Crawford, nuestros muchachos, nuestros queridos amigos. La noticia corrió inmediatamente por todo el consulado. Habíamos pasado de un brillo jovial, que esperaba un fin de semana emocionante con amigos y familiares, a una sombra llena de tristeza y oscuridad en cuestión de momentos.

De repente, el Consulado parecía una funeraria: gente llorando y lamentándose con incredulidad por todas partes. El aire estaba cargado de tristeza y de una abrumadora sensación de dolor, que afectaba a todos los presentes. Toda la comunidad del Consulado tenía en gran estima y adoración a Rolando Abrego González y Arturo Zavala Ramos, los guardaespaldas, las victimas. Estos dos hombres, que eran estimados miembros de la Policía Estatal de Nuevo León, habían servido fielmente en el destacamento de protección del CG durante muchos años. Nos quedamos intentando comprender el motivo que había detrás del deseo de hacerles daño. ¿Fueron atacados por su condición de guardaespaldas del comandante? ¿Fue un intento de robo fallido? ¿Los confundieron con miembros del cártel del Golfo o con los Zetas? Todos sentíamos una sensación extrema de impotencia, mezclada con pena, angustia y desesperación. También estábamos molestos y necesitábamos respuestas.

Ese dia el equipo del Destacamento de Protección dejó al CG Crawford en el aeropuerto, y el les ordeno que, una vez que regresaran al Consulado, se fueran a casa porque ya no necesitaría sus servicios. Les dijo que pasaran un buen fin de semana, que disfrutaran del "Clásico" y que los vería a su regreso. Todos regresaron al Consulado, donde Abrego y Zavala se cambiaron el uniforme de chaqueta y corbata por ropa de calle y se marcharon juntos en una motocicleta Suzuki que Zavala había comprado unas semanas antes. Diez minutos después de salir del Consulado, estaban muertos. Alguien les disparó por la espalda con un fusil AK-47. Las fotos del lugar del crimen que revisé eran espantosas; no las describiré, pero mencionaré que Abrego se llevó la peor parte del ataque y murió en el acto. Zavala seguía vivo cuando los paramédicos llegaron al lugar, pero murió al llegar al hospital.

Casualmente y por suerte para nosotros, el vuelo del CG Crawford se había retrasado, así que nos pusimos en contacto con él y le trajimos de vuelta al Consulado tras informarle de la noticia. El CG Crawford y todo el Equipo de Aplicación de la Ley se pusieron inmediatamente en contacto con las fuerzas del orden, informadores y otras fuentes de información para intentar reconstruir lo ocurrido y determinar quién era el responsable. Los acontecimientos que siguieron a este acto sin sentido nos parecieron aún más extraños.

La policía estatal de Nuevo León ni siquiera envió investigadores al lugar de los hechos hasta horas después. La policía estatal no avisó a la familia, sino que se enteró de las muertes por los medios de comunicación. El CG Crawford estaba lívido, pero moderó sus sentimientos para poder consolar a las familias de ambos agentes. Nunca olvidaré la compasión y la empatía que el Sr. Crawford mostró hacia las familias de Zavala y Abrego, y nunca olvidaré la pasión y la determinación inquebrantable que mostró a los superiores de las víctimas para que se hiciera justicia en su nombre.

La respuesta del gobierno del estado de Nuevo León fue prácticamente nula. Nos pareció que les molestaba que se hubiera producido este incidente. Fue aún más evidente que la muerte de sus compañeros parecía ser una molestia cuando asistimos a sus funerales al día siguiente. En México, si mueres el lunes te entierran el martes. No hay que esperar a que llegue un familiar desde un lugar lejano. Es rápido y definitivo, y la funeraria quiere su dinero inmediatamente. El sábado 23 de julio, lo que debería haber sido un día familiar lleno de diversión se convirtió en una pesadilla para las familias de ambos hombres, incluidas las de sus cónsules.

El CG Crawford, algunos miembros de la comunidad consular y yo asistimos a ambos funerales, el primero de los cuales fue el de Zavala. Los miembros de las fuerzas de seguridad estadounidenses presentes en ambos servicios llevábamos nuestras insignias prendidas en la solapa con cinta negra cubriendo la insignia, como es costumbre en Estados Unidos para honrar a un camarada caído. Pero, la falta de presencia policial fue sorprendente e inquietante. Y cuando por fin llegamos al servicio de Abrego, ocurrió lo mismo. No había presencia de la policía estatal. Ni presencia de la policía local. Ni guardia de honor. Ninguna caravana policial hasta la tumba, Nada. Cero.

En el funeral de Abrego, presencié lo que hasta el día de hoy me parece uno de los actos de compasión más inspiradores que he visto. La esposa de Abrego estaba más allá del consuelo y el director de la funeraria no dejaba de importunarla a ella y a la familia para que pagaran o, de lo contrario, la funeraria no llevaría a cabo el entierro y sería responsabilidad de la familia enterrar el cuerpo. CG Crawford tuvo conocimiento de las exigencias del director de la funeraria y habló con él en persona, conmigo como testigo y con otro colega como intérprete. CG Crawford informó al director de la funeraria de su identidad y le ordenó que cesara cualquier contacto ulterior con la familia, al tiempo que le preguntaba por el saldo restante. Pagó rápidamente con su tarjeta de crédito personal e informó al director de la funeraria de que la familia y los amigos querían despedirse de su ser querido en paz. También indicó al hombre que dirigiera cualquier otra pregunta sobre la factura a CG Crawford. Finalmente, la familia pudo despedirse de su ser querido en paz y nos unimos a ellos en nuestra despedida.

El funeral de Abrego fue a cajón cerrado, a diferencia del de Zavala. Cuando llegó el momento de las últimas Ave Marías antes de que se llevaran el ataúd, la familia nos concedió a mí, a CG Crawford y a otro colega el privilegio de acercarnos al ataúd plateado cubierto de flores blancas y dar nuestro último adiós a nuestro amigo Ábrego. El tipo con el que había bromeado justo el día anterior sobre que los Rayados se impondrían en el Clásico, que siempre nos saludaba con una sonrisa y un firme apretón de manos, que amaba el fútbol americano tanto como cualquiera, el tipo que había estado en mi casa, compartido la cena con nosotros y cuidado de mis hijos con el hijo del Cónsul anterior. Al acercarnos al ataúd, CG Crawford y yo pusimos las manos sobre él mientras la familia entonaba el Ave María entre lágrimas y llanto. Ambos nos miramos a los ojos y sacudimos la cabeza mientras las lágrimas brotaban incontrolablemente de lo más profundo de nuestros corazones palpitantes y nuestras almas lánguidas. No era necesario intercambiar palabras entre nosotros. Éramos dos hombres desconsolados que perdieron a dos hermanos de una forma extremadamente ilógica, unidos para siempre por sus desafortunadas e inoportunas muertes. Nunca olvidaré aquel momento. Ese momento está grabado en mi mente, en mi corazón y en mi alma hasta el día en que me llamen. Quizá entonces tenga la fortuna y el privilegio de reunirme con Abrego y Zavala.

Después de ambos funerales, aquella misma tarde, me reuní con uno de mis compañeros de trabajo en el Lil New York para tomar unas copas; necesitaba salir de casa y no estar solo. Estábamos emocional y mentalmente agotados, en un trance parecido al de los zombis, mientras bebíamos nuestras cervezas. No me quedaba ninguna emoción. Lo repentino de la tragedia me la había absorbido. Sentía el corazón como un trozo de papel en blanco, marchito bajo un desierto yermo y azotado por el sol, y luego congelado por un cielo gris y sombrío. Asistir a dos funerales en un día le hace eso a un hombre. El dolor en nuestros rostros era tan evidente que incluso nuestro amigo Richard, el dueño, nos preguntó si estábamos bien. Bebimos nuestras cervezas en silencio, contemplando el olvido en el cielo azul cristalino con total incredulidad, con lágrimas cayendo de vez en cuando por nuestros rostros privados de sueño.

Personalmente, contemplé la fragilidad de la vida y la imprevisibilidad con la que se la podían llevar, destrozando para siempre el núcleo sagrado de la familia. Me parecía surrealista que justo ayer hubiera estrechado la mano de Abrego y bromeado con él sobre el partido, y hoy lo enterraran bajo tierra, para no volver jamás. Nunca volvería a ser visto por su familia, excepto en fotos. Lo mismo para Zavala. Estaba muy orgulloso de la moto que acababa de comprar y quería enseñársela a sus amigos del Consulado. Estaba deseando llegar a casa ese día para preparar una carne asada en previsión del Clásico. Dos hombres jóvenes, con familias jóvenes y sueños para el futuro, desaparecidos en un instante. Por mucho dolor que sintiéramos por la pérdida de nuestros queridos amigos, sabíamos que palidecía comparado con lo que sentían las familias de ambos hombres. No podía ni imaginar la profundidad del dolor y la pena que sufrían las familias. Entre las pocas palabras que pronunciamos mi compañero de trabajo y yo aquella tarde, hicimos el voto de perseguir implacablemente a la persona o personas responsables de los asesinatos de nuestros amigos, costara lo que costara.

Durante las semanas siguientes, las fuerzas del orden de Estados Unidos salieron a la calle y entrevistaron a todos los informadores y testigos potenciales, incluidos amigos y vecinos, que pudieron encontrar. También hicimos correr la voz de que se ofrecía una recompensa de 50.000 dólares estadounidenses por cualquier información que condujera a la detención de los asesinos. La ironía es que la recompensa la ofrecían las fuerzas del orden de EE.UU, no la Policía Estatal de Nuevo León ni el Estado de Nuevo León. A nuestro comandante de los Marines se le encomendó la tarea de interrogar a todas las personas que arrestaran o detuvieran con la esperanza de obtener información sobre nuestros muchachos y conseguir un respiro.

Nos reunimos con funcionarios estatales de alto nivel, como el gobernador, el fiscal general, el director del centro de mando de Nuevo León, jefes de policía, todos los cuales nos prometieron que se estaba llevando a cabo una investigación. Sin embargo, sus acciones decían lo contrario. Por ejemplo, el centro de mando de Nuevo León, denominado C-5, proporciona información útil para mejorar las investigaciones. Por ello, el C-5 instala cámaras en varias vías públicas de ciudades clave de Nuevo León, como Monterrey, San Nicolás, Santa Catarina y Guadalupe, donde fueron asesinados nuestros muchachos. Prometió obtener y proporcionarnos el video que muestra las actividades de tráfico de la Avenida Morones Prieto en la fecha exacta, y hora aproximada, en que nuestros muchachos fueron asesinados. El comandante nos prometió ardientemente que recibiríamos toda su cooperación en el asunto y, con mucha fanfarria, llamó a uno de sus ayudantes y le ordenó que encontrara el vídeo que queríamos. Fue un espectáculo impresionante, pero nunca conseguimos el vídeo. Llamamos al cabo de unos tres días, pero no estaba disponible. El CG le llamó y dijo que seguía trabajando en ello. Una semana después, se fue de vacaciones. Cuando volvió de vacaciones, dijo que tenía mucho trabajo después de las vacaciones, pero que se pondría en contacto con nosotros. Llamamos al Fiscal General, y dijo que lo investigaría. Volvimos a llamar al comandante, y dijo que su gente tenía problemas para encontrar el vídeo exacto que habíamos solicitado, pero que seguían en ello. Era una excusa tras otra. Finalmente, le acorralamos y le preguntamos sin rodeos si alguna vez íbamos a conseguir la cinta. Enfadado y evidentemente molesto por nuestra presencia, dio un giro de 180 grados respecto a su actitud inicial y nos dijo que era un asunto del Estado de Nuevo León y que, si queríamos la cinta, tendríamos que hacer las solicitudes diplomáticas correspondientes para obtener las cintas. Cada vez que el Gobernador o el Procurador General le daban la orden, él, con mucha alegría, nos entregaba las cintas que queríamos.

Teníamos la esperanza de que dejaran de lado el efecto de la corrupción por el bien de sus propios colegas fallecidos. Por mucho que supiéramos que la corrupción era omnipresente en Nuevo León, todavía mantenía un atisbo de esperanza de que este caso fuera diferente. Esperábamos que no lo escondieran bajo la alfombra y emitieran una trillada declaración de consuelo, como "los mataron por error de identidad", o "debían de estar implicados en el crimen organizado y se trataba de algún tipo de ajuste de cuentas". Pero eso era exactamente lo que estaba ocurriendo.

Deberíamos haberlo sabido.

Como mencioné en capítulos anteriores, a nadie le importa mientras su mordida no se vea afectada. La indiferencia con la que el Estado de Nuevo León reaccionó ante esta tragedia nos asombró. Sin embargo, nos mantuvimos impertérritos y nos negamos a aceptar un no por respuesta. Los agentes de la DEA siempre intentan encontrar una solución a una situación aparentemente imposible y, en este caso, tomamos una ruta muy poco ortodoxa para conseguir lo que queríamos. En México, la organización conocida como CISEN es el equivalente de la CIA estadounidense y teníamos un contacto muy fiable dentro de la organización. Nos reunimos con nuestro contacto y le explicamos nuestra situación. Aceptó de buen grado ayudarnos. Era cuestión de pocos días, teníamos la cinta. No le preguntamos cómo ni de dónde había sacado la cinta, pero sabíamos que le deberíamos un gran favor en el futuro. Revisamos inmediatamente la cinta y, para nuestra sorpresa, el ángulo de la cámara no captaba a nuestros chicos. La cinta no tenía ningún valor. Nos hizo preguntarnos por qué el comandante era tan reacio a dejárnosla cuando sabía que no había nada en ella que pudiera ayudarnos. Toda la situación era extraña. Nos mantuvimos firmes en nuestra estrategia con los marines, realizando diligentemente entrevistas a cada uno de los detenidos, independientemente de su posición en la jerarquía. Duraría poco, porque, sin que lo supiéramos, estábamos a punto de sufrir otra tragedia sin sentido.

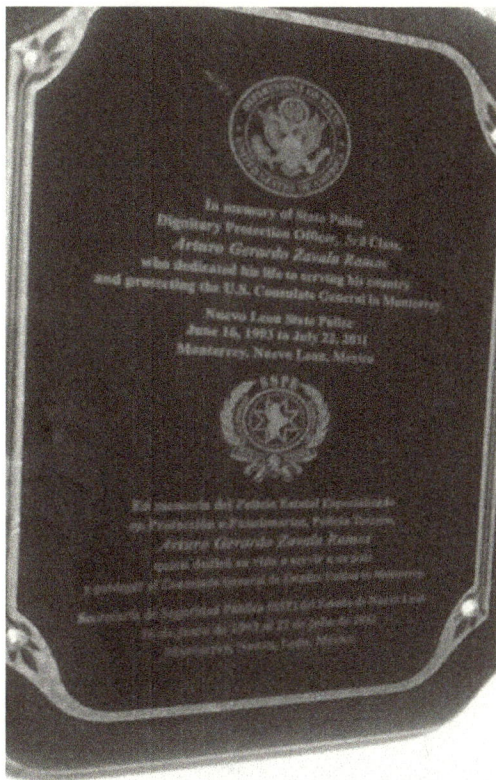

Placa en el Consulado de EE. UU. en Monterrey en honor a Arturo Zavala Ramos.

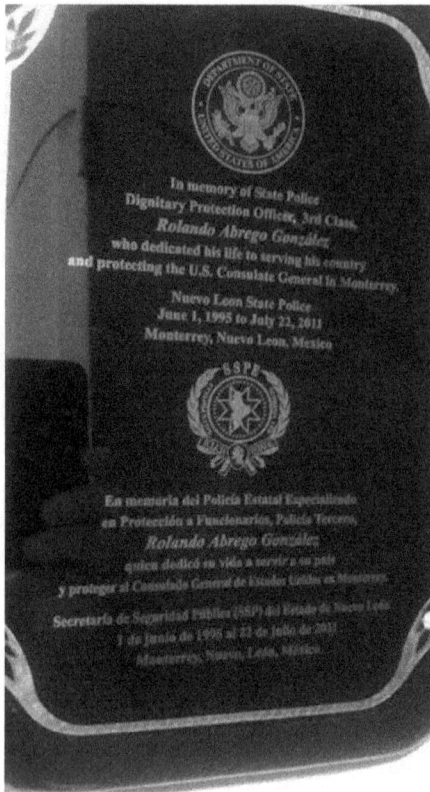

**Placa en el Consulado de EE. UU. en Monterrey en honor
a Rolando Abrego González.**

Abrego y Zavala con miembros del equipo de seguridad del Consulado de EE. UU.

Capítulo 16: Casino Royale

Marta González-Cantú y Rosa Garza-Canales crecieron juntas, fueron juntas a la escuela, tomaron juntas las vacaciones y ahora que estaban en sus años dorados, pasaban juntas la mayor parte de sus días. Habían sido mejores amigas desde que tuvieron uso cognitivo de sus mentes, lo que hoy en día parecía una eternidad para ambas mujeres. Habían dedicado sus vidas a sus respectivas familias, pero ahora los niños habían crecido, formando sus propias familias, y sus maridos habían fallecido, dejándoles una modesta pensión para vivir. Ahora, las mujeres disfrutaban de tiempo para sí mismas, viviendo cada día al máximo, en compañía la una de la otra, como hermanas, quizá incluso más unidas que hermanas. En la cafeteria Sanborns, en el centro de Monterrey, empezaban cada día con un café y un desayuno ligero. Les gustaba ese Sanborns en particular, porque tenía un estilo de cafetería anticuada, donde podían sentarse, disfrutar de sus cafés y recordar sus días de juventud en los años cincuenta. Ambos tenían setenta y un años en 2011, aunque los años cincuenta les parecían solo ayer, cuando la tranquilidad reinaba en la ciudad antes de que el crimen y los Zetas aprisionaran a todo el país en el terror y el miedo.

Pero no hablaban de esas cosas. Preferían hablar de momentos felices, como cuando sus padres las llevaban a las montañas de Arteaga, Coahuila, en vacaciones de Navidad. La nieve cubría el suelo mientras jugaban al pilla-pilla, corriendo y riendo a través de lo que parecían interminables hileras de huertos de manzanos, deteniéndose de vez en cuando para hacer ángeles de nieve en la nieve afelpada de color marfil. Después de pasar la tarde en los huertos, les agasajaban con el más delicioso y tostado champurrado (un espeso y cremoso chocolate caliente mexicano) o ponche de nuez (ponche de vainilla y nuez, adornado con una ramita de canela) junto a una chimenea crepitante, mientras sus padres asaban cabrito en una humeante hoguera de roble, ajenos a los copos de nieve que bailaban juguetones en los espacios entre los altísimos pinos que rodeaban su cabaña. Sus madres, mientras tanto, horneaban galletas, pasteles y hacían cantidades asombrosas de buñuelos como postre para los amigos y familiares que les visitaban. Eran recuerdos maravillosos, y les encantaba revivirlos en su desayuno diario antes de empezar el día.

Hoy era jueves -día del casino-, su día favorito de la semana, así que ambos desayunaron poco para poder conservar el apetito para el almuerzo bufé del casino al final del día. No era exactamente Las Vegas, pero el Casino Royale ofrecía una gran variedad de platos para elegir, y ellos prefirieron reservar su apetito para las opciones de comida regional mexicana, marisco, comida americana, sushi, comida italiana y los mejores postres de todo México. A Marthita le encantó el rosbif y el esponjoso puré de patatas al ajillo con una ración de espárragos, mientras que Rosita prefirió las gambas salteadas con mantequilla al ajillo, sobre un lecho de arroz blanco cocido al vapor y una guarnición de verduras mixtas, que ambas regaron con una copa de Pinot Grigio perfectamente frío. Aparte de ganar un poco de dinero, lo mejor fue deleitarse con la celestial tarta de queso y mango de postre. Apenas podían contenerse por la emoción y la expectación, no solo por ganar un poco de dinero en las tragaperras, sino por la comida en sí. En cuanto se sentaron a disfrutar de la comida, la idea de perder dinero en las tragaperras se desvaneció, sustituida por gratos recuerdos de tiempos más felices. Llegaron al casino, todavía animados por el ligero desayuno y la agradable conversación que habían mantenido con sus amigos en el café.

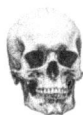

Mientras Marthita y Rosita llegaban al Casino Royale, El Quemado terminaba de dar instrucciones a sus Zetas, con el aroma de un delicioso almuerzo aún persistente de la comida en el renombrado restaurante El Gran Pastor, convenientemente situado a pocas manzanas de su objetivo. Un crujiente Cabrito con tortillas de maíz caseras y guacamole, regado con unas cervezas Tecate Light frías y Tequila sirvieron para saciar su hambre y cualquier temor que tuvieran antes de su misión.

—Has lo que tengas que hacer y te largas. No jotees y sobre todo que no te agarren, ¡no la cagues! ¿Quiero que entres y salgas lo más pronto posible entedido?

El jefe del equipo, Mataperros, asintió con la cabeza.

—Sí jefe. No se preocupe. Todo saldrá bien.

El Quemado era conocido así porque tenía quemaduras en el setenta por ciento de su cuerpo, principalmente en la cara. Las quemaduras de la cara le daban un aspecto reptiliano que hacía que su mirada fuera espeluznante, impasible e intimidatorio, muy parecido a la de un dragón de Komodo. Sus quemaduras eran consecuencia de un intento de incendio que salió mal. Su intención era extorsionar al dueño de un bar del Barrio Antiguo, pero el tiro le salió por la culata. Las quemaduras habían sido insoportables y los posteriores injertos de piel y la rehabilitación fueron aún peores. Tras el accidente, su mente retorcida y deformada dio un giro a peor y se transformó en un malvado más intenso que nunca. Odiaba a todos y a todo y por eso Miguel Treviño le eligió para ocupar un puesto de liderazgo. No le importaba una mierda nada ni nadie, excepto su propio rostro y cuerpo desfigurados. Como él mismo había sufrido mucho más de lo que cualquier persona normal podría sufrir jamás, no tenía piedad de nadie y no toleraba ninguna excusa. Estaba enfadado con el mundo y con todos los que había en él, con cualquiera que fuera normal o con cualquiera que no estuviera de acuerdo con él, excepto, supuesto, con Miguel Treviño. Pensaba que, si yo iba a ser miserable, los demás debían serlo.

A pesar de su retorcida mentalidad, disfrutaba vistiéndose lujosamente, como para compensar su grotesco aspecto. Llevaba una camisa Armani de seda negra, vaqueros Gucci negros, botas de avestruz personalizadas, un sombrero Stetson 100X Presidente negro, cadenas de oro colgando de su cuello lleno de cicatrices, un diamante en la desfigurada oreja derecha y un Rolex Oyster Perpetual Submariner de cara azul en la muñeca derecha. Dio una calada a un cigarrillo mientras entrecerraba los ojos y miraba sin vida a Mataperros con aquella mirada de dragón por última vez antes de enviar al equipo a la misión. Su lengua se deslizaba cuando siseó tras una nube de humo que salía del agujero que era su pútrida boca.

—No la cagues pendejo.

Mataperros se mordió el interior del labio, esforzándose por no temblar ante la mirada de zombi que le dirigió Quemado, y se limitó a asentir y responder.

—Sí, jefe.

No tenía ni idea de la gravedad del crimen que estaba a punto de cometer. Solo quería salir cuanto antes de la mirada de aquel hombre depravado y repugnante antes de vomitar el cabrito que acababa de comer en El Gran Pastor. Y tras asegurarse de que El Quemado se había ido y estaba satisfecho con el plan, Mataperros tomó el control de su equipo.

—Vámonos a la gasolinera cabrones. ¡Pronto!

Mataperros seguía órdenes. No le importaban las consecuencias de sus acciones; más bien las consecuencias de sus inacciones. Si no hacía lo que El Quemado le ordenaba, era carne muerta. Carne que sería torturada durante horas y horas por El Quemado y posiblemente por el propio Miguel Treviño. Así pues, hizo lo que le ordenaron y condujo a su equipo de trece Zetas a una gasolinera cercana de Pemex y rellenó cuatro garrafas portátiles de gas de cincuenta litros. En un convoy de cuatro camionetas, se dirigieron al Casino Royale para completar la misión, justo cuando Marthita y Rosita se sentaban a disfrutar de su comida favorita en su día favorito y en su lugar favorito.

El plan era sencillo: rociar el lugar con gasolina, provocar el incendio y largarse. Pan comido, pensó Mataperros mientras se acercaba a la entrada del casino. ¡Empieza el espectáculo! Aunque su corazón latía a mil por hora, todo pareció ralentizarse para Mataperros, como ocurre cuando la adrenalina se apodera de uno.

Gritó al resto del equipo:

—¡Órale cabrones pronto!

El Zeta, conocido como El Voltaje, saltó de la camioneta con dos hombres armados con AK-47 y corrió hacia la entrada del casino, seguido de otros tres con los botes de gas. Cuando tomaron el control del casino, golpearon violentamente a la azafata que estaba en la entrada con una pistola Sig Sauer del calibre 45. A los guardias de seguridad dando la entrada les dijeron que se marcharan o morirían. Los conmocionados clientes observaron incrédulos cómo los Zetas se ponían manos a la obra, rociando rápidamente la mayor parte posible del interior del casino, incluido un carrito de perritos calientes y otro de palomitas de maíz que funcionaban con gas propano. La combinación provocó inmediatamente que las llamas se dispararan casi hasta el techo del casino.

—¡Ya se los llevó a la chingada cabrones!

Gritó diabólicamente, disparando al mismo tiempo numerosas ráfagas indiscriminadamente contra el techo del Casino. El tiroteo provocó un caos inmediato y una loca carrera hacia la salida principal por parte de los clientes aterrorizados que jugaban al bingo cerca de la entrada principal. La mayoría de la multitud aterrorizada se dirigió hacia la parte trasera del casino, con la esperanza de escapar de las balas. El fuerte hedor a gasolina impregnaba la moqueta empapada mientras la multitud, gritando frenéticamente, corría de un lado a otro, sin saber qué hacer, adónde ir ni qué estaba ocurriendo. Cuando las llamas se intensificaron, El Voltaje se aseguró de que sus compañeros estaban a salvo en la puerta antes de lanzar un cóctel Molotov sobre la moqueta empapada de gasolina. Vio cómo el cóctel explotaba con un gran silbido, provocando un incendio que devoró las cortinas, la alfombra, las sillas y todo lo que había a la vista. Enormes nubes de humo negro salían de las puertas principales del casino. Mataperros, Voltaje y el resto del equipo despegaron. Misión cumplida en poco menos de dos minutos.

El foco del incendio estaba en la entrada del casino, impidiendo la huida y atrapando a quienes aún no habían encontrado una salida.

Por alguna razón desconocida, alguien había sellado la única salida de emergencia designada desde el exterior con un muro de hormigón, haciendo imposible escapar desde dentro.

Marthita y Rosita se miraron paralizadas por el horror mientras veían cómo los Zetas rociaban el casino, prendiendo fuego al carrito de perritos calientes y al de palomitas. Cuando las llamas alcanzaron el tejado del edificio, gritaron horrorizadas, justo en el momento en que Mataperros disparaba contra el local.

—¡Santo Cielo! ¿Qué está pasando? ¡Vámonos de aquí Marta, pronto!

Atónitos observaron horrorizados cómo Mataperros arrojaba el cóctel molotov sobre la alfombra del casino. Cuando la alfombra y las cortinas quedaron envueltas en una llama rugiente, pudieron sentir el intenso calor en sus rostros. Perdidas y sin saber qué hacer, se encontraron en medio de una frenética estampida, paralizados por el miedo mientras gritaban pidiendo una ayuda que nunca llegaría. La enloquecida estampida de gritos les arrolló y les empujó al suelo en medio del frenesí caótico y presa del pánico de la multitud. Los cristales se hicieron añicos, las llamas crepitaron y un humo negro y tóxico envolvió rápidamente el casino; el estruendo de los gritos enloquecidos se intensificó a medida que el humo y las llamas devoraban todo el edificio. Algo en el cerebro de Rosa, presa del pánico, hizo clic y se armó de valor, decidida a sobrevivir a la horrible pesadilla del casino infernal.

—¡Tenemos que hacer algo Martha vámonos a los baños! ¡¡Ahí estaremos a salvo!!

Marta no respondió, pero siguió gritando histéricamente pidiendo ayuda mientras Rosa se ponía en pie y la ayudaba a levantarse del suelo. La sacudió con fuerza esperando que saliera de su estado de shock mental, entonces Rosa agarró a Marta por el brazo y la condujo hasta donde se encontraban los baños. El humo dificultaba gravemente la visibilidad: los ojos le ardían y la respiración se le hacía entrecortada mientras confiaba en su memoria para guiarla a ella y a Rosa hacia un lugar seguro. Los gritos constantes de las personas atrapadas dentro, que también intentaban sobrevivir, aumentaron su adrenalina y su instinto de supervivencia.

—¡Vamos Martha! ¡Tenemos que salir de esta, manita!

Por fin llegaron a los baños, solo para encontrarlos abarrotados de gente que también intentaba sobrevivir a las llamas infernales y al humo negro abrumador. Otras víctimas estaban hablando por el móvil, llamando frenéticamente a sus familiares para que vinieran a rescatarlas, mientras que otras, ya resignadas a sus destinos, se despedían por última vez. Rosita y Marthita se sentaron en la esquina del baño, exhaustas. Sus miradas se encontraron cuando el humo empezó a entrar en el cuarto de baño.

Rosita, con lágrimas en los ojos, dijo:

—Gracias por tu Amistad manita; eres mi hermana de siempre. ¡Te amo!

—¡Yo te quiero más hermana! Vivimos una Buena vida. Si así nos tocó ir, vámonos con una oración.

Se estrecharon las manos con fuerza, buscando consuelo en su oración compartida del Ave María, sus voces elevándose por encima de los gritos caóticos que resonaban en el infierno abrasador. Se abrazaron con fuerza en mientras el humo dominaba lentamente sus pulmones. Mientras los bellos recuerdos de su infancia bailaban en sus mentes como en un musical de Broadway, Marta y Rosa se sonrieron la una a la otra, con su amistad sellada para siempre en un abrazo de amor eterno, incluso cuando cayó el telón y se apagaron las luces.

El jueves 25 de agosto de 2011 empezó para mí como cualquier otro día. Estábamos buscando respuestas a los asesinatos de Abrego y Zavala, sin llegar más que a callejones sin salida y recibiendo dobles discursos de los funcionarios del Estado a cada paso. Pero no nos rendíamos. Era lo menos que podíamos hacer por nuestros camaradas caídos. Me dirigía a casa para un almuerzo rápido cuando me percaté de una inmensa nube de humo negro al norte, cerca de la Avenida Gonzalitos, una de las principales vías de Monterrey. La nube era enorme, siniestra y amenazadoramente premonitoria. Las llamas eran visibles desde la autopista, que estaba a varios kilómetros de distancia.

—Eso no puede ser bueno —murmuré para mis adentros.

Apenas había entrado por la puerta cuando sonó mi teléfono. Era el RSO pidiéndome que diera cuenta de mis empleados y me pusiera en contacto con éllos. Había habido una especie de explosión en un casino de la avenida Gonzalitos, cerca de donde se encontraba el laboratorio criminalístico estatal. No sabía si había sido un accidente o un atentado planeado. Teníamos una estrecha relación con el Laboratorio y queríamos asegurarnos de que todos estábamos localizados. Inmediatamente fui llamando a mis empleados uno por uno, velando por su seguridad, e informé a RSO. Me aconsejó que dijera a mis empleados que si estaban fuera de la oficina no volvieran y se quedaran en casa. Se estaba cerrando el Consulado por si se llevaba a cabo un ataque de seguimiento contra nuestro edificio.

Tras este breve intercambio, mi teléfono se iluminó como un árbol de Navidad. El comandante de los Marines me llamó para comunicarme que los Zeta habían atacado el Casino Royale y que había

varias personas atrapadas en su interior. Me pidió que le avisara inmediatamente si recibía alguna información en sobre qué Zeta era el
responsable. Dijo que él y su equipo se dirigían al lugar para ayudar
en los intentos de rescate y que informaría de los resultados en cuanto
pudiera.

Inmediatamente avisé a mi jefe en Ciudad de México de que los
Zetas habían perpetrado una explosión de algún tipo en una zona de
tránsito pesado de Monterrey, pero que todos nuestros empleados
estaban a salvo y localizados. Amigos y contactos empezaron a lla-
marme, asustados y queriendo saber qué estaba pasando y si era seguro salir a la calle. Corrían muchos rumores, desde que la explosión
había sido causada por un auto bomba hasta un fallo eléctrico en el
cableado. El caos y el terror se apoderaron de la ciudad durante el
resto del día y hasta la noche; por desgracia, dominarían la ciudad
durante los días siguientes, mientras los familiares desesperados y
aterrorizados de las personas atrapadas esperaban noticias sobre sus
seres queridos.

Visité el restaurante de mi amigo, el Lil New York, que era el mismo
lugar donde mi colega y yo nos habíamos reunido tras los asesinatos
de Zavala y Abrego. Se había convertido en un lugar de reunión,
o segunda oficina, para mí, mis colegas y amigos. La información
llegaba lentamente y a trozos, y lo que recibíamos era trágico. A las 9
de la noche, el número de muertos ascendía a cuarenta y los equipos
de rescate aún no habían terminado la búsqueda. Al día siguiente,
el número de muertos había aumentado a sesenta y uno. El miedo
y el terror que reinaban en la ciudad dieron paso a un tremendo
sentimiento de pena y dolor. La mayoría de las víctimas eran ancianas
que disfrutaban jugando al bingo o a las máquinas tragaperras. Fue
un acto sin sentido perpetrado por los Zetas. No entendíamos qué

ganaban los Zetas cometiendo un acto tan cobarde. Para nosotros fue otra tragedia muy dura. La gente lo describió como el peor asesinato en masa de la historia de México. Solo había pasado un mes desde el asesinato de Zavala y Abrego, y todavía estábamos de luto por ellos.

Ahora, esta tragedia ha aumentado la profundidad de nuestro dolor.

A pesar de las difíciles circunstancias, reconstruimos minuciosamente los detalles de aquel día. Los testigos declararon que aproximadamente a las 15.50 h, que es la hora punta del almuerzo en México, un grupo de unos doce hombres armados, en cuatro vehículos diferentes, entraron en el casino gritando blasfemias, disparando ráfagas contra el techo del edificio y ordenando a la gente que saliera. Simultáneamente, otros miembros del grupo empezaron a vaciar tres grandes contenedores, cada uno con unos 200 litros de gasolina, sobre la entrada del casino, la moqueta y algunas de las máquinas tragaperras. Algunas personas afortunadas salieron corriendo instantáneamente del edificio, pero otras corrieron hacia la parte trasera del casino para ponerse a cubierto, temiendo que las mataran a tiros. En algún momento, el grupo prendió fuego al casino empapado de gasolina, que estalló en un infierno abrasador en cuestión de segundos. El grupo solo tardó unos 2 minutos en desatar el terror y el caos entre las víctimas desprevenidas.

Las víctimas que corrieron hacia la parte trasera del casino intentaron escapar por las salidas de emergencia de la puerta trasera, pero las puertas habían sido selladas, por razones que aún hoy se desconocen, desde el exterior por un muro de hormigón, dejándolas atrapadas. Otras víctimas se escondieron en los baños y utilizaron sus teléfonos móviles para llamar a las autoridades y a sus seres queridos e informarles de lo que estaba ocurriendo. El fuego consumió el lugar en cuestión de segundos y el humo convirtió un lugar por lo demás bien iluminado en una oscuridad infernal. No había salida para las víctimas. Muchas de las víctimas hicieron llamadas a sus seres queridos para despedirse de ellos, a menudo permaneciendo en la línea hasta que el humo los consumió y no pudieron hablar más.

Según una testigo, recibió una llamada telefónica de su madre y pudo oír de fondo los gritos desesperados de las víctimas atrapadas. Los rescatadores no podían entrar en el casino debido a la espesura del humo y a la intensidad del incendio. Con el mínimo equipo a su disposición, intentaron romper los muros de hormigón con picos y mazos mientras intentaban simultáneamente sofocar el incendio. Un equipo de construcción cercano derribó un muro del casino con una excavadora, pero era demasiado tarde para rescatar a nadie. La inhalación de humo causó la muerte de la mayoría de las víctimas, pero muchas murieron por quemaduras.

El país entero se sumió en el duelo aquel húmedo día de verano, pero ninguna tristeza, angustia o tormento pudo igualar el sufrimiento vivido por los ciudadanos de Monterrey y del estado de Nuevo León. No existen palabras, en ningún idioma conocido por el hombre, que logren describir la desesperación y el terror que las víctimas padecieron en sus últimos momentos, a manos de los Zetas.El presidente Felipe Calderón calificó la tragedia como un "acto de terrorismo" y declaró tres días de luto nacional. El presidente Barack Obama la describió como un hecho "brutal y reprobable". Líderes de todo el mundo se solidarizaron con el pueblo de Monterrey y con todo México.

Ninguna de estas declaraciones de los líderes mundiales significó gran cosa para las familias de las víctimas. Sus seres queridos se habían ido para siempre. Ninguna simpatía podría compensar las pérdidas que sufrieron en un acto tan insensato. A día de hoy, no existe ningún monumento que honre las vidas de las víctimas que murieron en aquel ataque cobarde y sin sentido. Un incidente más en México, barrido bajo la alfombra por la indiferencia, la política y el paso del tiempo. Sin embargo, la presión política que la tragedia ejerció sobre el gobernador fue tan intensa que la policía estatal hizo realmente su trabajo. En pocas semanas, El Voltaje estaba detenido y no tardó en delatar a los demás miembros de su banda. El Mataperros fue asesinado cuando intentaba liarse a tiros con la policía para evitar su captura.

Como en anteriores transgresiones, cuando sus subordinados actuaron con total desprecio de su autoridad, Treviño se enfureció y echó fuego por la boca. Treviño prácticamente echaba espumarajos por la boca cuando dio la orden a todos los miembros de los Zeta de que encontraran a El Quemado y lo trajeran vivo, para que pudiera darse el gusto de infligirle una tortura lenta, dolorosa y metódica. Nunca tendría la oportunidad ni la satisfacción. El Quemado se escondió y utilizó todas las habilidades había aprendido en sus días en las fuerzas especiales mexicanas para evitar la ira de Treviño.

Pero Treviño y los sicarios de los Zetas no eran su única preocupación. El presidente Calderón ordenó que su captura se considerara la máxima prioridad del país, por lo que todas las entidades del país -SEDENA, SEMAR, Policía Federal y Policía Estatal de Nuevo León- lo querían, vivo o muerto. Se arriesgó, pero sus probabilidades de sobrevivir eran mínimas. La suerte no dura para siempre por muy hábil que seas. El 5 de abril de 2012, mientras patrullaba en las afueras de Nuevo Laredo, en la carretera a Piedras Negras Coahuila, la SEDENA se topó con un convoy de vehículos ocupados por hombres fuertemente armados, que inmediatamente se enfrentaron a los soldados en un intenso tiroteo que acabó con la vida de cuatro de los sospechosos. Según fuentes de la SEDENA, uno de los individuos era difícil de identificar debido a las cicatrices provocadas por las graves quemaduras que presentaba en la cara, el cuerpo y las extremidades; el arma de fuego que se encontraba en el cuerpo de este individuo tenía la inscripción "Quemado" en el cañón aún caliente y humeante del arma bañada en plata. Por fin pusieron fin a la miseria demoníaca de El Quemado, asegurándose de que nunca volvería a infligir sufrimiento alguno a vidas inocentes.

Los primeros en responder en la escena del incendio del Casino Royale.
(Foto cortesía de Grupo Reforma / El Norte)

Capítulo 17: No hay adónde huir

Treviño era el hombre más temido de México, líder de la organización criminal más temida de Norteamérica. Pero estaba cansado. Estaba cansado de huir y el gobierno de EE.UU y el de México lo sabían. Estaba cansado de mirar siempre por encima del hombro. Estaba cansado de dormir en el suelo de algún rancho desolado con arañas, hormigas, serpientes y solo los mezquites y los cactus para hacerle compañía. Ansiaba una cama fresca con un colchón cómodo, para poder dormir cómoda y profundamente durante más de dos horas seguidas. Lo que anhelaba eran las cosas sencillas: el aroma del desayuno que salía de la cocina, el tentador aroma del machacado con huevo, acompañado de tortillas de harina caseras calientes y una taza humeante de robusto café de Chiapas. Tenía más dinero del que podía gastar y podía comprar cuanto deseara, pero carecía de alguien con quien compartirlo.

No podía compartir una comida casera con su familia o su novia, ni llevar a su novia a una cena elegante, ni disfrutar de una noche de cine con ella. Las vacaciones familiares quedaban totalmente descartadas. Aparte de su hermano, no confiaba en nadie. No podía hacer casi nada, excepto vigilar al enemigo. La vida constante en fuga le quitaba cualquier alegría o satisfacción que antes encontrara en los placeres más sencillos de la vida. Estaba agotado.

Los desafíos de vivir huyendo se intensifican cuando sientes que
cada persona con la que te cruzas podría estar persiguiéndote. En
su caso, una miríada de organismos encargados de hacer cumplir la
ley estaba a la caza de Miguel Treviño, incluida la Policía Federal,
el SEDENA, SEMAR, la DEA, el FBI, el ICE, la ATF y los US
Marshalls. Por no hablar de que el cártel del Golfo, el cártel de Sinaloa
e incluso algunos de sus propios Zetas también intentaban detenerle
o matarlo. Era el hombre más buscado de México, y la carga pesaba
mucho sobre él. Una de nuestras fuentes nos dijo que Treviño dijo
una vez que un segundo para él era como un minuto para cualquier
otra persona, un minuto para él era como una hora para cualquier
otra persona, y una hora para él era como un día entero para cualquier
otra persona. El tiempo era precioso para él, porque sabía que, en
cualquier momento, el reloj podía dejar de correr para él, uno de sus
rivales del cártel o el ejército mexicano, podían detener el reloj de
arena de su vida.

No teníamos ninguna duda de que Treviño, al igual que la mayoría de los otros líderes Zeta, no se rendiría fácilmente. Trevino se
buscó todos sus problemas, primero con el incidente de la granada
en el Consulado de EE.UU, luego con la casi captura de Lazcano en
noviembre de 2008, después vino el ataque a los agentes del ICE en
San Luis Potosí, seguido del incendio del Casino Royale en Monterrey.

Cuando Treviño dio la orden a Canicon de lanzar un ataque
con granadas contra el Consulado de EE.UU, despertó al gigante
dormido que es la presencia del gobierno de EE.UU en México,
aletargada desde el secuestro en 1985 del agente especial Enrique
Camarena. Todas las agencias federales se pusieron en alerta máxima
y convirtieron a Treviño en su objetivo prioritario. Este incidente

marcó realmente el principio del fin de toda la organización de los Zetas, porque el gobierno de EE.UU tiene una larga memoria y nunca dejaría pasar ese incidente. En aquel momento, los Zetas, que aún eran considerados el brazo ejecutor del Cártel del Golfo, tenían algunos miembros de alto rango del Cártel del Golfo que no estaban contentos con Treviño por tomar la decisión de atacar el Consulado de EE.UU. Sabían que ello acarrearía un calor interminable a la organización. Esta decisión de Treviño, aunque no fue la causa principal, fue parte del motivo de la eventual fractura y guerra entre el cártel del Golfo y los Zetas en 2010.

La operación del GOPES contra Heriberto Lazcano en San Luis, Potosí, sacudió a Lazcano hasta la médula, dejándolo hecho un manojo de nervios y extremadamente paranoico, hasta el punto de que se recluyó y cedió la mayor parte del liderazgo de los Zeta a Treviño. Este traspaso de poder provocó muchas sospechas entre los miembros de Zeta, algunos de los cuales creían que Treviño había vendido a Lazcano al GOPES para su propio beneficio personal. Lazcano nunca volvió a ser el mismo después de la operación del GOPES. En octubre de 2012, la SEMAR se enzarzó en un tiroteo con Lazcano en Progreso, Coahuila, que resultó en su muerte. La muerte de Lazcano arrojó aún más dudas sobre Treviño entre los miembros de los Zetas, que de nuevo creían firmemente que Treviño había traicionado a Lazcano a la SEMAR, dejándole como líder de facto de los Zetas. Lo que hizo aún más sospechosa la muerte de Lazcano fue el hecho de que un grupo de hombres fuertemente armados irrumpió en la funeraria donde fue trasladado y robó su cuerpo, y nunca se volvió a encontrar ni a ver. Al día de hoy, nadie sabe por qué ni dónde fue a parar el cadáver, excepto quizá el propio Treviño. Lazcano deseaba ser enterrado en su ciudad natal de Pachuca Hidalgo. Desde luego, no quería que se deshicieran de él en Coahuila.

El ataque contra los agentes del ICE Jaime Zapata y Víctor Ávila, que causó la muerte del agente Zapata, aunque no fue ordenado por Treviño, fue un factor crítico en los esfuerzos del gobierno de EE.UU por detener a Treviño. Los Zetas llevaron a cabo el ataque, por lo tanto, él era responsable. El gobierno de EE.UU nunca perdonará al crimen organizado el asesinato de uno de sus agentes.

El ataque al Casino Royale, en el que perecieron aproximadamente 60 víctimas inocentes, era imperdonable a los ojos del entonces presidente Felipe Calderón. Días después del ataque se reunió con los líderes de la SEMAR y la SEDENA y les ordenó que hicieran lo que fuera necesario para capturar a Treviño. Aunque Treviño no dio la orden, como líder de los Zetas, era responsable a los ojos del gobierno mexicano.

Todos le perseguían. Se estaba quedando sin aliados y sin lugares donde esconderse.

Al darse cuenta de que miembros de su propia organización sospechaban de él, Treviño se retiró y limitó su círculo de seguridad a solo tres o cuatro personas de confianza. Cambiaba de móvil a diario, enviaba órdenes a través de su hermano Omar y evitaba el contacto con cualquier miembro de la organización. Era un hombre perseguido.

El Departamento de Estado de EE.UU ofreció una recompensa de cinco millones de dólares por información que condujera a su detención, y el gobierno de México ofreció una recompensa de treinta millones de pesos (2,3 millones de USD), una recompensa tentadora para cualquiera de su organización que quisiera cobrar ese dinero y

Treviño lo sabía. Apenas dormía y, cuando podía, lo hacía en el suelo de remotos ranchos.

En abril de 2013, un estrecho colaborador de nuestra oficina fue secuestrado y asesinado en Monterrey, lo que nos llevó a centrarnos en el grupo criminal responsable de su muerte. Nuestra oficina pasó el testigo de la investigación sobre Trevino a los US Marshalls. Después de todo, Estados Unidos acusó a Trevino tanto en Nueva York como en Washington DC, y se convirtió en un fugitivo de la justicia. La especialidad de los US Marshalls es localizar fugitivos, así que nuestra oficina les confió a Trevino. De todos modos, ya no nos quedaba ninguna investigación que llevar a cabo. Habíamos hecho lo que podíamos y pasamos a asuntos más urgentes. Solo era cuestión de tiempo que alguien lo vendiera para cobrar el dinero de la recompensa o lo matara. En el mejor de los casos, la SEMAR lo capturaría y lo extraditaría a Estados Unidos para juzgarlo en Nueva York o Washington DC.

En julio de 2013, mi homólogo de los US Marshall me informó de que estaban entusiasmados con la señal de un teléfono que posiblemente utilizaba Treviño. Se sentían alentados porque la señal se apagaba durante el día y se encendía de madrugada, lo que coincidía con el patrón de vida de Trevino. El 15 de julio de 2013, los US Marshalls se unieron a la SEMAR para localizar la señal. La señal les condujo a una carretera desolada en Anáhuac, Nuevo León, donde una camioneta ocupada por tres individuos viajaba hacia el sur. Uno de esos individuos era el titular del teléfono. La SEMAR, utilizando un helicóptero Blackhawk, aterrizó el helicóptero en medio de la carretera para impedir el movimiento del camión. Un individuo que había huido del camión fue detenido posteriormente por la SEMAR.

Ese individuo resultó ser el hombre más temido de México, Miguel Treviño Morales, el Z-40.

El personal de la SEMAR descubrió que el camión estaba lleno de un surtido de armas de gran potencia, ninguna de las cuales fue utilizada por Treviño ni por sus guardaespaldas, afortunadamente. También encontraron una bolsa de lona llena de billetes de cien dólares, aproximadamente 2 millones de dólares, que rápidamente ofreció a la SEMAR a cambio de su libertad. La SEMAR tenía órdenes del presidente Calderón y no le dejarían marchar bajo ninguna circunstancia. La caza había terminado. Su captura puso fin a la época más sangrienta que ha vivido México.

En todos mis años como agente de la DEA, nunca me he encontrado con alguien con un desprecio tan flagrante por la vida humana como Treviño. La única persona que se me ocurre que podría ser peor es probablemente Pablo Escobar. Un hombre que ordenó exterminar a todo el pueblo de Allende, Coahuila, hombres, mujeres y niños, porque sospechaba que alguien le había delatado. Esto además de los innumerables asesinatos que él y su organización cometieron durante varios años causando angustia y dolor a tantas personas dentro del país y dejando a innumerables familias viviendo con el vacío y el dolor creado por la muerte violenta de sus seres queridos a manos de esta organización. Nos sentimos aliviados de que estuviera detenido y de que el reino del terror que supervisó y emprendió contra todo el país hubiera terminado por fin.

Epílogo

En mi fiesta de despedida, rodeado de mis amigos más cercanos en Monterrey, mi jefe, el Cónsul General, pronunció un discurso que cerró con una frase que se me quedó grabada: Tú, Leo, definitivamente has marcado la diferencia en la vida de las personas, no solo en Monterrey, sino en todo México.

Me costó mantener la compostura al escuchar esas palabras, porque mi mente se desvió de inmediato hacia aquellos a quienes sentí que les fallé: Abrego, Zavala, Jaime Zapata y todas sus familias, a quienes no pude ayudar como hubiera querido. Hice todo lo que estuvo en mis manos para apoyarlos, igual que a tantos otros que necesitaron de nosotros. Pero eso, aunque importante, no trae plena paz a mi alma. Ellos ya no están, y sus familias deben cargar para siempre con ese doloroso vacío.

Mi equipo y yo dimos lo mejor de nosotros en cada misión, grande o pequeña. Yo lo sé, y Dios también lo sabe. Y, al final, eso es suficiente para mí.

Hoy, ya retirado, encuentro una serenidad especial cada vez que regreso a South Padre Island, la ciudad costera donde mi madre solía llevarnos a mis hermanos y a mí para escapar de las presiones de la vida en los años setenta. A pesar del paso de los años, este lugar sigue siendo un refugio para mí y para mi alma. Las palmeras que se mecen con la fresca brisa marina y el murmullo constante de las olas sobre la arena tibia alivian las cicatrices invisibles de mi espíritu mientras camino descalzo por la plácida orilla, tomado de la mano de mi esposa y de mi preciosa nieta.

Mi nieta, con su risa pura y alegre, chapotea entre las olas doradas por el sol, mientras las gaviotas cacarean en el fondo, como lo hacíamos mis hermanos y yo cuando teníamos su edad. Son momentos preciosos y serenos que atesoraré para siempre, un contraste marcado y profundamente bienvenido con mis días en Monterrey. Ella aún no conoce el mal, y en mi corazón deseo que nunca lo haga. Quisiera verla así siempre: feliz, dichosa, en paz.

Por ahora, Monterrey, los Zetas, el Cártel del Golfo, la organización de los Beltrán Leyva y todos los demonios que enfrentamos se hunden en lo más profundo de mi mente, como si fueran apenas un eco lejano de una pesadilla antigua.Pero no lo son.Y a veces, cuando menos lo espero, los recuerdos resurgen, saltando desde las sombras de mi inconsciente para recordarme su presencia persistente, negándose a ser olvidados.

Esta es la razón por la que escribo este libro: no por los monstruos que conocimos, sino para honrar la memoria de los esfuerzos y la incansable dedicación al deber de la SEDENA, la SEMAR, la Policía Federal, la DEA, los US Marshalls, el FBI, el ICE y el ATF.

Mientras camino junto a la playa, tomado de la mano de mi esposa y mi nieta, contemplo la obra maestra de Dios: una puesta de sol teñida de morado, azul, blanco, naranja y rosa. En ese instante, puedo afirmar con sinceridad que no me arrepiento de nada. En silencio, cito para mí mismo:2 Timoteo 4:7: "He peleado la buena batalla, he terminado la carrera, he guardado la fe."

Leo Silva en el Consulado de EE. UU. en Monterrey. (Aproximadamente en julio de 2014)

Todo sobre el autor

Leonardo "Leo" Silva es natural de Brownsville, TX, una encantadora ciudad costera de la frontera. Se graduó en 1982 en el Instituto Homer Hanna y se licenció en Literatura por la Universidad de Texas-Brownsville en 1985. Sirvió como Agente Especial/Agente Especial Supervisor en la Administración para el Control de Drogas de Estados Unidos de 1987 a 2015. Durante su carrera, estuvo destinado en las oficinas de la frontera suroeste, Guadalajara, Jalisco y Monterrey Nuevo León, México. "El Reinado del Terror" se basa en sus experiencias en México y es su primera novela de True Crime.

www.ingramcontent.com/pod-product-compliance
Lightning Source LLC
Chambersburg PA
CBHW030108300326
41934CB00034B/600